Sensory Appealing to Consumer Emotion and Cognition

Whatever Lies Ahead of Your Unawareness

感覚訴求が消費者の感情と認知に及ぼす影響

無自覚な連鎖反応のメカニズム

NISHII Mayuko

西井真祐子

著

千倉書房

感覚訴求が消費者の感情と認知に及ぼす影響

—無自覚な連鎖反応のメカニズム—

目次

目　次

第Ⅲ部　感覚訴求と個人特性

第9章　感覚マーケティングにおける個人特性の議論　183

終　章　本書のまとめ　201

序章 本書の目的と研究方法

概要

　序章では，本書の目的と研究方法について述べていく。本書の背景として，中核となる「感覚マーケティング理論」の枠組み全体を紹介するとともに，理論で取り扱う概念が発展してきた経緯を説明する。そのうえで，本書の目的である感覚マーケティング理論の「感覚知覚に根ざした感情」および「感覚知覚に根ざした認知」の双方を取り扱う必要性を述べるとともに，本書の3つの視点を説明していく。

1. ……研究の背景

　本書を手にとっているあなたは今，どのような場所にいるだろうか？何も音がしない静寂な場所だろうか。暑くも寒くもなく，最適な温度だろうか。木洩れ陽が気持ち良いテラスにいるだろうか，それとも間接照明で落ち着いた寝室だろうか。さらに，どのような状態で読んでくれているだろうか？　クッションが効いたソファに身を埋めているのだろうか。もしかしたら，揺れ動く電車の中で立ちながら読んでくれているのかもしれない。あなたは今，本書から何か情報を得ようとしている。同じように，私たちは日常生活の中で，多種多様な情報を取得する。そのとき，私たちは欲しいと思う情報だけでなく自分を取り巻く環境から自分の目や耳，鼻といった感覚器官を通じて多くの情報を得ている。もしあなたがカフェのソファ席に座って本書を読んでいてくれるならば，あなたは文面の情報を得ながら同時に多くの外部情報を得ている。カフェに流れる心地よいボサノバの音楽，あなたの手元を照らすささやかな間接照明の光，店内に薫るコーヒーの香り，ソファの心地よい硬さ…。

　消費者としての日常生活も同様である。お店で新商品に出会ったとき，オンライン・ショッピング・サイトで商品画像を見るときなど，…消費者は商品に関する情報を得ようとするとき，同時に自分の感覚器官を通じて周辺環境の情報を得ている。このとき，消費者の感覚に訴えるさまざまな刺激は消費者の商品に対する評価や購入したいといった反応に影響を及ぼしうることが明らかになってきている。たとえば，詳細は後述するが，人は商品の写真が貼り付けられたクリップボードを手に持って読むとき，そのクリップボードが重いと，商品の信頼性を高く評価する（第5章）。クリップボードの重さは，一見すると商品の評価には関係ないと思われる。しかしながら，手に持つクリップボードの重みから，消費者は無自覚に「重い」→「安定している，重要だ」といった意味的連想を行う。さらに，これらの意味的連想が目の前にある商品の信頼性に対する知覚にも影響する。その結果，「（クリップボードが）重い」→「安定している，重要だ」→「（商品の）信頼性は高い」という，クリップボードの重さから商品の信頼性を高いと評価する「無自覚な連鎖反応」を起こすのであ

る。重さの知覚は，触覚に関する知覚であるが，触覚以外にも視覚や聴覚など，消費者の感覚を刺激する周辺環境の要素は多くある。感覚に訴える「感覚訴求」を行うことで，商品や店舗の魅力を消費者に伝えていこうとするマーケティングを，Aradhna Krishna は，「感覚マーケティング（sensory marketing）」と名づけている。感覚マーケティングの定義は，「消費者の感覚に働きかけることで，彼らの知覚，判断，行動に影響を与えるマーケティング」（Krishna 2012; 訳語 石井・平木 2016, p.53）である。多くの研究者によって，どのような感覚訴求が消費者の反応をもたらすのか，知見が蓄積されてきている。感覚マーケティングは，人間を外部から入手した情報の処理を機械的に行う箱のようなものと捉えるだけでなく，身体や心を伴うものとしてより包括的に理解しようとする。外部から入手した情報を処理する過程においても，人間は自身を取り巻く環境にまつわる情報や自身の身体感覚を知覚する。この感覚器官を通じてなされる知覚に基づいて形成される感情や認知が，消費者としての製品やサービスに対する態度の形成や購買行動に影響を及ぼすことがわかってきている。そこで，従来の情報処理型モデルでは説明しきれない部分にも光を当てて消費者行動を体系的に捉えようとする取り組みが起きているのだ。

　しかしながら，なぜ感覚訴求は消費者の知覚や判断、行動に影響を与えうるのだろうか？その影響が起きるメカニズムについての研究は，いくつかの視点から進められている。本書では，消費者の内部で起こる「**無自覚な連鎖反応**」に注目して，大きく3つの視点から研究を進めていく。次節では，まず感覚マーケティングの概念的枠組みを説明する。

2. ……感覚マーケティングの概念的枠組み

　Krishna（2012）は，感覚マーケティングの概念的枠組みとして，**図序-1** を示している。消費者は，触覚，嗅覚，聴覚，味覚，視覚にまつわる感覚刺激を（感覚器官を通じて受け付け）知覚すると同時に，感覚知覚に根ざした感情（grounded emotion; Krishna 2012; 訳語 須永 2020, p. 23）や感覚知覚に根ざした認知（grounded cognition）が発生する。そして感情や認知が形成され，これら一

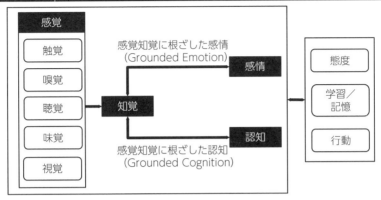

図序-1　感覚マーケティングの概念的枠組み

出所：Krishna 2012, p.335; 須永 2020, p.23 を基に筆者作成

連のプロセスが，消費者の態度や学習，記憶，または行動に影響を及ぼすというものである。

　消費者は購買意思決定プロセスにおいて，購買時に多様な情報処理を行う。情報処理の量および質には，情報処理環境と個人差要因そして双方の交互作用がある。特に，低関与の情報処理において消費者は検討対象である製品やサービスの中核的な価値とは直接関係のない，周辺的情報の影響を受けやすい。たとえば，広告視聴は一般に低関与であり広告に流れる背景音楽（BGM）に対する好みがその広告で紹介される製品への態度形成に影響を与える（Gorn 1982）。このように，消費者は購買時の情報処理において，購買の意思決定には直接必要ないと思われる聴覚刺激といった五感に訴求する周辺情報からも影響を受けて判断を行っている。

　感覚マーケティングの概念的枠組みは，身体化認知理論（embodied cognition; Williams and Bargh 2008）および感覚知覚に根ざした認知（Barsalou 1999; 2008）など認知心理学の概念を根底にしている。認知心理学の理論や概念の発展とともに，感覚マーケティングの理論構築も進展してきたと捉えることができる。認知心理学において，身体化認知の研究が本格的に始まる前の1950年代から1970年代頃，認知処理は，言語を中心とする抽象的な概念や記号（シンボル）を表象して操作することであるとされていた（大江 2016）。そして，

概念や記号は，感覚運動モダリティから切り離された存在だったのである（Lakoff 2012; 大江 2016）。このような言語や概念を表象し操作することを中心とした認知処理は，感覚運動の情報処理を考慮しないために身体化認知との違いがあるため，非身体性認知（disembodied cognition）とも呼ばれる（Lakoff 2012; 大江 2016）。その後，プライミング研究が取り入れられるようになると，連想ネットワーク内の活性化が高い概念はその後の情報処理に用いられる可能性が高く，思考や判断等に影響を与えると検討されるようになった（Higgins 1996; 大江 2016）。さらには，概念のみならず，態度や感情も連想ネットワーク（Collins and Loftus 1975; Collins and Quillian 1969）の要素として扱いながら，プライミング研究が進められてきた（e.g. Higgins, Rholes, and Jones 1977; 大江 2016）。プライミング研究の中には，身体を介した情報処理の影響を検討したものもある（e.g. Cacioppo, Priester, and Berntson 1993; Frank and Gilovich 1988; Strack, Martin, and Stepper 1988）。しかしながら，非身体性認知のモデルにおいて，概念と知覚，感情，行動の間には何らかの連合があると説明するのみで，概念はモダリティとは切り離されて捉えられていたために，身体と認知処理の関係を統合的に説明する理論がないと指摘されてきた（Niedenthal et al. 2005; 大江 2016）。これに対して，2000 年代に入ると，感覚運動モダリティが認知処理に重要な役割を果たすことが示されてきた（e.g. Ackerman, Nocera, and Bargh 2010; Williams and Bargh 2008; Zhong and Liljenquist 2006）。すなわち，身体が外界と相互作用しながら認知基盤を醸成しているとし，また認知処理はすべてのモダリティを使って実行されているとされるため，マルチモーダルな処理の検討がなされるようになったのである。前述の Krishna（2012）が示す感覚マーケティングの概念的枠組み（**図序-1**）は，身体化認知の議論をマーケティングおよび消費者行動の研究に取り組むものであるといえよう。認知処理の研究は，身体化認知からさらに発展して，感覚知覚に根ざした認知（grounded cognition：Barsalou 1999; 2008）が示されるようになった。感覚運動情報に基づく認知は，「身体化」に限定されず，心的シミュレーションといった感覚知覚に根ざした認知に広げて確認されるようになった。さらに，身体が直接関与しないと考えられる高次の認知処理（たとえば，目標）においても，感覚運動情報の処理に支えられているという主張もある（Glenberg 2015; 大江 2016）。Krishna

(2012) が示す感覚マーケティングの概念的枠組み（**図序-1**）は，このような拡張された認知の議論を盛り込むものである。

　感覚マーケティングは研究当初，製品の感覚的要素を対象としており（Krishna ed. 2010），製品のデザインに主眼が置かれていた（e.g. Biswas, Labrecque, Lehmann, and Markos 2014; Folkes and Matta 2004, 2013; Raghubir and Krishna 1999; Wansink 1996）。しかしながらその後，店舗環境設計条件（e.g. Hagtvedt and Brasel 2016; Madzharov, Block, and Morrin 2015; Spangenberg, Grohmann, and Sprott 2005）や消費者の個人特性による影響（e.g. Peck and Childers 2003a, 2003b）の検討をなされるなど，対象領域が広がっている。

　そして，感覚運動情報の処理が消費者の製品やサービスに対する認知に影響を及ぼすことが示されてきた。認知に及ぼす影響だけでなく，その影響が起きるメカニズムの検証もなされ，感覚刺激がもたらす概念的メタファによる連想やその連想と製品との適合（e.g. Sundar and Noseworthy 2014; Xu and Labroo 2014），または感覚刺激同士の適合（e.g. Mattila and Wirtz 2001; Sunaga, Park, and Spence 2016）による効果が多く確認されてきている。さらには，心的シミュレーションなど感覚知覚に根ざした認知が製品に対する肯定的な反応を引き出すことも確認されてきた（e.g. Elder and Krishna 2012; Labroo and Nielsen 2010）。

3. ……本書の研究の視点と研究方法

　Krishna（2012）は，感覚マーケティング理論の発展のために，いくつかの検討課題を示している。また，筆者が本書で紹介する先行研究のレビューの結果から，3つの視点で検討すべき研究課題があると考えた。

　1点目は，**感覚知覚に根ざした感情**（grounded emotion）が消費者の商品評価に及ぼす影響のメカニズムを明らかにすることである。Krishna（2012）が指摘するように，感覚知覚に根ざした感情が消費者反応に及ぼす影響に関する議論は未だ少ない。感覚知覚に根ざした感情による影響について，第2章で先行研究のレビューを行っているが，感覚マーケティングの文脈において感覚知覚に根ざした感情がどのようなメカニズムによって商品評価に影響を及ぼしう

るのかを解明している研究はまだ多くはない。本書は第2章での先行研究のレビュー結果から，感覚訴求によってポジティブな感情を喚起する場合とネガティブな感情を喚起する場合とによってその後の消費者の無自覚な連鎖反応に違いが生じることに注目した。先行研究においては，感覚刺激が快―不快水準または覚醒水準にどのような影響をもたらすかを明らかにし，それが消費者反応に及ぼす影響が検討されてきた。そして感情を扱う研究においても，しばしば感情状態と他の要因との「適合性」により消費者反応への影響が検討されてきた。たとえば，2種類の感覚刺激によって引き起こされる覚醒水準が適合する場合には，消費者から好ましい反応を引き起こせることが確認されている（Mattila and Wirtz 2001）。しかしながら，感情との相互作用を検討する場合においても，認知的側面を考慮したメカニズムを検討する必要があるであろう。すなわち，感覚刺激が単純な快―不快や覚醒の高低を引き起こすだけでなく，感覚刺激の知覚において生理的または学習的に連想される要素によって特定の感情の惹起に結びつき，それが消費者としての反応に繋がる場合の検討が必要である。消費者の感情は単純な快―不快や覚醒の高低だけではなく，幸福感や羞恥心など高次の感情を含むものだからである。また，感覚刺激からの連想が特定の感情を引き起こし，それが消費者としての反応にどのような影響を及ぼすかを検討することで，感情状態と他の要因とが「適合」する場合が必ずしも望ましい消費者反応を引き起こすわけではない，という知見に繋がる可能性がある。本書では，店舗内に流れる音楽が，消費者の感情にネガティブな影響を及ぼすとき，消費者は無自覚にネガティブな感情を低減できる触覚体験を求める。その結果，商品の触り心地の評価が変わることが確認された（第3章，第4章）。なお，実証研究では，音の構成要素である倍音を取り扱う。倍音は，どのような音にも存在する重要な要素であるが，その倍音を知覚することでどのような感情に結びつくのかは明らかにされていない。感情が消費者としての反応に影響をもたらすことはKrishna（2012）が示す感覚マーケティングの概念的枠組みにあるが，店舗内演出や動画広告で広く採用されている音の構成要素である倍音がどのような感情をもたらすかを明らかにすることは，マーケティング上重要な論点である。そこで，第3章では，実験室実験を行い，倍音が消費者の知覚および感情に及ぼす影響を明らかにする。また，倍音がもたら

す感情への影響が，消費者の意思決定方略の選択に影響を及ぼすのかを明らかにする。さらに第4章では，倍音がもたらす感情への影響と，倍音によって生じる感情の変化が製品評価にどのような影響を及ぼすのかを明らかにする。

　2点目は，**情報処理の運動流暢性**である。石井（2021）は感覚マーケティングにおいて感覚が消費者の商品評価に影響を及ぼすメカニズムとして，感覚適合（sensory congruence）を挙げている。そして感覚適合が生じるとき，情報処理の流暢性が高いことから評価の向上を促すことを指摘している。この情報処理の流暢性は，感覚適合による消費者への影響が生起されるメカニズムの検証において，処理流暢性（processing fluency; Alter and Oppenheimer 2009）という概念がメカニズムを説明する要因の1つとして確認されている（e.g. Shen and Rao 2016; Sundar and Noseworthy 2014）。処理流暢性とは，人が刺激に対して感じる情報処理の容易さの程度を表す（詳しくは，第6章参照）。処理流暢性は，知覚に関する流暢性（知覚流暢性：perceptual fluency）や概念に関する流暢性（概念流暢性：conceptual fluency），運動に関する流暢性（運動流暢性：motor fluency）など5種類に分類される（第6章参照）。運動流暢性とは身体的体験の行いやすさに基づく流暢性であるが，商品棚に並ぶ洗剤ボトルの取っ手部分が消費者の利き手側に来るように配置されると，その商品を手に取る運動流暢性が高まる。その結果，利き手と反対側の向きに商品を配置する場合と比べて，商品に対する評価が高まることが示されている（Eelen, Dewitte, and Warlop 2013）。しかしながら，消費者が商品の情報を知覚する際には，目の前に商品の現物が存在する場合だけではなく，雑誌やインターネットの広告などに掲載されている平面上の商品画像を見る場合が少なくある。そして商品画像に関する情報処理を行う場合には，視線の動きを伴う。そのため，**目の動きに関する運動流暢性**が商品評価に何らかの影響を与える可能性がある。しかしながら，先行研究では検討がなされていない。既存研究では，製品の要素同士の適合（e.g. Krishna et al. 2010）や，製品と店内演出の要素同士の適合（e.g. Fiore, Yah, and Yoh 2000）を確認したものが多くある。一方で，製品の要素と消費者の動作との適合を検討した研究は少ない。この点において，消費者の目の動きに焦点を当てると，既存研究では消費者の視線方向と製品の陳列方向の適合効果は明らかにされている（Deng, Kahn, Unnava, and Lee 2016; Shen and Rao

2016)。しかしながら，製品のパッケージには製品名が付記されていることが多くあり，消費者が製品パッケージを見るときには製品名を読んで製品に関する情報を取得しようとするであろう。このとき，消費者の目は製品名の文字が並んでいる方向に動く。そのため，製品要素と消費者の目の動きの方向の適合が消費者に何らかの影響を及ぼすと推測されるが，その影響は明らかになっていない。そこで，第7章では，製品要素と消費者の目の動きの方向の適合である一致効果を明らかにすることで，製品の画像情報を目で捉えるときに生じる運動流暢性が製品評価にどのような影響を及ぼすのか，実証研究で明らかにする。さらに，処理流暢性の測定には従来，アンケートなど主観的評価が用いられてきた。しかしながら，この測定方法では不十分だという指摘がある（Graf, Mayer, and Landwehr 2017：詳細は第6章を参照）。そこで，第7章の実証研究では，主観的評価と客観的指標を合わせた検証を提案する。

　3点目は，感覚知覚から想起される意味的**連想**やそれによって生じる**感覚転移**が感覚間の相互作用（interaction of sense）に及ぼす影響である。既存研究では，視覚情報から製品の内容量や重さの知覚については明らかになっているものの（e.g. Aydinoğlu and Krishna 2011; Sunaga, Park, and Spence 2016），視覚情報が製品の温かさや硬さに関する消費者の知覚へ及ぼす影響は不明である。そこで，第8章において，視覚情報が製品の触覚イメージの知覚に及ぼす影響について，実証研究によって明らかにする。

　さらに，視覚情報が触覚のイメージ評価に及ぼす影響についての議論も多くない。そこで本書では，視覚情報が触覚イメージの評価に及ぼす影響について検討を行う。第8章では，製品の背景色という非診断的感覚刺激に焦点を当てて，色の知覚からの連想が製品の触覚要素のイメージ評価に影響を及ぼすかについて確認する。さらに，背景色による前述の影響が適用される製品特性の確認も行う。

　既存研究においては，食品の匂いを想像させること（"smellizing"）が実際に匂いを嗅ぐ場合と同様の生理反応（唾液分泌）を引き起こすことが示されている（Krishna, Morrin, and Sayin 2014）。他にも，心的シミュレーションによって製品を使用する動作を想像させることで製品の購買意向に影響を及ぼすことが確認されている（Elder and Krishna 2012）。一方で，視覚刺激から製品の触覚イ

メージへの影響については検討が少ない。しかしながら，Eコマース市場の拡大を踏まえると，製品画像など視覚刺激から消費者が製品の触り心地をどのようにイメージして製品評価をくだすのかを明らかにすることは，マーケティングにおいて重要な論点である。そこで，第7章では，視覚刺激が製品の触覚イメージに及ぼす影響を明らかにする。

　本書で紹介する研究は，『JSMD レビュー』（西井・守口 2019b）（第8章），『行動計量学』（西井・守口 2020）（第7章），『流通情報』（西井・守口 2019a）（第6章），吉田秀雄記念事業財団助成研究（第4章），『プロモーショナル・マーケティング研究』（西井 2017b）（第3章），大学紀要（西井 2017a; Nishii 2020）（第1章・第9章）などにおいて，筆者が発表してきた研究論文に加筆修正を行い，新たに書き下ろした章を加えるなどして，新たに本書のテーマを軸として先行研究をまとめ，実証研究から得られた新たな知見を体系化したものである。

4. ……本書の構成

　第I部では，感覚刺激が感情に及ぼす影響に関する検討を行う。その前提として，第1章では感覚刺激が消費者行動に及ぼす影響について，先行研究のレビューを行う。詳細は第1章で述べるが，感覚刺激が消費者行動に及ぼす影響に関するレビューは，いくつか存在する。そこで，第1章では，消費者の実際の購買場面では複数種類の感覚刺激を体験することが大半であることを考慮して，多感覚経験が消費者に及ぼす影響に関する先行研究のレビューを行う。レビューを通して，未だ検討されていない課題を抽出する。さらに第2章では，感覚刺激による感覚知覚に根ざした感情が消費者行動に及ぼす影響に関する先行研究のレビューを行う。第3章と第4章では，第1章および第2章のレビュー結果より明らかになった課題の1つとして，聴覚と触覚の関係を取り上げる。聴覚刺激は，店舗内に流れるバック・グラウンド・ミュージックの影響など，古くから扱われてきた感覚刺激である。しかしながら，音楽の要素を分解して検討していくと，音色や音色の構成要素である倍音を取り上げた研究は数少ない。また，聴覚刺激と感情の関係を見ると，快—不快感情や覚醒水準を

取り上げた研究はあるものの，消費者の基盤感情である不安感情との関係を検討した研究は少ない。そこで，第3章ではまず，聴覚刺激の倍音条件が不安感情および消費者としての反応にどのような影響をもたらすのかを検討する。続く第4章では，聴覚刺激と製品の触覚評価の関係に焦点を当てる。第3章で確認された，聴覚刺激がもたらす不安感情によって，製品の触覚評価にどのような影響をもたらすのかを検討する。この際，不安感情と触覚にまつわる概念の連想がどのような役割を果たすのかに注目する。そしてそれによって，必ずしも製品特性との適合性が高い聴覚刺激が望ましい消費者反応を引き出すとは限らない可能性を示唆する。

　第Ⅱ部では，認知的なプロセスにおいて，前述の適合性がなぜ望ましい消費者反応を引き出すのかを説明しうる1つの要因として，身体化認知，感覚知覚に根ざした認知，および処理流暢性を取り上げる。第5章ではまず，消費者行動およびマーケティングの研究分野における身体化認知理論に関する先行研究のレビューを行う。身体化認知の拡張適用として，感覚知覚に根ざした認知に理論的根拠を持つ先行研究も取り上げる。続く第6章では，処理流暢性に関する先行研究のレビューを行う。レビューの結果より，消費者行動の文脈においてまだ検討がなされていない静止画から引き起こされる処理流暢性が消費者行動に及ぼす影響について，検討を行う（第8章）。続いて，第8章では，視覚刺激から知覚される感覚が，連想を伴って異なる触覚の知覚にどのような影響を及ぼすのかを検討する。

　第Ⅲ部では，感覚訴求が消費者行動に及ぼす影響について，個人特性がどのような役割を果たすのかを検討する。ここで取り上げる個人特性とは，Krishna（2012）が残された課題として指摘する，感覚知覚の欲求または能力に基づく個人差（individual differences in the need for sensory perception or ability：Krishna 2012, p.347）である。詳細は第9章で述べるが，感覚訴求による影響には，個人特性による調整効果などが確認されてきている。今後，感覚訴求が消費者行動に及ぼす影響を検討する際には，個人特性による影響を考慮する必要があるだろう。そこで，第9章では，個人特性による調整効果を検討する先行研究のレビューを行う。さらに，本書で取り扱う「無自覚な連鎖反応」のメカニズムに特に影響を及ぼしうると想定される個人特性について，今後の研究可

能性を述べる。

第Ⅰ部　感覚訴求と感情

第1章 感覚訴求が消費者に及ぼす影響の議論

概要

　第1章では，感覚刺激が消費者の内部でどのような連鎖反応を起こし，商品に対する態度や行動に影響を及ぼすのか，先行研究のレビューを行っていく。マーケティング施策における感覚訴求は，視覚のみまたは聴覚のみ，といった単一の感覚刺激だけではなく，視覚と聴覚など複数の感覚刺激を同時に扱うものが多い。また，感覚訴求を受けて起こる消費者の反応には，視覚刺激を受けて視覚の知覚に影響を受けるだけでなく触覚の知覚にも影響を受けるなど，多感覚の経験をすることがある。そこで本章では，多感覚経験が消費者行動に及ぶ影響について先行研究のレビューを行う。

1. ……はじめに

　消費者の多感覚経験（multisensory experience）は，消費者の購買行動に大きな影響を及ぼしている（Spence, Puccinelli, Grewal, and Roggeyeen 2014）。2000 年代以降，消費者行動の研究領域において，消費者の感覚経験（sensory experience）に焦点を当てた知見が多く得られている。研究当初から多く検討されてきたのは，1 種類の感覚（unisensory）に関する刺激が消費者行動に及ぼす影響についてである。たとえば，Yalch and Spangenberg（2000）は，店舗内に流れる音楽が消費者の店舗内に滞在する時間に影響を及ぼすことを確認している。親しみやすい音楽となじみのない音楽を流し比べたところ，なじみのない音楽の方が，知覚時間が長くなるために実際の滞在時間は短くなったのである。

　しかし，消費者の感覚経験に関する議論は，1 種類の感覚経験に関するものだけでなく，複数の感覚（multisensory）による多感覚経験に焦点を当てた議論が始まっている（e.g. Fiore, Yah, and Yoh 2000）。Hagtvedt and Brasel（2016）は，消費者の多感覚を対象とした訴求は，消費者の非意識的な注意を獲得しやすいとその有効性を指摘している。さらに，消費者は 1 種類の感覚だけでなく，多感覚を動員して製品評価を行い（e.g. Spence and Gallace 2011; Spence et al. 2014），店舗評価を行い，購買行動をしている（e.g. Spence et al. 2014）。実際，老舗百貨店のハロッズは消費者の多感覚を対象とした訴求の試みによって，数百万ポンド売上を伸ばしたのである（Spence et al. 2014）。企業のマーケターにとって，消費者の多感覚を対象とした訴求は重要な課題であろう。

　しかしながら，消費者行動における多感覚経験について全体を俯瞰したレビューは行われていない。1 種類の感覚が消費者行動に及ぼす影響についてはこれまで，聴覚に関する広告音楽に関するレビュー（阿部 2006）や，手で自由に対象に触れることによって生じる知覚である「ハプティック（haptic）知覚」に関するレビュー（朴・石井・外川 2016），店舗内環境における感覚に着目して，視覚，聴覚，嗅覚，触覚，味覚という 1 種類の感覚それぞれに主眼をおいたレビュー（Spence et al. 2014; 石井・平木 2016）がある。確かに，1 種類の感覚に主眼をおいたレビューのいくつかは，着目した 1 種類の感覚と他の感覚との多

感覚経験を検討した研究の整理を行っている。しかし，多感覚経験に主眼をおいたレビューは筆者の知る限り存在しない。

Spence et al.（2014）が店舗内環境による多感覚経験の可能性について言及しているが，多感覚経験を対象とした研究は，店舗内環境に関する多感覚経験にとどまらない。製品特性や状況要因に関連した多感覚経験が消費者行動に及ぼす影響を検討している研究もいくつかある。

そこで本章では，多感覚経験が消費者行動に及ぼす影響を検討していくに当たって，店舗内環境だけでなく製品特性や状況要因も含めた包括的なレビューを行う。これまでいかなる潮流で，消費者行動における多感覚経験の研究が発展し，知見が得られているか整理を試みる。また，検討されてきている論点別にレビューを行うことで，先行研究の潮流を把握するだけでなく，今後検討すべき重要な課題を明確にすることに繋がるであろう。

本章の構成は次のとおりである。第2節において，本研究のレビュー対象と，多感覚の知覚に関する研究を整理するレビューの枠組みを提示する。第3節，第4節，第5節では，消費者行動における多感覚経験に関する研究のレビューを行い，どのように展開されてきているかを整理する。第6節では，レビューの結果をまとめ，第7節で今後検討すべき重要な課題について議論を行う。

2. ……本研究の対象と整理の枠組み

本章では，多感覚経験が消費者行動に及ぼす影響を検討している消費者行動研究のレビューを行い，既存の知見や潮流を体系的に整理することを図る。レビューの対象とするのは，2022年2月末時点でマーケティングおよび消費者行動関連のジャーナルに掲載された論文である。対象としたジャーナルは，先行研究の大きな潮流を掴むために，マーケティングおよび消費者行動研究の主要国際ジャーナルである，*Journal of Marketing*, *Journal of Consumer Research*, *Journal of Consumer Psychology*, *Journal of Marketing Research*, *Journal of Retailing*, *Psychology & Marketing*, *Marketing Science*, *Journal of the Academy of Marketing Science*, *International Journal of Research in Marketing* の9誌に

掲載されている関連論文を調べた。学術文献データベースである Web of Science の検索キーワード（"タイトル"または"キーワード"対象）に次の言葉のいずれかが含まれている論文を探索した。「sensory interaction」，「cross-modal」，「multisensory」，「multisensory experience」，「sensory correspond」，である。検索期間は，2000 年から 2022 年 2 月とした。

　感覚経験と消費者行動の関連については，主に感覚マーケティング（sensory marketing）の領域で研究が行われている（e.g. Krishna 2013; Krishna and Schwarz 2014）。感覚マーケティングとは，序章で挙げた定義を再掲すると，触覚，嗅覚，聴覚，味覚，視覚という消費者が持つ感覚に訴えることで，知覚，判断，行動に影響を及ぼすマーケティング手法である（Krishna 2012）。研究の対象は当初，1 種類の感覚経験に焦点を当てて消費者の製品や店舗，消費に関する時間（例：店舗内の滞在時間）に対する知覚や評価，購買行動に及ぼす影響などであった。たとえば，Milliman（1982）は，聴覚刺激である音楽に焦点を当てて，消費者の移動するスピードに及ぼす影響を検討した。店舗内に流す音楽のテンポをゆっくりにしたところ，消費者が店舗内を移動するスピードが遅くなることを確認したのである。

　しかし近年では，複数の感覚刺激を同時に用いた効果に関する研究（e.g. Spangenberg, et al. 2005）や，1 種類の感覚刺激が，他の種類の感覚に及ぼす影響に関する研究（e.g. Xu and Labroo 2014）が増えている。消費者の多感覚を対象とした訴求は，1 種類の感覚に対する訴求よりも大きい影響力を秘めている可能性がある（Spence et al. 2014）。たとえば，小売店の環境下においては多感覚経験をすることになり，消費者はより包括的な視点を持つことになることが指摘されている（Biswas 2019）。したがって，多感覚経験が消費者行動に及ぼす影響について知見をまとめることは，企業のマーケターに対しても実務的な示唆を与えられるであろう。消費者行動およびマーケティング関連の研究分野における本テーマのレビューを行うことで，多感覚経験に関する研究がどのように発展してきているのか，潮流を把握できるであろう。また，今後の検討すべき重要な課題をより明確に提示することに繋がるであろう。

　レビューを行う際に，用いる枠組みを図 1-1 に示す。消費者行動における多感覚経験に関する研究は，Spence et al.（2014）に基づくと，二つの潮流を見

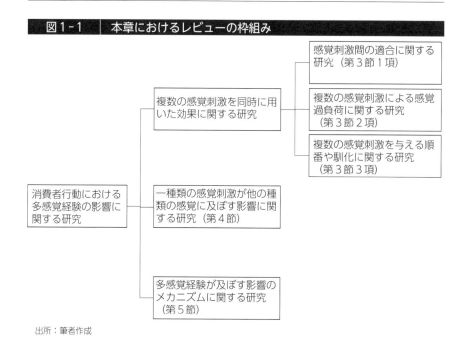

図1-1　本章におけるレビューの枠組み

感覚刺激間の適合に関する研究（第3節1項）

複数の感覚刺激を同時に用いた効果に関する研究

複数の感覚刺激による感覚過負荷に関する研究（第3節2項）

複数の感覚刺激を与える順番や馴化に関する研究（第3節3項）

消費者行動における多感覚経験の影響に関する研究

一種類の感覚刺激が他の種類の感覚に及ぼす影響に関する研究（第4節）

多感覚経験が及ぼす影響のメカニズムに関する研究（第5節）

出所：筆者作成

出すことができる。1つ目は，「多感覚経験が消費者行動に及ぼす影響そのものに関する研究」である。2つ目は，「多感覚経験が消費者行動に及ぼす影響のメカニズムに関する研究」である。さらに，前者の「多感覚経験が消費者行動に及ぼす影響そのものに関する研究」は，「複数の感覚刺激を同時に用いた効果に関する研究」と「1種類の感覚刺激が他の種類の感覚に及ぼす影響に関する研究」とに分類される。そこで本章では，「複数の感覚刺激を同時に用いた効果に関する研究」と「1種類の感覚刺激が他の種類の感覚に及ぼす影響に関する研究」，そして「多感覚経験が及ぼす影響のメカニズムに関する研究」という3つの分類を前提とする。3つの分類のうち，「複数の感覚刺激を同時に用いた効果に関する研究」は最も数多くなされてきており，それらが検討してきた論点を3つに大別できる。そこで，「複数の感覚刺激を同時に用いた効果に関する研究」の下位分類として，次に説明する3つの論点毎にさらに分類してレビューすることとする。

まず，「感覚刺激間の適合に関する研究」である。Krishna（2012）は，複数の感覚刺激を消費者に与える場合，消費者から好ましい反応を引出すには感覚刺激同士の「適合」度合いが重要になると指摘している。たとえば，Mattila and Wirtz（2001）は，店舗内に流れる音楽と店内に広がる香りという複数の感覚刺激の覚醒水準が「適合」していると，消費者の店舗内に対する評価が高まることを確認している。また，Spence et al.（2014）は店舗内環境における複数の感覚刺激間の適合が，消費者から好ましい反応を引出すための重要な要因の1つとなることを示唆している。そこで，1つ目の論点として「感覚刺激間の適合に関する研究」としてレビューの整理を行う（第3節1項）。

　2つ目は，「複数の感覚刺激による感覚過負荷（sensory overload）に関する研究」である。複数の感覚刺激を同時に用いる場合，消費者が感覚過負荷を引き起こす可能性がある（Spence et al. 2014）。感覚刺激によって消費者からポジティブな反応を得られるという先行研究が多くある一方で，消費者にとって強すぎる感覚刺激を与える場合には感覚過負荷を引き起こし，その結果，ネガティブな反応を起こす恐れがあることが示唆されている（e.g. Morrinand Chebat2005）。そこで，先行研究において感覚過負荷に関する議論がどのように発展してきているのか，「複数の感覚刺激による感覚過負荷に関する研究」としてレビューの整理を行う（第3節2項）。

　最後に，「複数の感覚刺激を与える順番や馴化に関する研究」である。感覚刺激が複数ある場合，それらを消費者に与える順番の違いや感覚刺激に対する馴化（habituation）によって，異なる影響を及ぼす可能性が示唆されている（Biswas et al. 2014）。順番や馴化に関する研究は数少ないが，多感覚経験が消費者行動に及ぼす影響を検討するうえで重要な論点となるであろう。詳細は後述するが，Biswas et al.（2014）の研究では，消費者に与える感覚刺激の順番によって，消費者から好ましい反応を得る「感覚刺激間の適合」条件が変わりうることを示唆している。これまで多く議論がなされてきた「感覚刺激間の適合」に関して今後議論を発展していく場合，複数の感覚刺激を与える順番や馴化による影響を合わせて検討することが必要となる。よって，第3節3項にて「複数の感覚刺激を与える順番や馴化に関する研究」についてレビューを行う。

　以上より，第3節にて「複数の感覚刺激を同時に用いた効果に関する研究」

について，「感覚刺激間の適合に関する研究」（第3節1項），「複数の感覚刺激による感覚過負荷に関する研究」（第3節2項），「複数の感覚刺激を与える順番や馴化に関する研究」（第3節3項）と分類してレビューを行う。続いて第4節で「1種類の感覚刺激が他の種類の感覚に及ぼす影響に関する研究」，第5節で「多感覚経験が及ぼす影響のメカニズムに関する研究」のレビューを行う。さらに，第6節でレビューのまとめを行い，第7節で今後検討すべき重要な課題の提示を試みる。

3. ……複数の感覚刺激を同時に用いた効果に関する研究

3-1. 感覚刺激間の適合に関する研究

　Knoeferle, Woods, Kappeler, and Spence（2015）は，複数の感覚刺激の適合に着目して，音楽から連想する基礎的な味覚に及ぼす影響を検討した。音楽の高低やスピード，音量といった音楽条件の違いが，音楽から連想される基礎的な味覚にどのような影響を及ぼすかを検証した。その結果，音域が高い場合は「甘さ」と結びつき，音域が低い場合には「苦さ」と結びついたのである。

　Fiore et al.（2000）は，視覚刺激と嗅覚刺激の適合が消費者の感情や支払意思額にポジティブな影響を及ぼすことを確認した。店舗内実験において，ナイトウェア製品を店舗内に陳列する際，店舗内のオブジェクト（女性のスケッチ画やキャンドル，枕など）と適合する香りを店舗内に放った。その結果，適合しない香りを放った場合と比べて，消費者にポジティブな感情をもたらすことが明らかになったのである。さらに，ナイトウェア製品に対する支払意思額が増加した。Fiore et al.（2000）は，適合する視覚刺激と嗅覚刺激の使用が，店舗の売上や利益に資する可能性があると述べている。

　Krishna et al.（2010）は，製品特性に関する嗅覚刺激と触覚刺激との適合が，製品評価を高めることを検討した。2種類の香り（温かさと結びつくパンプキン・シナモン／冷たさと結びつくシー・アイランド・コットン）と2種類のジェルパック（温かい／冷たい）の組み合わせで4種類のジェルパックを用意して，

実験協力者にジェルパックの評価をしてもらった。その結果，温かさと結びつく香り（冷たさと結びつく香り）とジェルパックの温かさ（冷たさ）とが適合すると，ジェルパックに対する評価が高まることを確認した。

　Biswas et al.（2014）は，視覚刺激と嗅覚刺激の適合が製品の知覚や評価に影響を及ぼすことを確認した。色と香りをつけた浄水を実験協力者に試飲させた後，浄水を評価してもらった。結果，色と香りの適合が高い浄水を消費者はより高く評価した。

Mattila and Wirtz（2001）は，店舗内環境の聴覚刺激と嗅覚刺激に着目した。店舗内に流す背景音楽と香りをそれぞれ 3 パターン（覚醒なし／低覚醒／高覚醒）用意して調査を行った。結果，背景音楽のテンポと香りの覚醒水準が適合すると，消費者の店舗内に対する評価が高まったのである。

　同じく店舗内環境の聴覚刺激と嗅覚刺激の適合に関する研究として，Morrison, Gan, Dublaar, and Oppena（2011）がある。Morrison et al.（2011）は，店舗内に流す音楽の音量と香りの組み合わせが，消費者の店舗内に滞在する時間や購買金額，および消費満足度に影響を及ぼすことを検証した。若者向けのファッションストアにて調査を行った結果，音楽の音量と香りが適合すると，消費者の感情や満足度にプラスの影響を及ぼすと示唆した。音量の大きい音楽とバニラの香りの適合が消費者の覚醒水準を高め，滞在時間や購入金額を増やし，満足度を高めるというのだ。

　店舗内環境の聴覚刺激と嗅覚刺激に関する研究は他に，Spangenberg et al.（2005）がある。Spangenberg et al.（2005）は，状況的要因と多感覚刺激の適合に着目した。クリスマスシーズンの店舗内で実験を行った結果，背景音楽と香りの双方がクリスマスを連想させるものである場合に消費者の店舗に対する評価が上がることを示唆した。

　Hagtvedt and Brasel（2016）は，視覚刺激である色の明暗と聴覚刺激である音楽の高低についての適合を検討した。まず，明るい色は高音域の音楽と適合し，暗い色は低〜中音域の音楽と適合することを確認した。次に，これらの適合を活かして，視覚の特徴に関する検証を行った。視覚的注意は，聴覚刺激の知覚に反射的に向けられるという特徴がある（Shen and Sengupta 2014）。Hagtvedt and Brasel（2016）は，スーパーマーケットで実験を行い，商品棚の色と

背景音楽の音域とが適合する場合，消費者は無意識的に棚を注視することを検証した。同一ブランドのバナナを白い商品棚と黒い商品棚に陳列したところ，高音域の背景音楽を流しているときには白い棚のバナナの方が多く売れた。一方，低〜中音域の背景音楽を流しているときには黒い棚のバナナの方がより多く売れたのである。Hagtvedt and Brasel（2016）の研究は，視覚刺激と聴覚刺激の適合に着目しただけでなく，視覚特有の特徴と関連づけて消費者行動へ及ぼす影響を検討した研究である。

　Sunaga et al.（2016）は，視覚刺激（製品の色）と視覚的な触覚（見た目から判断する重さの知覚）との適合が購買意思決定に及ぼす影響を検討した。パッケージが明るい（暗い）色の製品を高い（低い）位置に置くと，その製品が軽く（重く）感じられたのである。結果，製品パッケージの色の明度（明暗）と，製品を置く棚の位置（高低）という視覚的な触覚との適合が，消費者の購買意思決定に好ましい影響を及ぼすことが確認された。

　一方で，Schifferstein and Howell（2015）は，製品特性に関する視覚刺激と嗅覚刺激の適合は，製品の購買意向に影響を及ぼさないかもしれないことを示唆している。香水製品のパッケージの色に関する実験を行った結果，香りおよびパッケージに対する好みによって購買意向が決定づけられていることを確認した。しかし，香りとパッケージの色との適合は購買意向に影響しなかったのである。

　Schifferstein and Howell（2015）の研究結果からすると，消費者の製品に対する態度を向上させるには，製品特性に関する感覚属性だけでなく環境要因の感覚属性との適合も検討する必要があるかもしれない。この点において，Fürst, Pečornik, and Binder（2021）は，先行研究は環境要因同士の適合にのみ焦点を当てた研究かあるいは製品の主要な機能と1種類の環境要因との適合に焦点を当てた研究は存在しているものの，製品の主要な機能と数種類の環境要因との適合に焦点を当てた研究はないと指摘する。そのうえで，製品評価を高めるためには環境要因の感覚属性同士が適合していれば良いのか，それとも製品の主要な機能と環境要因の感覚属性との適合が必要なのかについて検討している。Fürst et al.（2021）の実験では，保冷剤製品を用いているが，保冷剤の主要な機能は「冷やす」機能である。そして環境要因となるスペアミントの香

りや青色は「冷やす」機能との適合度が高い。一方，温かさと結びつくバニラの香りや赤色は「冷やす」機能との適合度が低い。実験結果より，製品の主要な機能と環境要因の一部が適合していれば製品評価は高まることが示された。すべての感覚属性が製品の主要な機能と完全に適合する必要はなく，製品の主要な機能と適合している限り，環境要因の感覚属性と適合していなくても消費者の観点からはそれほど深刻ではない可能性を指摘している。

3-2. 複数の感覚刺激による感覚過負荷に関する研究

　消費者にもたらす感覚刺激は，種類が増えるほど消費者にポジティブな影響を及ぼすのであろうか。Homburg, Imschloss, and Ku¨hnl（2012）は，感覚刺激の種類の多さが感覚過負荷を起こし，消費者に好ましくない影響を及ぼすのではないかという問題意識から，3種類の感覚刺激を用いる実験を行った。実験協力者に対して店舗内の感覚刺激に関するシナリオを読ませた後，支払意思額，製品に対する態度，購買意思を確認した。用いた刺激は，テンポが速い（または遅い）音楽，ラベンダー（またはグレープフルーツ）の香り，赤（または青）色の使用という3種類であった。その結果，覚醒水準が適合する2種類の感覚刺激（音楽と色／音楽と香り／香りと色）を用いた場合には，いずれの組み合わせでも好ましい結果となった。実験協力者は，1種類の感覚刺激を与えられる場合と比較して，製品により肯定的な評価をくだし，支払意思額も高まったのである。しかし，これらに同じ覚醒水準である3種類目の感覚刺激（香り／色／音楽）を加えたところ，感覚過負荷を引き起こすことが示された。そして，同じ覚醒水準である感覚刺激を2種類用いた場合に比べて，製品評価は低くなり，支払意思額も減少することが示された。Homburg et al.（2012）は，企業のマーケターに対して次のように指摘している。製品や店舗内環境において感覚刺激を数種類用いるときには，直観的にではなく戦略的な計画が必要である。すなわち，感覚刺激同士の覚醒水準が適合していても，種類が増えると消費者に対して好ましくない影響を及ぼす可能性があることを念頭に置かなくてはならない。具体的には，もし用いる感覚刺激が3種類になる場合には，1種類の覚醒水準を他の2種類の覚醒水準とは異なるものにしなければ，感覚過負荷が起こり，消費者から好ましくない反応を得ることになるだろうと示唆し

ている。

　さらに，Morrin and Chebat（2005）は，視覚刺激と聴覚刺激の強さが，消費者の年代によっては感覚過負荷となる可能性を指摘している。実験の結果，大きい音量の音楽および強い香りの双方の刺激が，高齢者にとっては堪え難いほど苦痛になることを確認したのだ。

3-3. 複数の感覚刺激を与える順番や馴化に関する研究

　複数の感覚刺激を与える順番や馴化が消費者行動に及ぼす影響に関する議論はまだ新しい。Biswas et al.（2014）は，多感覚刺激の順序や馴化が消費者の製品の知覚や評価に影響を及ぼすと指摘している。音楽クリップを対象製品として数種類の音楽クリップを視聴させる実験を行った。その結果，映像と音楽との適合が高い音楽クリップを視聴し続けた場合には，消費者は最初に試した製品を選好した。一方で，適合が低い音楽クリップを視聴し続けた場合，消費者は最後に試した製品を選好することを確認した。適合によって選好が逆転した結果について Biswas et al.（2014）は，適合が低い複数の感覚刺激を連続的に受けることで感覚痕跡が薄れていくことが関連していると結論づけている。

　また，視覚刺激と味覚刺激との適合と，それら刺激を与える順番が製品の選好に及ぼす影響についても検討が行われている。Biswas et al.（2014）は，外見と味の評価が異なるチョコレートをレストランの客に試食させた後，選好を質問した。適合が低いチョコレートを連続して試食させた場合（適合が高いチョコレートを連続して試食した場合に比べて），最後に試食したチョコレートを選好することが確認されたのである。

　さらに，製品に関する多感覚の刺激を与える順序効果を検討している Biswas, Labrecque, and Lehman（2021）では，食品の視覚情報と嗅覚情報を提示する順序が製品の味覚評価に差異を生じさせることを明らかにしている。この差異は，視覚情報と嗅覚情報の処理にかかる時間とその識別の困難さゆえに生じるという。視覚情報は，他の感覚情報と比べて詳細な処理を迅速に行える。一方で嗅覚情報は，複合的な嗅覚刺激を識別して処理することは困難であり，かつ処理には比較的時間がかかる。この視覚情報と嗅覚情報の処理に関する差異が原因となり，視覚情報を最初に提示して次に嗅覚情報を提示する方が，視

覚情報の後に提示される嗅覚情報の処理がしやすくなる。Biswas et al.（2021）の実験結果より，食品の視覚情報を最初に提示してその後に嗅覚情報を提示するという順序効果によって，嗅覚情報の処理流暢性を高め，その結果，食品に対する消費者の肯定的な反応（高い味覚評価，消費量，製品の推奨）を得られることが示されている。

　ただし，前述の味覚評価に対する効果は，食品の色と香りが一致するときのみ生じる。Biswas et al.（2021）の study 4 では，レモンオイルで香りづけしたレモネード飲料を用意し，明るい黄色をつけたレモネードを一致条件とし，紫色をつけたレモネードを不一致条件として実験室実験を行った。その結果，先に視覚情報を提示することが嗅覚情報の処理流暢性および味覚評価を向上させる効果は，前述の一致条件の場合のみ生じることが確認されている。

4. ……1 種類の感覚刺激が他の種類の感覚に及ぼす影響に関する研究

　ある感覚を刺激することで，他の感覚の知覚評価に影響を及ぼすことを，多感覚の相互作用と呼ぶ（Harrar, Piqueras-Fiszman, and Spence 2011）。

　Streicher and Estes（2016b）は，製品に関する触覚の刺激が視覚的知覚に及ぼす影響を検討した。ジュースのパッケージを見るだけのときに比べて，パッケージを手で握ると，製品パッケージの見た目の滑らかさに関する知覚が改善されるのを確認したのである。

　一方，視覚刺激が触覚の知覚に及ぼす影響を検討したのは，Xu and Labroo（2014）である。レストランの照明の明暗が，温かさの体性知覚に影響を及ぼし，さらに味覚の知覚に影響を及ぼすことを検証した。照明が明るいとき，暗いときと比べて消費者は温かいと知覚した。さらに，辛さの程度が異なる 16 種類のソースを選ばせたところ，照明が暗いときと比べてより辛いソースを選好した。

　Harrar et al.（2011）は，視覚刺激が味覚の知覚に及ぼす影響を検討した。同じ味のポップコーンでも，ポップコーンを入れるボウルの色を変えると，味の評価が変わったのである。赤色のボウルに入れたポップコーンは，白色のボ

ウルに入れたポップコーンよりも，甘いと評価された。対して，青色のボウル
に入れたポップコーンは，白色のボウルに入れたポップコーンよりも，塩辛い
と評価されたのである。Harrar et al.（2011）は，赤色は成熟した果実を無意
識に連想させ，また青色は塩辛い海水を無意識に連想させるために，味覚に影
響を及ぼすと説明している。

　味覚に影響を及ぼす視覚要素は色だけではない。配置効果が味の濃厚さの評
価に影響を及ぼし，その結果，消費量に影響をもたらしうる（Togawa, Park,
Ishii, and Deng 2019）。物が空間において下部にあると，上部と比べて重たく知
覚される。この配置という視覚情報から「重い」という触覚の知覚に影響を与
え，さらに対象物が食品である場合にはその味覚の「濃厚さ」に影響を与える
ことが示されている。実験の結果，パッケージ正面部分に表示された食品の写
真がパッケージの下部に載っている場合（上部に載っている場合と比べて）より
濃厚な味わいだと評価されることが確認された。さらに，濃厚な味わいだと評
価するために結果として，消費量が減ることも示されている。

　さらに，聴覚刺激が，口回りの触覚の知覚に及ぼす影響を検討したのは，
Zampini and Spence（2005）である。炭酸水を飲むときに，炭酸が弾ける音量
を調整したところ，音量が大きいときには，水により多く炭酸が入っていると
評価されたのである。Zampini and Spence（2005）は，口の中で炭酸が弾ける
刺激を知覚するという痛覚の知覚にも，聴覚刺激が影響を及ぼす可能性を示唆
している。

　聴覚刺激には，店内に流れる環境音や音楽もあり，音楽から知覚する音色が
製品評価に影響を及ぼしうる（Imschloss and Kuehnl 2019）。環境音（BGM）の
音色全体からから知覚する柔らかさから，意味的連想によって触覚的な柔らか
さの知覚に繋がり，タオルのような触覚重視型製品の触覚的柔らかさの知覚が
高まる結果，枕カバーのようなファブリック製品に対する製品評価が向上され
ることが示された。一連の実験結果では，環境音の歌詞が同一であっても，音
楽全体の要素から音色の柔らかさの知覚に差異が生じることが示された。ただ
し，前述の効果は消費者が硬い床に立っているときなど条件限定的に生じるこ
とも確認されている。

　聴覚刺激は，視覚の知覚にも影響を及ぼしうる。Lowe and Haws（2017）は，

広告に流れるナレーターの声の高さ（ピッチ）が消費者の知覚する製品の物理的なサイズに影響を及ぼすことを確認している。低いピッチ音がより大きく物のサイズを知覚させるが，そのメカニズムとして，低いピッチ音が製品をより大きく視覚化させる心的イメージを促進することによって生じることを示唆している。ラジオ広告の話し手の声や映像広告に流れる音楽のピッチを刺激とした調査など，6つの調査結果から，広告に用いられる音のピッチが低く，かつ，その音が消費者の心の中で製品と結びつけられるときに限って，心的イメージが促進され，その結果当該製品の物理的サイズがより大きく知覚されることが確認されている。

　また，嗅覚と味覚の特徴として，食品の器の形が嗅覚と味覚の知覚に影響を及ぼすことが確認されている。Cavazzana, Larsson, Hoffmann, Hummel, and Haehner（2017）は，コカコーラをコカコーラ特有の曲線を描いた形のグラスに入れた場合，そうでないグラスに入れた場合と比べて，香りと味双方の評価が高まることを確認した。嗅覚の知覚と味覚の知覚が相互作用を起こし，評価を高めたというのである。これは，コカコーラ特有のグラスに対する消費者経験の有無が調整変数として働き，強く影響を及ぼしていると説明している。

　Krishna and Morrin（2008）は，製品評価の診断には直接関係しない部分に関する触覚への訴求が，味覚という製品評価に影響を及ぼすことを検討した。飲料水が入っているコップを触って得る知覚が，飲料水の味覚の評価に影響を及ぼすことを確認したのである。実験では，硬いセラミック製のコップと薄く柔らかいプラスチック製のコップを用意し，実験協力者にコップに触らせてから，コップに入っているミネラルウォーターをストローで飲み，味覚の評価をさせた。その結果，同じミネラルウォーターを飲んだにもかかわらず，硬いセラミック製のコップからミネラルウォーターを飲んだ場合の方が，薄く柔らかいプラスチック製のコップからミネラルウォーターを飲んだ場合よりも，ミネラルウォーターの味を高く評価したのである。

　以上の先行研究は五感（視覚，聴覚，嗅覚，触覚，味覚）を取り扱うものであるが，Biswas, Szocs, and Abell（2019）は，第6の感覚として前庭感覚が味覚に及ぼす影響を検証している。前庭感覚とは，重力や体の傾き，スピード等を感じる感覚である。Biswas et al.（2019）は，6つの調査を行い，次の一連の現

象を確認した。立ち姿勢（vs. 座り姿勢）が身体に肉体的なストレスを大きくもたらし，その結果，感覚の鋭敏さが減少する。その結果，立ち姿勢（vs. 座り姿勢）で物を食べると，良い味がする飲食物の味をそれほど好ましいとは評価しなくなり，その結果，消費量が少なくなることが示された。一方で，味があまり良くない食品を食べる場合には，姿勢が味覚に及ぼす影響は逆であった。すなわち，座り姿勢で味があまり良くない物を食べる場合には立ち姿勢で食べる場合よりも味覚が鋭敏になるために味の悪さを鋭敏に感じ取るため，（立ち姿勢と比べて）消費量が減少したのである。

さらに，ある感覚刺激が他の感覚欲求に影響を及ぼすこともある。Biswas and Szocs（2019）は複数の実験結果より，ある感覚刺激が他の感覚に関する欲求を補う補償効果（compensation effect）があると主張している。脳の報酬系回路におけるドーパミンは実際に報酬を受け取ることよりも報酬を受け取ることを予測する感覚的な手がかり（たとえば，食品の見た目や香り）によってより高く覚醒する。そのため，贅沢な香りに晒されると，経験から報酬の受け取りを予測するために報酬系回路が活性化される。その結果，非健康的な食品の選択比率が下がるというのだ。Biswas and Szocs（2019）では複数の環境下において実験を行った結果，空間に放たれた贅沢な食品の香り（indulgent food-related ambient scent：ピザ，クッキー，チョコチップクッキーの香り）に長時間（2分間）以上曝されると，贅沢でない食品の香り（nonindulgent food ambient scent：りんご，苺の香り）に曝された場合と比べて，非健康的な食品の選択比率が低くなることが示されている。ただし，香りを放つ時間の長さによっては逆の結果をもたらす。実験室実験の結果から，贅沢な香りを短時間（30秒以下）放った場合にはプライミング効果が生じて，非健康的な食品の選択が促進されることが確認されている。

5. ……多感覚経験が及ぼす影響のメカニズムに関する研究

　多感覚経験が消費者に与える影響のメカニズムに関する研究は，複数の感覚刺激の適合または相互作用の生起を説明しようと検討したものと，調整変数の

存在について検討した研究がある。

　まず，Knoeferle et al.（2015）は，音楽と基礎的な味覚評価の適合を検討したが，聴覚と味覚の適合は「連想」によって生起されると示唆しており，Crisinel and Spence（2010）の結論を支持している。Crisinel and Spence（2010）は，音楽を奏でる楽器の音色が，味覚とどのように結びつくかを検証した。その結果，ピアノの音は「甘さ」を連想させ，トロンボーンの音は「苦さ」を連想させたのである。

　これに対して，Krishna et al.（2010）は，多感覚の適合は，感覚刺激同士の意味的適合（semantic congruence）が影響を及ぼしている可能性を示唆している。

　また，Xu and Labroo（2014）は，レストラン内の照明の明暗が温かさの触覚に影響を及ぼし，さらに味覚に影響を及ぼすことを確認したが，この現象について，次のように説明している。照明の明るさという光の刺激が，消費者の熱に関する感情システムを活発化させたため，より温かく知覚する。そして，熱と結びつく「辛さ」を連想させるために生起されるというのである。

　一方で，Krishna and Morrin（2008）および Piqueras-Fiszman and Spence（2015）は感覚間の相互作用について，ある感覚刺激が他の種類の感覚に影響を及ぼす「感覚転移」（perceptual transfer）によるものだと説明している。さらに，Krishna and Morrin（2008）は，生起されるメカニズムにおける調整変数の存在を指摘している。実験の結果，触覚が味覚の評価に及ぼす影響には，消費者の接触欲求（need for touch）が調整変数として働くことを明らかにした。製品評価の診断に直接関係しない部分に関する触覚への訴求は，自己目的的接触欲求（autotelic need for touch）が高い消費者には（自己目的的接触欲求が低い消費者と比べて）影響は小さいと結論づけている。

　前述の先行研究は五感の中の特定の感覚において検討をしているが，五感を総動員した体験が購入などの行動に影響を及ぼす一連のプロセスを体験学習理論（ELT：experiential learning theory）に準えて検証する説がある（Zhang, Chang, and Neslin 2021）。実店舗とオンライン店舗との環境の違いに着目し，実店舗では消費者が製品に直接触れたり好きな角度で眺められたりするという五感を総動員した体験を豊富にできることから，製品のタイプによっては顧客価

値に違いが生じることを指摘している。製品の購入を検討する際に，顧客が十分な製品情報に基づいて決定を下そうとする"deep products"の場合，そうでない"shallow products"と比べて，顧客は実店舗で製品に触れて検討できることが，多感覚経験できるおかげで顧客価値の向上に繋がるのである。"deep products"はたとえば，ジュエリーがこれに当たる。ジュエリーは顧客が店頭で実際に身につけてその質感を確かめたり，あるいは自然光に照らしてさまざまな角度からその輝きを確認したりことで，触覚や視覚に関する多感覚な経験をすることができる。"deep products"はこのような有形かつ具体的で多感覚な体験に基づいて購入の検討がなされる製品を指している。Zhang et al. (2021) は体験学習理論（experiential learning theory）を援用することで前述の現象は，［①顧客が実店舗で五感を総動員した多感覚経験を行い，②自分が感じたことや学んだことを振り返り，③製品に関する統合的な学習をすることで，④購入などの行動に繋がる］というモデルを提唱している。アウトドア用品小売業の実店舗とオンライン・ショッピング・サイトの販売データを分析した結果"deep products"の場合には，実店舗での製品情報取得の経験が購入に繋がることが示された。さらに，実験室実験（deep product としてスポーツ用シャツ，shallow product として携帯充電器を使用）の結果から，前述のモデルによるメカニズムも確認されている。

6. ……先行研究のまとめ

　これまで，消費者行動における多感覚経験の影響に関する先行研究を，冒頭で示した枠組みに沿ってレビューしてきた。表1-1 に，先行研究のうち第3節，第4節，および第5節で整理した研究を取り上げ，各研究で注目した感覚の組み合わせなど概要をまとめた。

　表1-1 を概観して感覚の組み合わせに注目すると，視覚刺激と他の感覚刺激との組み合わせを取り扱った議論が多いことがわかった（e.g. Hagtvedt and Brasel 2016; Fiore et al. 2000; Sunaga et al. 2016）。一方で，比較的新しい感覚の組み合わせは，触覚と他の感覚に関する議論である（e.g. Xu and Labroo 2014;

表1-1　第3節から第5節で取り上げた主要研究の概要

研究	注目した感覚		注目した感覚間の関係	研究の目的	対象/対象の刺激	刺激の操作	主な結果/結論
Hagtvedt and Brasel (2016)	視覚	聴覚	・適合 ・働き	店舗内音楽と商品棚の明るさが製品選択に及ぼす影響の検討	バナナ/店内音楽の高低と商品棚の色	店舗内環境	店舗内音楽の高低と商品棚の明暗が適合すると，無意識的に注視する。
Biswas, Labrecque, Lehmann and Markos (2014)			・類似性 ・順序，馴化	①音楽クリップの類似性が製品選好に及ぼす影響の検討 ②順序と馴化が①に及ぼす影響の検討	音楽クリップ/映像，音楽	製品	①類似性が高い製品を選好する。 ②類似性が高い製品を数種類試させると，最初に試した製品を選好する。一方，類似性が低い製品を数種類試させると，最後に試した製品を選好する。
Fiore, Yah, and Yoh (2000)		嗅覚	適合	店舗内のオブジェクトと香りの適合が感情や購買に及ぼす影響の検討	ナイトウェア/陳列，店内の香り	店舗内環境	店舗内のオブジェクトと香りが適合すると，ポジティブな感情を与える。支払意思額が増加する。
Schifferstein and Howell (2015)			適合	製品パッケージの色と製品の香りとの適合が購買意向に及ぼす影響	香水/製品パッケージの色	製品パッケージ	製品パッケージの色と製品の香りとの適合は，購買意向に影響を及ぼさない
Harrar, Piqueras-Fiszman, and Spence (2011)		味覚	相互作用	食品の器の色が味覚評価に及ぼす影響	ポップコーン/皿の色	製品とパッケージ	食品の器から連想する甘さや塩辛さが，味覚評価に影響を及ぼす。
Togawa, Park, Ishii, and Deng (2019)			適合	パッケージに表示される食品の画像位置が味覚に及ぼす影響の検討	製品パッケージ/パッケージに表示される食品画像の位置	製品とパッケージ	下部に表示されると重さをイメージさせて，味をより濃厚だと予測させる，また食したときにより濃厚だと知覚する．消費量にも影響を及ぼす。
Streicher and Estes (2016b)		触覚	相互作用	触り心地が視覚的製品の知覚評価に及ぼす影響の検討	飲料水のペットボトルおよび缶/パッケージの形	製品パッケージ	製品パッケージの触り心地が滑らかだと，パッケージの外観に対する知覚評価を高める。
Xu and Labroo (2014)			相互作用	部屋の明るさが体感温度に及ぼす影響の検討	体感温度/店内の照明	店舗内環境	部屋が明るい（vs. 暗い）と温かさをより感じる。
Sunaga, Jaewoo, and Spence (2016)			適合	製品パッケージの色と製品が配置される位置との適合が購買意思決定に及ぼす影響を検討	ボトル洗剤/製品パッケージの色（明暗）と商品棚の位置（高低）	製品パッケージと店舗内環境	製品パッケージの色の明度（明暗）と，製品を置く棚の位置（高低）という視覚的な触覚との適合が，購買意思決定に好ましい影響を及ぼす。

研究	感覚1	感覚2	分類	研究内容	刺激／変数	対象	結果
Lowe and Haws (2017)		視覚	心的イメージ	音の高さ（ピッチ）が製品のサイズの知覚に及ぼす影響を検討	製品のサイズ／広告のナレーターの声，音楽	広告	音のピッチが低く，かつ，その音が消費者の心の中で製品と結びつけられる場合に，製品の物理的サイズがより大きく知覚される.
Spangenberg, Grohmann, and Sprott (2005)			適合（状況要因を含む）	店内音楽と香りの適合および状況要因との適合が店舗評価に及ぼす影響を検討	店舗内評価／店内音楽と店内の香り	店舗内環境	（クリスマスシーズンにおいて）店内音楽と香りの双方がクリスマスを連想させるものである場合，消費者の店舗に対する評価が上がる。
Mattila and Wirtz (2001)		嗅覚	適合	店内音楽と香りとの覚醒水準の適合が店舗評価および売上増加に及ぼす影響を検討	店内音楽と香り，各3パターン（覚醒なし・低覚醒・高覚醒）	店舗内環境	店内音楽のテンポと香りの覚醒水準が適合すると，消費者の店舗内に対する評価が高まり，売上が増加する。
Morrison, Gan, Dublaar, and Oppenal (2011)	聴覚		適合	多感覚刺激の適合による滞在時間，購入金額，満足度への影響を検討	ファッション製品/音楽の音量，香り	店舗内環境	音量の大きい音楽やバニラの香りが消費者の覚醒水準を高め，滞在時間や購入金額を増やし，満足度を高める。
Knoeferle, Woods, Kappeler, and Spence (2015)		味覚	適合	音楽の高低と味覚評価の適合を検討	味覚評価/音楽の高低	店舗内環境	高音域の音楽は「甘さ」と適合し，低音域の音楽は「苦さ」と適合する。
Crisinel and Spence (2010)		味覚	適合	音楽の楽器と味覚評価の適合を検討	味覚評価/音楽の楽器	店舗内環境	ピアノの音色は「甘さ」と適合し，トロンボーンの音色は「苦さ」と適合する。
Imschloss and Kuehnl (2019)		触覚	適合	柔らかな音色の店内音楽が触覚重視型製品の評価に及ぼす影響を検討	触覚評価／音楽の音色全体の印象	店舗内環境	柔らかい音色の店内音楽が触覚重視型製品の柔らかさの知覚を高め，製品評価を向上させる.
Zampini and Spence (2005)		触覚	相互作用	炭酸水の炭酸が弾ける音量が，炭酸の知覚に及ぼす影響を検討	炭酸水/炭酸の弾ける音の大きさ	製品	炭酸水の炭酸が弾ける音量が大きいときには，水により多くの炭酸が入っていると知覚される。
Biswas, Labrecque, and Lehman (2021)	嗅覚	視覚	順序	多感覚刺激を与える順序効果を検討	食品の視覚情報と香りの情報	製品	食品の視覚情報を最初に提示してその後に嗅覚情報を提示すると高い味覚評価，消費量，製品の推奨を得られる。ただし，食品の色と香りが適合するときに限られる。

著者（年）				研究目的	感覚刺激/対象	文脈	結果
Krishna, Elder, and Caldara (2010)		触覚	適合	製品に付随する香りと温度の適合（一致）による知覚評価への影響を検討	ジェルパック/香り（パンプキン・シナモン，シー・アイランド・コットン），温度（温かい・冷たい）	製品	香りと結びつく温かさ/冷たさとジェルパックの温かさ/冷たさが適合（一致）すると，知覚および評価が改善される。
Biswas and Szocs (2019)		味覚	補償	感覚刺激が他の感覚に関する欲求を補う補償効果を検討	非健康的な食品/ピザやクッキーなどの贅沢な香り	店舗内環境	贅沢な香りに長時間晒されると，非健康的な食品の選択比率が下がる.
Fürst, Pečornik, and Binder (2021)		視覚，嗅覚	適合	製品の主要機能と店舗内環境の感覚刺激の適合効果を検討	保冷剤の冷やす機能/店内の色，香り	店舗内環境	製品の主要な機能と環境要因の一部が適合していれば製品評価は高まる.
Krishna and Morrin (2008)	触覚	味覚	相互作用	製品パッケージの触覚に関する刺激が製品の味覚評価に及ぼす影響を検討	ミネラルウォーター/セラミック製の硬いコップ，プラスチック製の柔らかいコップ	製品パッケージ	①柔らかいコップよりも硬いコップの方が，中に入っているミネラルウォーターの味覚評価を高める。②①の結果には，NFTが影響を及ぼす。
Homburg, Imscholoss and Kuhnl (2012)		視覚，聴覚，嗅覚	適合	多感覚刺激の適合による感覚過負荷の影響を検討	洗濯機およびスマートフォン/色（赤・青），音楽（速・遅），香り（ラベンダー・グレープフルーツ）	シナリオ	覚醒水準が適合する感覚刺激が三種類になると，感覚過負荷が起こり，支払意思額が低くなる。
Zhang, Chang, and Neslin (2021)	（主に）視覚，触覚		体験学習	製品情報の収集における多感覚経験の学習効果を検討	deep product/実店舗，オンライン店舗	製品と店舗内環境	deep productの場合，実店舗での多感覚経験が購入意向の向上に繋がる.
Biswas, Szocs, and Abell (2019)	前庭感覚	味覚	ストレスによる知覚の鋭敏さへの影響	前庭感覚が味覚に及ぼす影響を検討	食品/食事の姿勢	食事の姿勢	立ち姿勢で食べると味覚の鋭敏さが減少する. その結果，良好な味わいの食品の消費量は減少するが，乏しい味わいの食品の場合は座り姿勢で食べる方が消費量が減少する.

Sunaga et al. 2016)。

　次に，各先行研究で注目された，複数の感覚間の関係別に概観する。感覚間の適合に関する研究では，適合が高いと，おおむね消費者に好ましい影響を及ぼすことが示唆されている。店舗内環境の感覚刺激同士が適合していると，消費者の店舗内評価が高まり（Mattila and Wirtz 2001），店舗内の滞在時間および購買金額，消費満足度を高めることが確認されている（Morrison et al. 2011）。さらに購買量の増加（Hagtved and Brasel 2016），消費者の感情や支払意思額にポジティブな影響を与える（Fiore et al. 2000）ことも確認されている。さらに，店舗内環境に関する感覚刺激と製品に関する感覚刺激の適合が消費者の購買意思決定にポジティブな影響を及ぼすことが確認されている（Sunaga et al. 2016）。また，製品特性に関する感覚刺激間についても適合が高いと，製品評価が高まることが確認されている（Biswas et al. 2014）。また，製品や店舗内環境にまつわる感覚刺激の適合においては，すべての製品特性と高く適合する必要はなく，製品の主要な機能と周辺環境の感覚刺激とが高く適合することで消費者からポジティブな反応を期待できるという指摘もされている（Fürst et al. 2021）。適合に関する研究においては，適合によって望まれる効果が，購買金額の増加といった企業の利益により直接結びつく変数への影響に関心の対象が変化しつつあることが伺える。

　そして，多感覚の相互作用は，製品特性に関する多感覚の相互作用を中心として研究が発展してきている。視覚刺激と味覚の知覚（Harrar et al. 2011），製品に関する聴覚刺激と触覚の知覚（Zampini and Spence 2005），製品に関する触覚刺激と視覚の知覚（Streicher and Estes 2016b），触覚と味覚の知覚（Krishna andMorrin 2008）について議論されてきている。

　次に，研究発展の潮流にはいくつかの変化を見出すことができる。2種類の感覚間の関係に関する研究だけでなく，3種類の感覚刺激を与える順番や馴化に関する研究への発展が見出せるであろう。消費者の製品評価や製品選択において，刺激の順番および馴化がどのような影響を及ぼすかについて，Biswas et al.（2014）は，多感覚刺激が同一製品に含まれる場合，刺激を与える順番によって，製品の知覚や評価に及ぼす影響が変わる可能性を指摘している。

　また，感覚刺激が数種類と多いがゆえに消費者に及ぼす感覚過負荷に注目し

た研究もある。感覚過負荷の議論は，1種類の感覚経験における感覚刺激についてもその可能性が指摘されている（Spence et al. 2014）。感覚刺激が複数になれば，さらに強い感覚過負荷を起こす恐れがあると想定しうる。そして，Morrinand Chebat（2005）は，視覚刺激と聴覚刺激の強さの度合いが，消費者の年代によっては感覚過負荷となる可能性を指摘している。

最後に，消費者行動が多感覚経験に及ぼす影響が生起されるメカニズムの解明に関する研究がある。特に，多感覚の適合が生起される説明として，一方の感覚から他の感覚を連想することによって生起されるという指摘（e.g. Knoeferle et al. 2015）があり，それは感覚刺激同士の意味的適合によると示唆されている（Krishna et al. 2010）ことがわかった。

7. ……今後検討すべき重要な課題の提示

消費者行動における多感覚経験の影響についての研究は比較的新しく，今後さらなる検討が望まれる課題がいくつかある。

1点目として，取り上げる感覚の組み合わせの違いによって生じる，消費者への異なる影響を検討することが求められるであろう。前節の**表1-1**から伺えるように，主たる先行研究は視覚刺激と聴覚刺激の組み合わせについて検討されてきている（Spence 2011）。しかし，すべての組み合わせの感覚刺激による影響が考慮されているわけではない。たとえば聴覚と触覚，触覚と味覚の組み合わせでは，相互作用に関する検討はなされているものの（Zampini and Spence 2005; Krishna and Morrin 2008），聴覚刺激と触覚刺激，触覚刺激と味覚刺激，というようにそれぞれ刺激として与えた場合にどのような影響が生じるかという検討は未だなされていない。複数の感覚刺激に関する研究においてこれまで蓄積されてきた知見は，果たしてすべての組み合わせの感覚刺激による影響について説明しうるのだろうか。感覚刺激の組み合わせによっては，異なる影響が起き得るかもしれないであろう。特に5つの感覚の中で，近年議論が盛んになっている触覚との組み合わせに関する検討は比較的少なく，今後の検討が求められる。

2点目に，店舗内環境に関する複数の感覚間の相互作用についての検証である。第6節で述べたように，製品特性に関する複数の感覚間の相互作用は検証がなされてきている（Harrar et al. 2011; Streicher and Estes 2016b; Zampini and Spence 2005; Krishna and Morrin 2008）が，店舗内環境についての検証はまだ数少ない（e.g. Xu and Labroo 2014）。Spence et al.（2014）が指摘するように，店舗内環境に関する感覚間の相互作用を検証することは，店舗内の多感覚経験を企業にとってより有益なものとするために重要な課題である。たとえば，店舗内に流れる BGM が，店舗内に広がる香りの知覚評価に影響を及ぼす可能性があり得る。感覚間の相互作用がどのように起きるのかを把握することで，店舗内演出をより緻密かつ戦略的に行うための具体的な指針を実務家に示すことに繋がるはずだ。

　3点目に，「複数の感覚刺激」の最適水準について，さらなる検証が必要であろう。第3節1項で述べたように，複数の感覚刺激が適合している場合，消費者からおおむね好ましい反応を得られることが確認されている（e.g. Fiore et al. 2000）。しかし，感覚刺激の種類が3つの場合，3つの感覚刺激がしていても，支払意思額が下がることが示唆された（Homburg et al. 2012）。Homburg et al.（2012）は，感覚過負荷が引き起こったために消費者がネガティブな反応をした可能性を示唆している。感覚過負荷に関して，複数の感覚刺激を対象として検討した研究はまだ数少ない。しかし，企業が製品開発や店舗内演出を設計する際，3種類以上の感覚刺激を検討する場合は少なくないであろう。たとえば，製品のパッケージを設計するには，パッケージのデザイン，触り心地，付着する匂いなどを検討することがある。よって，感覚過負荷を引き起こすことなく消費者から好ましい反応を得ることが可能な，複数の感覚刺激の最適水準を明らかにすることは，学術的および実務的に重要な課題である。さらに最適水準を検討するに当たっては，消費者の個人特性を考慮して議論しなくてはならないであろう。Morrinand Chebat（2005）は，若い消費者に好ましい印象を与える複数の感覚刺激の適合度合いが，年配の消費者にとっては感覚過負荷となる可能性を指摘している。年代や性別によって最適な刺激水準は異なるのか，異なるのであればどのように異なるのかなどについて，細分化して検討していく必要がある。

4点目として，複数の感覚刺激を与える順番および馴化に関する議論は日が浅く，さらなる検証が必要であろう。Biswas et al.（2014）が指摘する多感覚刺激の順序や馴化による選好の逆転は，視覚と嗅覚に限らず，他の複数の感覚刺激においても起こる可能性がある。また，複数の感覚刺激が適合することによるポジティブな効果は多く議論されているが（e.g. Krishna et al. 2010; Mattila and Wirtz 2001），馴化を考慮すると，適合する感覚の種類が増えた場合にその効果が常に比例の関係にあるとは言い切れないかもしれない（Biswas et al. 2014）。第3節1項で述べたように，感覚刺激間の適合によって消費者はおおむね好ましい反応を示した（e.g. Fiore et al. 2000）。一方で，感覚刺激間の適合が製品の購買意向に影響を及ぼさなかったという指摘があり，馴化による影響の可能性を否定できない（Schifferstein and Howell 2015）。馴化の影響が起こる条件を明らかにすることは，これまで蓄積されてきた知見の再検証に大きく資するであろう。

　5点目として，消費者行動における多感覚経験が及ぼす影響が生起されるメカニズムの解明には，さらなる検討が必要である。第6節で述べたように，メカニズムの解明に関しては，感覚刺激同士の意味的適合や連想といった認知プロセスの理解が深まっている。しかし，意味的適合や連想による結びつきが発生する要因は未だ不明確である。たとえば，Xu and Labroo（2014）はレストラン内の照明が放つ光が「熱」と結びつき，さらに「辛さ」という味覚概念と結びつくことを検証したが，一連の連想がなぜ起きるのかについては，さらなる検討が必要であろう。特に実務的な示唆を考えるならば，感覚刺激より抽象的で普遍的な概念との関係性といった議論が必要になると考えられる。

　最後に，消費者の多感覚経験が購買意思決定や支払意思額，口コミ活動などに及ぼす影響について更なる検討が必要である。多感覚経験に関する議論は，消費者の知覚評価に関する議論が大半である（e.g. Biswas et al. 2014; Spangenberg et al. 2005）。商品選好や購買意向など，購買により直結する判断に及ぼす影響を検討した研究はまだ数少ない（e.g. Mattila and Wirtz 2001; Fore et al. 2000; Morrison et al. 2011）。Biswas et al.（2014）や，Sunaga et al.（2016）が指摘するように，今後は，購買意向，支払意思額，そして口コミ活動への影響など，購買により近い消費者行動プロセスに及ぼす影響を明らかにすることで，学術的

示唆のみならず実務的示唆を多く得られるであろう。

　以上，いくつかの課題を挙げたが，本章から導かれる今後の大きな論点として，感覚間の相互作用における，触覚と他の感覚間に関する議論がある。聴覚と触覚の相互作用が消費者に及ぼす影響については，前述のとおり Imschloss and Kuehnl（2019）が検討しているものの，背景音楽の音色全体から受ける印象と製品の適合のみに焦点を当てており，感覚知覚に根ざした感情の影響を考慮していない。しかしながら，次章で述べるように，消費者は感覚刺激から感覚知覚に根ざした認知だけではなく感情にも影響を受ける。そのため，感情も考慮して聴覚と触覚の相互作用が消費者行動に及ぼす影響を捉える必要がある。次章では，感覚知覚に根ざした感情が消費者行動に及ぼす影響に関する先行研究の潮流を捉え，今後の課題を整理していく。

第**2**章 感覚訴求が感情に及ぼす影響の議論

概要

　第2章では，「感覚知覚に根ざした感情」を消費者行動の文脈において検討している先行研究をレビューする。その結果，先行研究は（1）感覚知覚に根ざしたポジティブな感情が消費者行動に及ぼす影響に関する研究，（2）感覚知覚に根ざしたネガティブ感情が消費者行動に及ぼす影響に関する研究，（3）感覚知覚に根ざした感情の記録・測定方法に関する研究，という3つの潮流があることを示す。さらに，感覚知覚に根ざした感情が他の感覚の知覚にどのような影響を及ぼすのかについて課題を取り上げる。

1. ……はじめに

　序章で示している Krishna（2012）の感覚マーケティング理論の概念モデルでは，感覚知覚に根ざした感情および認知が消費者の態度や学習，そして記憶や行動に影響を及ぼすと指摘している。本章では，感覚知覚に根ざした感情とその感情が消費者行動に及ぼす影響に関する先行研究の潮流をまとめ，今後の課題を述べる。

　感覚訴求による消費者行動への影響を検討する先行研究には，感覚刺激が消費者の感情に影響を与える可能性を前提とするものの，感覚刺激が感情へ及ぼす影響そのものを確認していない研究が少なくない（e.g. Milliman 1982）。Krishna（2012）も，感覚知覚に根ざした感情の存在を理論的根拠に置くもののその感情を検証している研究は少ないと指摘している。Krishna（2012）が提唱するモデルに組み込まれている「感覚知覚に根ざした感情」（grounded emotion）は，（五感を通じた）身体感覚の知覚に基づく感情を指す。感覚知覚に根差した感情に関する議論は感覚マーケティング理論が提唱されるより前から行われており，Darwin（1872; 1965）は，適切な筋肉活動を伴うことで，人の感情的な経験を強化または弱めることができると示唆している。また，ジェームズ—ランゲ理論は，感情的な体験は主に身体的変化の経験によるものだと示唆している（James 1890）。このように，身体感覚の知覚に基づいて感情が起こりまた変化する議論がなされているものの，消費者行動およびマーケティングの文脈において感覚知覚に根差した感情に焦点を当てた研究は未だ十分とはいえず，これからの議論発展が望まれると指摘されている（Krishna 2012）。

2. ……本研究の対象と整理の枠組み

　感覚知覚に根ざした感情が消費者行動に及ぼす影響は，マーケティングおよび消費者行動の研究領域において，どのように適用されて議論が進んできたの

表2-1 レビュー対象の論文一覧

文献	感覚訴求	感覚知覚に根ざした感情	影響を及ぼす消費者反応
Bajaj and Bond (2018)	ブランド・ロゴのデザインの対称性	覚醒，興奮	ブランド評価
Biswas, Lund, and Szocs (2019)	音楽（音量）	高い興奮，ストレス	製品選択
Cerf, Greenleaf, Meyvis, and Morwitz (2015)	（恐怖心の測定方法に関する研究）	恐怖心	（恐怖心の測定方法に関する研究）
Chylinski, Northey, and Ngo (2015)	色と質感の組み合わせ	快感情	購買意向
Frank, Herbas Torrico, Enkawa, and Schvaneveldt (2014)	感覚的なブランド体験	感情全般	消費者満足，顧客ロイヤルティ
Hong and Sun (2012)	外気温	孤独感	製品選択
Kwon and Adaval (2018)	人の流れに逆らう動き	大勢に逆らおうとする主観的感情	製品選好
Lowe, Loveland, and Krishna (2019)	低音の背景音楽	不安感	リスク回避の製品選択
Madzharov, Block, and Morrin (2015)	温かい香り	抑圧感	自己顕示消費
Mattila and Wirtz (2001)	音楽，香り	快感情	衝動買い意向，店舗満足
Mileti, Guido, and Prete (2016)	（感情の測定方法に関する研究）	（感情の測定方法に関する研究）	（感情の測定方法に関する研究）
Moore and Homer (2000)	香り，映画の内容	覚醒	感覚体験の満足
Wansink and Chandon (2014)	映像	ストレス，ネガティブな気分	消費量
Xu and Labroo (2014)	照明の明るさ	熱い／激しい感情	製品選好
Zwebner, Lee, and Goldenberg (2014)	外気温や室温	感情的な温かさ	購買意向

出所：筆者作成

だろうか。マーケティングおよび消費者行動論の主要国際ジャーナルである，
*Journal of Marketing, Journal of Consumer Research, Journal of Consumer
Psychology, Journal of Marketing Research, Journal of Retailing, Psychology &*

図2-1 | 本章におけるレビューの枠組み

図2-1 | 本章におけるレビューの枠組み

```
感覚知覚に根ざした          感覚知覚に根ざしたポジティ        製品・サービスに関する感覚
感情が消費者行動に          ブな感情が消費者行動に          知覚に根ざしたポジティブな
与える影響に関する          及ぼす影響に関する研究          感情に関する研究
研究                      (第3節)                      (第3節1項)

                                                     周辺環境に関する感覚知覚
                                                     に根ざしたポジティブな感情
                                                     に関する研究
                                                     (第3節2項)

                                                     包括的な感覚知覚に根ざし
                                                     たポジティブな感情に関す
                                                     る研究 (第3節3項)

                          感覚知覚に根ざしたネガティ        製品・サービスに関する感覚
                          ブな感情が消費者行動          知覚に根ざしたネガティブな
                          に及ぼす影響に関する研          感情に関する研究
                          究(第4節)                    (第4節1項)

                                                     周辺環境に関する感覚知覚
                                                     に根ざしたネガティブな感情
                                                     に関する研究
                                                     (第4節2項)

                          感覚知覚に根ざした感情の
                          記録・測定方法に関する研
                          究(第5節)
```

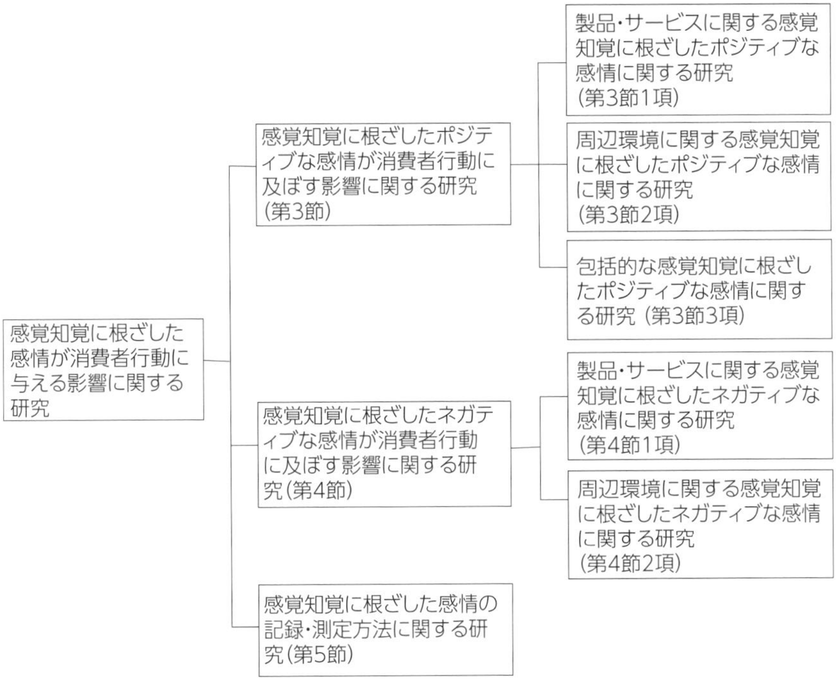

Marketing, Marketing Science, Journal of the Academy of Marketing Science, International Journal of Research in Marketing の9誌に掲載されている関連論文を調べた。Web of Science の検索キーワード（"All fields"対象）に"sensory"および"emotion"を設定した場合と"cross-modal"および"emotion"を設定した場合をそれぞれ実行したところ、16本の論文が抽出された（2022年2月時点）。16本のうち、Pham（1998）は感情をテーマに扱っているものの、感覚知覚をもとにした感情を扱っているわけではないため、本章のレビュー対象からは外した。残り15本が本章でのレビュー対象である。それらの概要を**表2-1**に示す。15本の概要を見ると、**図2-1**のように対象論文をまとめることができる。感覚知覚に根ざした感情はポジティブな感情（第3節）とネガティブな感情（第4節）のそれぞれを引き出しうる。そして感情を引き出す感覚刺激は、製品またはサービスに関するもの（第3節1項、第4節1項）と購買時における周

辺環境に関するもの（第3節2項，第4節2項），ブランドにまつわる体験など包括的な感覚知覚に根ざしたポジティブな感情（第3節3項）とに分けられる。さらに，感情は即時的に測定する難しさがあるが，ニューロ・サイエンスを活用した感情の記録および測定方法に関する提案を行う論文（第5節）があることがわかる。以下，それぞれの研究内容について概要を述べていく。

3. ……感覚知覚に根ざしたポジティブな感情に関する研究

3-1. 製品・サービスに関する感覚知覚に根ざしたポジティブな感情に関する研究

　Chylinski, Northey, and Ngo（2015）は，製品の質感が消費者の快感情を高めて，その結果，製品の購買意向を高めることを示している。実験でヨーグルトやアーモンドを加えて質感を操作したスナック菓子を実験参加者に食べさせたところ，サクサク感（crunchiness）のあるスナック菓子よりもクリーミーな質感のスナック菓子の方が快感情を高め，その結果，スナック菓子の購買意向が高まることが示された。なお，スナック菓子は食用色素を使って色付けをしており，色による快感情への影響も検討されたが，色が快感情に及ぼす影響はクリーミーな質感が媒介することが確認されている。

　また，ブランド・ロゴのデザインという視覚刺激も感情に影響を及ぼし，その結果，ブランド評価に影響を及ぼしうる（Bajaj and Bond 2018）。ブランド・ロゴがシンメトリー（対称）なデザインであると，それを見る消費者の覚醒[1]水準が低くなる。その結果，ブランド・パーソナリティ（Aaker 1997）の一要素であるブランド・エキサイトメントの知覚に負の影響を及ぼすことが示唆されている。

　さらに，感覚知覚に根ざした温かい感情に焦点を当てているのが，Zwebner, Lee, and Goldenberg（2014）である。外気温や室温の温かさによって，製品に対する感情的な温かさ（emotional warmth）が高まる。その結果，製品に対する親しみやすさが高まり，購買意向が高まることが幅広いカテゴリーの商

品において確認されている（Zwebner et al. 2014）。

3-2. 周辺環境に関する感覚知覚に根ざしたポジティブな感情に関する研究

　快感情は，店舗内環境である感覚刺激の覚醒水準が一致する場合にも高まる（Mattila and Wirtz 2001）。実店舗を用いたフィールド実験を行い，店舗内に流す音楽と香りの覚醒品質を一致条件（覚醒水準が高い音楽と高い香り／低い音楽と低い香り）と不一致条件（覚醒水準が高い音楽と低い香り／低い音楽と高い香り）とで来店客の快感情および衝動買い意向，そして店舗満足を比較した。その結果，音楽と香りの覚醒水準が一致する条件では，サービス体験を肯定的に知覚するために，快感情を高めた。そして快感情が高まった原因を店内にある製品やサービスに誤帰属する結果，店内での衝動買い意向，そして店舗に対する満足が高まることが示されたのである。

　また，店内の照明の「明るさ」が「温かさ」と結びつき，それが感情に影響を及ぼす結果として商品選択に影響が出る場合もある（Xu and Labroo 2014）。レストランで行ったフィールド実験の結果，照明の明るさが消費者の温かな感情を高め，激しい（hot）感情と結びつくことが示された。そしてその結果，料理の選択において，より辛い（hot）味付けの料理が選ばれる傾向が確認されたのである。

3-3. 包括的な感覚知覚に根ざしたポジティブな感情に関する研究

　特定の製品属性や周辺環境の刺激ではなく，感覚的なブランド体験の全体から生み出される感情は，顧客ロイヤルティを向上させる（Frank, Herbas Torrico, Enkawa, and Schvaneveldt 2014）。Frank et al.（2014）は，知覚品質から顧客ロイヤルティまでの心理的影響の連鎖について，4段階のプロセスを踏むモデルを開発している。この連鎖モデルには，合理的プロセスと感情的プロセスのクロス・オーバー効果が含まれている。そして，感覚に訴え，感情を生み出すようなブランド体験は感情的なプロセスにおいて強い役割を果たし，消費者満足や顧客ロイヤルティを向上させることが示されている。

　また，Moore and Homer（2000）は，感覚刺激全般を対象として，感覚刺激に対する敏感さには個人差があることを検証している。感覚刺激に対する敏感

さを感覚的覚醒性という気質として捉え，感覚刺激の種類によって感覚的覚醒性に個人差があることを指摘している。特に，感覚的覚醒性が高い人（かつ女性）は，好きな香りや美味しい食品の香りという刺激によって，感覚覚醒の体験をより高いレベルで楽しいと感じることが示唆されている。

4. ……感覚知覚に根ざしたネガティブな感情に関する研究

4-1. 製品・サービスに関する感覚知覚に根ざしたネガティブな感情に関する研究

　感覚知覚に根ざしたネガティブな感情に関する先行研究を見ると，店内に流れる音楽など周辺環境に関する感覚刺激を取り扱ったものが多く（第4節2項），製品・サービスの感覚刺激を検討したものは少ない。Wansink and Chandon (2014) は，食べ物の消費量に影響を及ぼす要因の1つとして，感覚知覚に根ざした感情を挙げている。悲しい気分やストレスといったネガティブな感情がブーストとしての役割を果たし，思う存分食べることに繋がると指摘する。たとえば，悲しい内容の映画を視聴する場合，映像としての視覚刺激と聴覚刺激の知覚に根ざしてストレスを抱いたり悲しい気分になったりする。このとき，ポップコーンやチョコレート菓子といった非健康食品の消費量が増えるが，一方で幸せな映画を見ているときは健康食品であるレーズンの消費量が増えることが確認されている。

4-2. 周辺環境に関する感覚知覚に根ざしたネガティブな感情に関する研究

　ネガティブな感情を引き出す周辺環境の感覚刺激として，最も多く検証されているのが聴覚刺激である。聴覚刺激には，消費者が気づく音と気づかない音がある。消費者に意識されない低音の背景音楽は，消費者の不安感を高める。その結果，消費者はリスク回避の行動をとろうとする（Lowe, Loveland, and Krishna 2019）。たとえば，低音の背景音楽が流れる環境下では，自動車保険の支払意思額が（適切なピッチの背景音楽が流れるときと比べて）高くなることが

確認されている。

　音の要素として，ピッチ（高低）だけではなく音量もネガティブな感情を引き起こしうる（Biswas et al. 2019）。カフェやスーパーマーケットでのフィールド実験と実験室実験の結果から，店内に流れる背景音楽や環境音の大きさ（音量）が食品の選択影響を及ぼすことが確認された。大きい音は，強い興奮やストレスを引き起こす。それによって，自己統制が効きづらくなる結果，高カロリーな食品を選好するようになるのである。そのため，店内に小さめの音量で音楽を流すと（大きい音量の場合と比べて）健康的な食品を選好することが示された。Study 1 ではカフェで音楽条件をコントロールしたフィールド実験を行い，その結果，音量が小さい場合には健康的な食品の選択率が有意に高い結果となった。ただし，小さめの音量による前述の効果は，音楽以外の要因でリラックスできる場合には減衰することが実験室実験の結果より確認されている。

　ネガティブな感情を引き起こす感覚刺激は，前述のような直接的なストレスを引き起こすものに限らない。冬の外気温の寒さというのは触覚刺激であるが，寒いという感覚知覚から孤独感が生じうる（Hong and Sun 2012）。そして，孤独感を癒そうとするために人との繋がりや人の温かみを感じられるような製品を選好することが示された。フィールド研究の結果から，寒さが激しい日には映画のジャンル選択において人との繋がりを感じられるロマンス映画が選好されることが確認されている。

　Hong and Sun（2012）における寒さという感覚刺激は，そのものが人にとって脅威となりうる刺激だといえる。そのため，ネガティブな感情に結びつくのは難くないであろう。しかしながら，一見すると感覚刺激自体は不快なものでないにもかかわらず，ネガティブな感情を引き起こす可能性がある。Madzharov, Block, and Morrin（2015）は，バニラのような温かさと結びつく香りが，他者からの抑圧感を引き起こす可能性を指摘している。そして実験室実験およびフィールド実験の結果から，次の一連の効果を確認した。物理的な温かさというのは，人の温かさと結びつくため，自分の近くに他者の存在を感じやすい。そして店舗内で温かさを知覚すると，他者から制御されているような抑圧感を覚える。抑圧感を覚えた消費者は，自分が他者を制御したいという欲求が高まり，その結果，高額商品の購入など自己顕示的な消費をすることが示さ

れたのである。

　感覚刺激によって，消費者が過去に体験した感情を引き起こす場合もある。Kwon and Adaval（2018）は，流れに逆らって進もうとする身体感覚が感情を引き起こし，製品選択など意思決定に及ぼす影響を検討している。店内で他の買い物客の動線に逆らって進んだり，信号を渡る人々の流れに逆らうように進んだりするという経験は通常，動きと方向の両方を含み，それぞれ過去の経験に基づく記憶を引き起こす。動的な体験というのは個人的な経験であることから，この記憶の活性化は，大勢に逆らう感情を引き起こし，その感情がその後の意思決定の元となる（Lee and Schwarz 2010a; Zhang and Li 2012; Zhong and Liljenquist 2006）。この感情と「流れに逆らう」という身体感覚から結びつけられる意味概念とが合わさって，それによって規範的ではないオプションを選択する傾向を促すことが確認されている。

5. ……感覚知覚に根ざした感情の記録・測定方法に関する研究

　感情は，消費者の知覚，注意，記憶において不可欠な要素であるものの，感情が沸き起こる瞬間を正確に捉えることは容易でない。Mileti, Guido, and Prete（2016）は，ニューロンの観察ならば，即時的にその瞬間での感情を捉えられるとメリットを指摘している。ニューロ・マーケティングの領域では，無意識な反応や感情が消費者の認識や意思決定プロセスにどのように影響するのかが明らかになってきている。ニューロ・マーケティングは，個々の感覚や運動系が脳細胞の特定のネットワークで識別できるという仮定に基づき，それを観察することによって消費者の意思決定プロセスにおける無意識または感情的な特徴を捉えようとしている。しかしながら，その技術の活用には高額な費用がかかることや設置型の大型装置を使用しなければならないといった制約がある。これらの課題に対して，Mileti et al.（2016）は，ナノ・テクノロジーを融合したナノ・マーケティングを提唱している。携帯可能な小型デバイスを使って消費者の神経反応を記録し，マーケティング・リサーチに活かすといった方法を提案している。

同様に，Cerf, Greenleaf, Meyvis, and Morwitz（2015）は，感情を捉える方法としてニューロンの測定方法について紹介している。企業が提供するコンテンツによって恐怖感を与える場合，恐怖のコンテンツに選択的に反応するニューロンが感情強化の指示とともに増加することを明らかにし，このニューロンの増加を記録することによって恐怖心の増加を捉えられることを示唆している。

6. ……小括

　本節では，感覚知覚に根ざした感情をキーワードとしてマーケティングおよび消費者行動研究の主要ジャーナル9誌において，感覚知覚に根ざした感情が消費者行動に及ぼす効果についてどのような議論が展開されてきたのかを見てきた。全体を見ると，感覚訴求の知覚に根ざしたポジティブな感情が肯定的な消費者反応を引き出すという議論がある一方で，感覚訴求の知覚に根ざしたネガティブな感情からは単純に否定的な消費者反応を生じさせるわけではないことが明らかになってきていることがわかった。

　まず，ポジティブな感情の議論に目を向けると，製品やサービスに関する感覚刺激を知覚することで引き起こされるポジティブな感情は，対象である製品やサービスに対する購買意向や満足を高める影響が確認された。背景音楽など周辺環境の感覚刺激によるポジティブな感情も，誤帰属によってサービス空間に対する満足を高めることが示された。さらに，ブランド体験全体を通して感情に訴える感覚訴求が顧客ロイヤルティの向上にまで肯定的な影響をもたらすこともわかった。

　ネガティブな感情に関する議論に目を転じると，感覚刺激によって引き起こされるネガティブな感情には，ストレスや覚醒といった生体的な感情反応と感覚知覚から連想的に引き起こされる対人的な感情が確認された。大音量や低音の背景音楽や映像によってストレスを引き起こされると，それを回避したり軽減したりしようとする反応が製品選択に反映されることがわかった。一方で，温かさを感じる香りから他者からの抑圧感を抱いたり，外気温の寒さから孤独

感を抱いたりするように，一見無関係に思える感覚刺激の知覚から連想的に対人的なネガティブ感情が引き起こされ，その感情が製品選択に影響を及ぼすことが示された。

　以上のように，消費者は感覚知覚に根ざした感情を引き起こすものの，感情を即時的にそして客観的に捉えることは難しい。そこで感覚刺激を受けて発生する感情を記録しまたは測定するための手段として，ニューロンの測定方法やその有効性が提唱されていることもわかった。

　第1節で述べたように，感覚知覚に根ざした感情が消費者行動に及ぼす影響を一連の現象として検証している先行研究は多いとはいえない。今後の課題として，次の3点が挙げられる。まず，ネガティブ感情を引き起こす感覚刺激のさらなる検討が必要であろう。先行研究が示すように，ネガティブ感情は単純な快─不快感情だけでなく，より高次である対人的な感情を引き起こすことがわかった。すなわち，快感情を与えるだろうと想定される感覚刺激を与えればポジティブ感情を引き出して肯定的な消費者反応を得る場合とは異なり，どのような感覚刺激がどのようなネガティブ感情に繋がるのかを慎重に検討する必要がある。一見無関係に思える感覚知覚から連想的に引き起こされるネガティブな感情は，孤独感や他者からの抑圧感など対人的な感情である。対人的以外のネガティブ感情が引き起こされる場合があるのか，もしあればどのような感情であり，その感情がどのような消費者反応に影響を及ぼすのかを明らかにする必要がある。

　次に，感覚知覚に根ざしたネガティブ感情が，製品やブランドの評価にどのような影響を及ぼすのかを明らかにする必要がある。先行研究を見ると，感覚知覚に根ざしたネガティブ感情は製品選択に影響を及ぼすことが確認されているものの，製品選択前の製品評価に対する影響は未検討である。製品やブランドに対して肯定的な評価をするから選択しているのか，それとも積極的な評価はしないが他の理由が大きく寄与するために選択するのかについて，明らかにする必要がある。

　最後に，ある感覚知覚に根ざした感情が他の感覚知覚に影響を及ぼすのかを明らかにする必要がある。Chylinski et al.（2015）のように，製品属性の感覚的要素を知覚が感情に及ぼす影響は検討されている一方で，ある感覚刺激に

よって引き起こされた感情が製品の他の感覚的要素の知覚に及ぼす影響につい
ては未検討である。しかしながら，たとえば店内の背景音楽が何らかの感情を
引き起こし，それが製品の触り心地や食品の味わいに影響を及ぼす可能性が考
えられるであろう。

（1） 覚醒（arousal）とは，「眠たい状態から気が狂ったように興奮している状態の範囲の
　　一次元で変化する感情状態」（Mehrabian and Russell 1974; 石淵 2013, p.348）を指す。

第3章 倍音と安心感[1]

概要

　第3章では，第2章の考察から導出された，店内環境の感覚刺激が消費者にどのような感情変化をもたらすのかを実証研究している。「感覚知覚に根ざした感情」を把握するために，感情に訴えやすい感覚刺激として店内環境の中でも特に感情に訴えやすい刺激として環境音楽を取り上げる。さらに音楽の構成要素の中でもこれまで未解明であった「倍音」が，消費者の感情にどのような影響を及ぼすのかについて，実験室実験という厳密な研究環境において解明していく。感覚知覚に根ざした感情として，安心感／不安感に着目する。消費者は不安を覚える環境からは遠ざかる行動をとるため，安心感を与えられる店舗環境を整えることは，消費者が購買に熱心に取り組める環境づくりに欠かせない。

1. ……はじめに

　企業は時間帯や客層に応じて，消費者の購買意欲を刺激する環境音楽（ambient music：いわゆる BGM[(2)]）を流す取り組みを行っている。たとえばスーツ専門店の青山商事は，売り場に置く商品のターゲット顧客年齢に合わせて環境音楽を変えているし，阪急阪神百貨店の阪急うめだ本店では，売り場のイメージによって8パターンの音楽を使い分けている（日経 MJ 2016）。

　環境音楽が消費者の購買行動に及ぼす影響については，古くから多くの議論がなされてきた（e.g. Kotler 1973; Krishna 2013; Milliman 1986）。しかし，環境音楽が消費者の購買行動へ及ぼす影響については，一貫した結果を得られていないという問題がある（e.g. Mattila and Wirtz 2000）。この問題を解決することは学術的にも実務的にも重要な課題だといえる。これまでマーケティングおよび消費者行動の研究分野では，快感情や覚醒（e.g. Kellaris and Kent 1993; Mattila and Wirtz 2001），ポジティブ感情（e.g. Isen and Means 1983）といった感情と認知，そして消費行動との関連性について議論されてきた。本研究では，それら感情や認知の基盤となると推測する「**安心感**」（feeling-of-safety）に着目した実証を行う。なぜならば，前述のとおり先行研究では消費者の感情や認知に影響を及ぼす環境音楽の条件を検討されてきた。しかし実際の消費行動は，スーパーマーケットやホテル，駅構内など建物の内部で行うことが大半だろう。屋内では，自然音が遮断される。空調の音や人々の歩く音，声に包まれるが少し無機質な印象を与える。音楽心理学によると，人は古来，森など屋外の環境で過ごしていたために自然音が遮断されると，ストレスなどネガティブな感情を抱きやすいという（大橋 2003）。消費者行動がなされる環境がストレスを感じやすいとすれば，その環境に身を置いてもよいと判断できる安心感が基盤となっていてはじめて，これまで議論されてきた感情や認知による製品への態度や購買といった消費者行動への影響が起きるのではないか。すなわち，環境音楽によって安心感をもたらすことで，消費者が購買行動に専念できる店舗内環境を演出できると推測する。そのため本研究では，どのような環境音楽によって安心感を喚起できるかを明らかにする。そして，安心感を喚起できるとき，

消費者の商品選好にどのような影響を及ぼすかを実験にて検証する。なお，安心感と不安感は表裏一体の感情である。そのため，本研究では安心感と不安感を同時に扱っていくこととする。

　次節以降，以下の順序で議論を進める。第2節では，マーケティングおよび消費者行動関連の研究における環境音楽についての理論的発展の概要を述べ，本研究の仮説導出を行う。続いて実験概要および実験結果を記す。最終節の第5節では，本研究の結論を述べ，今後の研究の課題について議論を行う。

2. ……理論的背景と仮説の導出

2-1. マーケティングおよび消費者行動の分野における環境音楽の研究

　マーケティングおよび消費者行動の分野における環境音楽の研究は，主に2つの潮流で発展してきている。

　1つ目は，店舗雰囲気（store atmospherics）に関する議論である（e.g. Donovan and Rossiter 1982）。Kotler（1973）は，店舗内の雰囲気を形成する要因として，音量や音の高さなどの聴覚情報を挙げている。Garlin and Owen（2006）は，環境音楽の存在が購買者の行動に好ましい影響を与えることを確認している。

　2つ目は，感覚マーケティング（sensory marketing）の一領域としての議論である。感覚マーケティング（sensory marketing）とは，消費者の感覚に強く結びついた，消費者の知覚，判断，行動に影響を及ぼすマーケティングをいう（Krishna 2012）。触覚，嗅覚，聴覚，味覚，視覚という消費者が持つ感覚に刺激を与えることで，消費者の認知や感情に影響を及ぼし，好ましい態度や行動を引き出そうというのだ。5つの感覚の中でも，聴覚に関する研究は盛んに行われており，環境音楽については，店舗空間を演出する一要素として古くから研究が進められている（Krishna 2013）。

2-2.　音，環境音楽と感情，消費行動

　音量やテンポ，ジャンルといった環境音楽の条件が消費者の感情や認知，行動に影響を及ぼすことが明らかにされてきている。知覚時間（Yalch and Spangenberg 1990; 2000; Chebat, Gelinas-Chebat, and Filiatrault 1993; Kellaris and Altsech 1992; Kellaris and Kent 1992）や，店舗内の滞在時間（Milliman 1986; Smith and Curnow 1966; Garlin and Owen 2006），製品の選好（e.g. Kellaris and Kent 1993），店舗やサービスに対する評価（Kellaris and Rice 1993; Dubé, Chebat, and Morin 1995; McDonnell 2007），さらには購買（Smith and Curnow 1966; Milliman 1986; Andersson, Kristensson, Wastlund, and Gustafsson 2012; Mattila and Wirtz 2001）に環境音楽が影響を及ぼすことが確認されてきた。また，Bruner（1990）は，消費者行動に影響を及ぼす環境音楽の条件として，消費者がその音楽を好ましいと思うかどうかという選好があると説明する。消費者が好ましいと感じなければ，環境音楽が流れる場から回避してしまう恐れがあるからである。

　さらに，消費者行動に対して環境音楽が一定の影響を及ぼすプロセスのメカニズムについて，消費者の快感情や覚醒（e.g. Kellaris and Kent 1993; Mattila and Wirtz 2001），ポジティブ感情（e.g. Isen and Means 1983）といった感情と認知に着目した研究がなされてきている。しかし，プロセスの解明については未発展段階であり，特に店舗での実証研究が乏しいという現状がある（Turley and Milliman 2000）。

2-3.　環境から喚起されるネガティブ感情

　人は，暗闇や無音状態から危険の兆しを感じ取り，それによって恐怖心を引き起こす（Russell 1979; Warr 1990）。そして恐怖心といったストレスを避けるために，人はしばしば暗闇や無音の場所から離れようとする（Russell 1979）。アメリカでの調査結果によると，人が居る場所から最も離れたいと感じるのは，脅威を感じてその場が安全ではないと知覚する場所であった（Warr 1994）。建物内は，自然音が遮断されて，無音状態または空調音など人工的な音が溢れる状態にある。大橋（2003）は，古来の時代に屋外で過ごしていた人類にとって，

自然音が遮断される建物内の環境は人にとって常時ストレスを感じやすい環境にあると指摘している。環境音の違いがもたらすネガティブな感情は，消費者行動に何らかの影響を及ぼす可能性があるだろう。そこで本研究では，音が安心感に及ぼす影響に焦点を当てる。消費者が購買環境に安心感を抱くことが，消費者から好ましい態度や行動を引出す施策の基盤となると推測されるからである。

2-4. 音と安心感，倍音

Batra, Seifert, and Brei（2016）は，消費者の認知には，さまざまな感覚的認知を引き起こす基盤的感情を含むと指摘している。この基盤的感情に関して，Ekman（2003）は，「感情は，わたしたちの安全にとって極めて重要だと思われる物事への反応である」（p.67）と結論づけている。感覚マーケティングが訴求する感情の基盤が，安全に関する感情だと推測されよう。

Sayin, Krishna, Ardelet, Decre´, and Goudey（2015）は，人の声や鳥の鳴き声が入っている環境音楽が駐車場や地下鉄駅など公共の場での個人の安全に関する知覚に影響を及ぼすことを検証した。実験では，駐車場と地下鉄の駅構内で人の声や鳥の鳴き声がする音楽を流したところ，消費者は社会的存在の知覚が増加し，安心感が高まった。その結果，地下鉄駅構内の満足感や駐車場のチケットに対する購買意向が高まった。Sayin et al.（2015）らによると，声を聞いて生き物の存在を知覚することで，恐怖心が和らぐという。

音響心理学の先行研究を見ると，高音域の音楽には，安心感をもたらす効果があるといわれている（星野 2015）。高周波音が，母親の歌声の特徴に結びつき，注意・覚醒や気分を安定的にするという。たとえばモーツァルトの曲には鎮静効果があるといわれているが，モーツァルトの曲は豊富な高周波音を含むことが確認されている（Tomatis 1992）。さらに，高周波音は自然を連想するため，人に安心感をもたらすという説明がある（大橋 2003）。枯れ葉を踏む音や波の音，木々のさざめきは高周波音であり，人は高周波音や高い音域の音楽を聴くと自然の環境を連想する。そのため安心感に繋がるという。しかし，高音域の音楽が必ずしも安心感をもたらすという一貫した実験結果になっていないのが現状である（星野 2015）。

次に，倍音（harmonic）の違いが安心感に異なる影響をもたらす可能性がある。人は，音波を耳で感じ取り，音を知覚する。音波を構成する属性の１つが，倍音である。倍音は，基本周波数と整数倍の関係にある周波数を指す。人は倍音の違いを，音色の違いとして知覚している（Krishna 2013）。倍音は，基本周波数の偶数倍の関係にある周波数が多く含まれる「偶数次倍音」と，基本周波数の奇数倍の関係にある周波数が多く含まれる「奇数次倍音」とに大別される（Rudolf and Boyle 1979）。偶数次倍音は自然界に存在する音色であり，包み込むような柔らかい音色になる。一方で，奇数次倍音は音を真空管に通す処理を施すことでできる人工的な音色であり，耳につくような音色になるという（大橋2003）。

　前述のとおり，自然音が遮断されがちな建物内の環境ではネガティブ感情が喚起されやすいと推測される。そこで，本研究では，偶数次倍音が多い環境音楽を流すことで，消費者に安心感をもたらせると想定する。Sayin et al.（2015）が確認したように，人や動物の声が入っている環境音楽には，社会的存在感を媒介した安心感をもたらす効果がある。しかし，流行歌と比べて声が入っていないクラシック音楽の方が，高額商品の購買意向を高めるといったことが明らかになっている（Areni and Kim 1993）。また，Yalch and Spangenberg（1990）は，百貨店内にトップ 40 に入る歌詞付き（声が入っている）の流行音楽を流す場合と，歌詞がない（声が入っていない）イージーリスニング音楽を流す場合とを調査した。その結果，25 歳以下の消費者はイージーリスニングが流れていると知覚時間が長くなった。一方，25 歳を上回る消費者は声が入っている流行音楽が流れると知覚時間が長くなったという。Areni and Kim（1993）および，Yalch and Spangenberg（1990）から，企業のマーケティング戦略によっては声が入っている環境音楽を使用できる場面が制約される恐れがあろう。その点，倍音ならば楽器のみの音楽にも適用可能である。また，同じメロディ，音量，テンポのままであっても，音楽から受ける印象を変えることが可能である。よって，たとえば企業やブランドのジングルというのは，通常訴求したいイメージが異なるとジングルのメロディをマイナーチェンジする必要がある。しかし，倍音を利用すれば，ジングルのメロディはそのままにして，訴求するイメージを変えることができる。よって，消費者が既存のジン

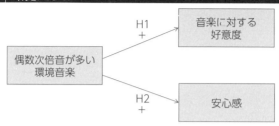

図 3-1　概念モデル

グルに愛着を持っていて変えがたい場合など，企業やブランド・イメージの核となる部分を変えずに消費者に訴求する印象やメッセージを進化させられる可能性がある。

　また，第2節で述べたように，Bruner（1990）は，消費者が環境音楽を好ましいと評価する重要性を指摘している。よって，本研究において倍音の条件による安心感および商品属性の選好に及ぼす影響の検証において，消費者の好意度についても検証する。第4節で述べたように，偶数次倍音が多い環境音楽は，安心感をもたらすと考えられるため，環境音楽に対する好意度も，奇数次倍音が多い環境音楽と比べて高いと想定しうる。

　以上より，仮説1および仮説2が導かれる。

　仮説1：偶数次倍音が多い環境音楽は，奇数次倍音が多い環境音楽と比べて　　　　好意度が高い。
　仮説2：偶数次倍音が多い環境音楽は，奇数次倍音が多い音楽と比べて，安　　　　心感をもたらす。

　以上，2つの仮説を概念モデルにしたものを図3-1に示す。

3. ……実証分析

環境音楽の倍音に関する違いが消費者の安心感や商品の選好に影響を及ぼすかを測定するためには，環境音楽以外の条件を揃える必要がある。そのため本研究では，実験室実験を行った。本実験は環境音楽の要因（音楽なし群，偶数次倍音が多い音楽群，奇数次倍音が多い音楽群）を独立変数とする被験者間要因計画であった。従属変数は，音楽による印象評価，商品の選好においてより重視する商品の価値・便益または物理的属性であった。

実験では，まず音楽を 30 秒間流した（統制グループは音楽なし）。その後，音楽が流れ続ける中で質問用紙に回答してもらった。

実験用音楽としては，偶数次倍音を多めにした音楽と奇数次倍音を多めにした音楽を用いた。倍音の効果を最大限にするには単一の楽器による曲が最適なため，ピアノのクラシック曲を選んだ。ショパンのマズルカ作品 33-2（Mazruka op.33, No.2）である。音楽専門家に依頼して，曲を録音した後でエフェクト処理を行った。真空管アンプの歪みには偶数次倍音が多く含まれる。一方，トランジスタアンプの歪みには奇数次倍音が多く含まれる。そこで，Soundtoys Decapitator という専用ソフトを用いて，真空管アンプの歪みおよびトランジスタアンプの歪みを施した。Soundtoys Decapitator に同一の音声ファイルを通して，歪みの量は同じだが歪み方が偶数次倍音多めの音声ファイルと奇数次倍音が多めの音声ファイルを 2 種類生成した。倍音以外の音量，テンポ（100bpm），音楽の再生環境などの他条件は可能な限り同一にした。

3-1. 実験参加者

2016 年 12 月に実験室実験を行った。実験参加者は，関東の大学学部生 110 名であった（平均年齢 20.90 歳，男性 40.54%，女性 59.46%）。実験設計は，環境音楽（統制／偶数次倍音が多い環境音楽／奇数次倍音が多い環境音楽）の被験者間要因計画であり，参加者は各条件に無作為に割り当てられた。

3-2. 実験手続き

実験室に流す音楽は，wav ファイルで用意し，Macintosh で再生し，端子コードで繋いだソニーの Blu-ray プレイヤーを通じて，テレビのスピーカーから流した。

質問用紙を配布後，室内のスクリーンにニュートラル感情と結びつく言葉を表示しながら，30 秒間音楽を流した。言葉の選定は，Pyone and Isen（2011）を参考に「いす」，「まど」，「たな」を用いた。30 秒後，質問用紙の表紙をめくって各質問項目に回答してもらった。回答時間中，同じ音楽を流し続けた。全体の所要時間は約 9 分であった。

3-3. 質問項目

実験実施中に流した音楽から受ける印象について，SD 法を用いて次の 7 項目で尋ねた（7 段階尺度）。「好き ─ 嫌い」，「安心する ─ 不安になる」。

4.……結果

4-1. 環境音楽に対する好意度

環境音楽に対する好意度に関して，2 群の平均と標準偏差を算出した（表3-1）。次に，環境音楽ありの 2 条件（偶数次倍音が多い音楽／奇数次倍音が多い音楽）について，t 検定を行った。結果，1% 水準で有意差が見られた（$t = -2.96$, $df = 68.45$, $p = .004$）。偶数次倍音が多い音楽（$M_{even} = 5.31$）の方が，奇数次倍音が多い音楽（$M_{odd} = 4.38$）よりも好意度は高かった。よって，**仮説 1** は支持された。

4-2. 環境音楽がもたらす安心感

環境音楽による安心感に関して，2群の平均と標準偏差を算出した（表3-2）。次に，環境音楽ありの2条件（偶数次倍音が多い音楽／奇数次倍音が多い音楽）について，t検定を行った。結果，5%水準で有意差が見られた（$t = 2.03$，$df = 74.00$，$p = .046$）。偶数次倍音が多い音楽（$M_{even} = 5.03$）の方が，奇数次倍音が多い音楽（$M_{odd} = 4.35$）よりも安心感は高かった。よって，**仮説2**は支持された。

表3-1	音楽による安心感に関するt検定の平均と標準偏差			
		n	平均	標準偏差
偶数次倍音が多い音楽	全体	39	5.31	1.20
奇数次倍音が多い音楽	全体	37	4.38	1.52

表3-2	音楽に対する好意度に関するt検定の平均と標準偏差			
		n	平均	標準偏差
偶数次倍音が多い音楽	全体	39	5.03	1.37
奇数次倍音が多い音楽	全体	37	4.35	1.53

5. ……議論

5-1. 考察

実証分析の結果，倍音という環境音楽の要素の違いによって，消費者の環境音楽に対する好意度および安心感に影響を及ぼすことが確認できた。同じメロディ，音量，テンポであっても偶数次倍音を多めにすると，奇数次倍音が多めの場合よりも環境音楽に対する好意度は高まった。また，偶数次倍音が多めの環境音楽は，奇数次倍音が多めの環境音楽よりも安心感をもたらすことが確認された。よって，**仮説1**および**仮説2**は支持された。

5-2. 研究展開に於ける示唆

　本研究から得られる示唆は，大きく2点ある。1点目は，既存研究によって蓄積された知見を損なうことなく，消費者に安心感をもたらし得る環境音楽の条件を明らかにした点である。詳細を以下，既存研究の問題点とともに述べる。

　1点目について，現在多くの店舗やサービス提供空間において，消費者の五感に訴えて購買行動を促すための環境音楽が活用されており，感覚マーケティングの有用性および重要性が認知されている。しかし，環境音楽が消費者のどのような感情に影響を及ぼしているかを吟味した学術研究は稀少であった。環境音楽が影響を及ぼす消費者の具体的な感情に関する稀少な既存研究は，環境音楽の声あり／なしに着目して消費者の安心感に及ぼす影響と購買意向など購買行動に対する影響を吟味した。しかし，既存研究では環境音楽の声あり／なしという条件は性別や年代によって異なった消費者反応をもたらすことが確認されてきているため，実務への展開という点では課題を残していた。

　既存研究によって残された問題点に対して，本研究は，倍音処理による音色の違いによって消費者の安心感に影響を及ぼす点を吟味した。実証分析の結果，偶数次倍音が多めの環境音楽を聴いた場合，奇数次倍音が多めの環境音楽を聴いた場合よりも高い好意を持ち，安心感を抱くことが明らかになった。既存研究で検討されてきた，環境音楽の音量，テンポ，ジャンルといった諸要素に関する知見を損なうことなく，安心感という基盤的感情を喚起できるという新しい知見が得られた。

　2点目について，環境音楽を独立変数とした既存研究の多くは，従属変数を消費者の店舗内滞在時間や購買意向といった消費者の直接的な反応であり，販売員やPOP広告による販促メッセージに着目した既存研究は未発展であった。実店舗がオンラインショップとの差別化を図るプロモーショナル施策として，環境音楽だけでなく販売員やPOP広告による製品推奨メッセージは重要であろう。

5-3. 実務展開に於ける示唆

　環境音楽という感覚マーケティング施策によって消費者が消費者体験に意識

を集中できるのは，消費者が店舗やサービス空間へ消費者が赴こうとする1つの意義となる。本研究で新たに得られた知見は，スマートフォンなどデバイスで購買を行えてしまうオンラインショップと差別化をはかり，消費者に消費者体験をできる店舗やサービス空間に赴いて欲しい企業に対して，大きく3点の示唆を提供しうるだろう。

　第1に，高度な情報処理を伴う商談において倍音処理をした環境音楽を流すことによって消費者の知覚リスクを軽減し，消費満足や購買意向を高めうる点である。たとえば，車や分譲マンション，医療サービスといった耐久消費財や健康関連の商品やサービスを提供する場に偶数次倍音が多めの環境音楽を流すことで，消費者の知覚リスクを和らげる一助になると期待される。確かに既存研究では，声がある環境音楽によっても消費者に安心感をもたらし得ることを示唆している。しかし，耐久消費財や健康関連の商品やサービスの購買決定においては，検討事項が多い。環境音楽に声が入っていると情報過多になって消費者に負荷を掛けすぎてしまい，知覚リスクの軽減に失敗する恐れがある。そこで，声が入っていなくとも偶数次倍音が多めの環境音楽を流すことで，消費者の知覚リスクを少しでも解消できるだろう。

　さらに，既存研究が明らかにした，環境音楽によって消費者に安心感をもたらすことで消費満足や購買意向を高めるという効果を偶数次倍音が多めの環境音楽によっても期待できると推測する。

　第2に，環境音楽によってもたらされる安心感は，消費者だけでなく従業員にも効果があろう。前述した耐久消費財や健康関連の商品やサービスの販売担当者は，高度な情報処理を伴う商談において大きな役割を担う一方，その役割の重要性および困難性から接客場面において緊張しがちである。偶数次倍音が多めの環境音楽によって販売担当者に安心感をもたらせば，販売担当者が交渉力を発揮する一助となることが期待される。

　第3に，倍音が音楽の多要素を操作することなく，音楽の印象を変えられるという特徴によって，環境音楽だけでなくさまざまなプロモーショナル施策への展開が可能な点である。たとえば，企業や製品にはブランド・メッセージとしてのジングルがあるが，ジングルのメロディを安易に操作すると折角時間をかけて構築したブランド・イメージを損なう恐れがある。しかし，倍音を調整

することで構築済みのブランド・イメージを損なうことなく，ブランド・イメージをさらに高めることが可能であろう。本研究では，偶数次倍音が多めの音楽は奇数次倍音が多めの音楽よりも好意度が高いことが確認された。たとえば，既存のジングルの倍音処理を行って偶数次倍音を多めにすることで，メロディを変更することなくジングルに対する好意度を高めることができるだろう。ジングルに対する好意度が高まれば，ブランド・イメージの向上に繋がり得る。

5-4. 限界と今後の課題

　本研究は，いくつかの限界を有しており，また今後の研究において取り組むべき課題を残している。

　まず，本研究における実験協力者の対象年齢が極めて限定的であった点である。本研究では，20代を中心とした学生を対象とした実験にとどまった。しかし，本章の「2-4」で述べたように，年代によって環境音楽に対する評価は分かれる。倍音という音色の違いは，年代や性別によって評価が分かれるのか，それとも音色の違いは年代や性別に関係なく本研究で確認された効果をもたらしうるのか，実験対象者の幅を広げて検証する必要があるだろう。

　次に，本研究では倍音という聴覚刺激と，消費者の感情および商品選好において重視する商品の価値・便益，物理的属性との包括的な因果関係の実証に主眼を置いたゆえの限界を有している。消費者が購買を行う場面の設定や，消費者自身の状況といった状況設定の要素を考慮していない点である。たとえば，商品カテゴリーの種類によって最適な倍音条件は異なるかもしれない。また，消費者の来店目的，来店時の気分の違いによっては，消費者から好ましい反応を引き出す倍音条件は異なる可能性がある。たとえば，消費者の来店目的が明確でない非計画購買型商品を揃えた店舗では，入り口付近に奇数次倍音が多めの環境音楽を流すことで，消費者の注意を引いて店内へ誘導できる可能性を高められるかもしれない。しかし，倍音条件の違いによる影響は，他の感情や認知，購買行動にも及ぶかもしれない。今後の課題として，倍音条件の違いによる他の影響を検証する必要がある。

　さらに，本研究では聴覚という五感の1つを刺激することが消費者にどのような影響をもたらすかに限定して検討したが，聴覚刺激によってもたらされた

安心感が，他感覚と相互作用を起こす可能性が考えられる。たとえば，製品属性には，安心感と概念的に強い結びつきを持つ要素がある。人は温かいものや柔らかいものから世話をしてくれる人の存在を連想しやすく，安心感と概念的に結びつけやすい。そこで，温かさや柔らかさを知覚しやすい毛布やタオル，ソファなど，触覚重視型商品の触覚評価と何らかの相互作用を起こす可能性が考えられる。そのために，倍音条件の違いによって与えられる安心感への影響の違いによって，ソファやハンカチなど，触覚重視型商品の評価に何らかの影響を及ぼすことも推測しうるが，倍音という聴覚刺激と触覚重視型商品の触覚評価との関係は明らかになっていない。クロスモーダル効果の議論は未だ発展途上である。本研究によって明らかとなった聴覚刺激と基盤的の感情である安心感との関連は，クロスモーダル効果の議論発展の一助となる。

　最後に，環境音楽によって変容すると推測しうる消費者の感情や商品選好に合わせた，販売員やPOP広告によるプロモーション展開の検討は今後の課題である。環境音楽によって安心感をもたらす場合，消費者は重視する商品の価値・便益や物理的属性に変化が起きる可能性が考えられる。そのため，店頭で接客する販売員やPOP広告が発するメッセージの内容を，環境音楽によって変容した消費者の感情や商品選好に合わせる必要があろう。消費者の購買意向や購買体験における満足をさらに高めるために，環境音楽が消費者の商品選好や購買意思決定，消費満足などにどのような影響を及ぼすのか，段階を踏んで研究をさらに重ねていくことが求められる。

（1）　本研究は平成28年度プロモーショナル・マーケティング学会研究助成による成果の一部である。
（2）　BGMは和製英語である。東洋メディアリンクスは，「BGM」を商標登録（第3191209号）している。

第 4 章 倍音が安心感，商品評価に及ぼす影響⁽¹⁾

概要

　　第4章では，第1章および第2章から導かれた感覚刺激同士による感覚間相互作用において，感覚知覚に根ざした感情がどのような影響をもたらすのか実証研究を行う。郵送調査や実験室実験の結果から，倍音の知覚が安心感に影響を及ぼし，消費者は安心感と抽象的かつ経験的に連想される「温かさ」や「柔らかさ」という触覚評価に変化をもたらすことが確認された。この結果は，「感覚（この場合は聴覚）知覚に根ざした感情」が，連想ネットワークを活性化させてその結果，商品の触り心地という触覚評価に変化をもたらすという新たな知見を提示する。

1. ……はじめに

　消費者がオンライン・ショッピング・サイトではなく実店舗（offline）へ足を運ぶ理由の１つに，製品を手にとって確かめたいというものがあるだろう。そのときに店舗内に流れる背景音楽は，製品の触り心地といった触覚情報に対する消費者の評価にどのような影響を及ぼしうるのであろうか。店内における感覚刺激は，消費者に感覚間相互作用をもたらし，商品に対する知覚や製品選択・購買意思決定（Hagtvedt and Brasel 2016; Sunaga et al. 2016）などの判断に影響を及ぼす。消費者は，製品を評価する際に五感を総動員するが，視覚で得られる情報の次に触覚で得られる情報が重視される（Schifferstein 2006）。たとえば，製品を触って確かめた場合には触ることができない場合と比べて，製品評価に対する確信は高くなり（Grohmann, Spangenberg, and Sprott 2007），購入意向が高まる（McCabe and Nowlis 2003）ことが報告されている。しかしながら，背景音楽のような聴覚刺激が触覚に関する知覚に及ぼす影響についての検討はまだあまりない（Zampini and Spence 2015）。

　本研究では，安心感にまつわる触覚要素との連想の強さから，安心感をもたらす背景音楽を聴くことによって消費者の製品に対する触覚的知覚が変わりうることを検証する。クロスモーダルが起きるメカニズムでは，感覚刺激から惹き起こされる「連想」が核となる（Krishna and Morrin 2008）。触覚要素である「温かさ」および「柔らかさ」は「安心感」と強い連想があると経験的に指摘されている（Lobel 2014）。そこで本研究では，消費者の「安心感」に影響をもたらす背景音楽を聴く場合，製品の触覚評価にどのような影響を及ぼすのか明らかにする。そして企業に対して，触覚重視型商品の売り場における音楽の最適な選択について提案をする。

2. ……理論的背景

2-1. 感覚間相互作用における連想（結びつき）の役割

　感覚間相互作用とは，ある感覚を刺激することで，他の感覚の知覚に影響を及ぼすことを指す（Harrar et al. 2011）。Harrar et al.（2011）では，食品が入っている器の色という視覚刺激が味覚評価に影響を及ぼすことが確認されている。感覚間相互作用が起きるメカニズムを説明する鍵の1つとして，感覚刺激から引き起こされる「連想」との適合が示唆されている。食品の入っている器が赤色であると成熟した果実を連想するために食品をより甘いと感じ，一方で器が青色の場合には海水を連想するために食品をより塩辛いと感じると説明している。感覚間相互作用は，聴覚刺激によっても確認されている。CM ナレーターの声の高さが製品の見た目から知覚する製品サイズに影響を及ぼすことや（Lowe and Haws 2017），炭酸水の炭酸が弾ける音の大きさが，口の中で感じる炭酸の含有量の知覚に影響を及ぼすことが報告されている（Zampini and Spence 2015）。

2-2. 感覚訴求と安心感，倍音

　感覚訴求は，消費者の感情に訴えることで消費行動に影響を及ぼしうる。感覚刺激によって引き起こされた快感情によって製品評価が高まることや（e.g. Meyers-Levy, Zhy, and Jiang 2010），覚醒を高めることによって消費満足を高めること（e.g. Morrison et al. 2011），背景音楽と店内の香りという複数の感覚刺激がもたらす覚醒水準の合致が購買金額を高めることなどが報告されている（Mattila and Wirtz 2001）。

　一方で，ネガティブな感情を喚起させることによる消費行動への影響もある。たとえば，Hong and Sun（2012）は，冬の寒い外気温という触覚刺激が消費者に孤独感を抱かせることを確認している。彼らの研究では，寒さによって引き起こされた孤独感を和らげようとするために，人との温かな繋がりを感じられるロマンス映画への選好が高まることが確認されている。同様に，冬の寒さに

よって抱いた孤独感を和らげるために，社会的な繋がりを得ようと慈善団体への寄付意向額が増加することが確認されている（Rai, Lin, and Yang 2017）。他にも，温かな香りによって他者を統制する勢力感が減衰されることで，高額商品の購買が増加することが報告されている（Madzharov et al. 2015）。

また，Sayin et al.（2015）は消費者の安心感に着目している。駐車場や駅の構内という公共性が高い場において，声が入っている背景音楽を流すと安心感を引き起こし，その結果，駐車場のチケットなどの購買意向が増加することを報告している。

一方，声の有無に関係なく消費者の安心感に影響を及ぼす聴覚刺激の条件として，倍音（harmonics）がある（大橋 2003）。倍音は，基本周波数の偶数倍の関係にある周波数が多く含まれる「偶数次倍音」と，基本周波数の奇数倍の関係にある周波数が多く含まれる「奇数次倍音」とに大別される（Rudolf and Boyle 1979）。偶数次倍音は自然界に存在する音色であり，包み込むような柔らかい音色になる。一方で，奇数次倍音は音を真空管に通す処理を施すことでできる人工的な音色であり，耳につくような音色になるという（大橋 2003）。偶数次倍音が多めの音楽を聴いた場合，奇数次倍音が多めの音楽を聴いた場合よりも安心感を強く覚えることが確認されている（第3章）。

2-3. 安心感と触覚要素との関係

触覚要素には，「柔らかさ」および「温かさ」の知覚を含む（Peck 2010）。Tai, Zheng, and Narayanan（2011）は，人が不安感を抱くとき，「柔らかさ」や「温かさ」を感じられる物体に触れたいという欲求が高まり，「柔らかさ」や「温かさ」を感じられる商品への選好が高まることを報告している。不安感が孤独と結びつくために，人の温もりを連想させる「柔らかさ」や「温かさ」に触れることで，癒されたいと感じるからである（Horowitz and Bekoff 2007）。「柔らかさ」および「温かさ」という触覚要素は，安心感との結びつきが強いという可能性が経験的に示唆されている（Krishna and Schwarz 2014）。Lobel（2014）は，幼い頃に親に抱きしめられた経験から人は物理的な温かさと感情的な温かさの結びつきを知ると指摘する。乳幼児が母親に抱かれて安心しているとき，母の物理的な温かさとともに肌の柔らかさを感じているであろう。

しかしながら，製品を直に触ってくだす触覚評価において，「温かさ」と「柔らかさ」に強い結びつきがあるかどうかについては明らかになっていない。第2節1項で述べたように，感覚間相互作用には「連想」の存在が鍵となる。「安心感」という感情と「温かさ」および「柔らかさ」には強い連想があると想定して，次の仮説を立てる。

　　仮説1：「安心感」は「物理的な冷たさ」と比べて，「物理的な温かさ」と強く結びつく。
　　仮説2：「安心感」は「物理的な硬さ」と比べて，「物理的な柔らかさ」と強く結びつく。
　　仮説3：「物理的な柔らかさ」は，「物理的な冷たさ」と比べて「物理的な温かさ」と強く結びつく。

　さらに，背景音楽が安心感を引き起こすことで，毛布やタオルなど触り心地を重視する製品に対する「温かさ」および「柔らかさ」の評価に影響を及ぼすと想定する。偶数次倍音が多めの音楽を聴く場合，奇数次倍音が多めの音楽を聴く場合と比べて，安心感を強く覚えて満たされると想定される。そのため，偶数次倍音が多めの音楽を聴く場合，（奇数次倍音が多めの音楽を聴く場合と比べて）触覚要素が顕著な触覚重視型商品を触ったとき，安心感と強く結びつく「温かさ」および「柔らかさ」に対する知覚は弱まると想定される。第2章で感覚知覚に根ざした感情が消費者行動に及ぼす影響に関する先行研究を紹介したように，消費者はネガティブな感情を抱いた場合にはその感情を和らげるものを欲しやすくなる。たとえば，外気温が寒い日には寒いという物理的な触覚の知覚に根ざして孤独感というネガティブな感情を抱く。このとき，孤独感を和らげるために人との温もりを感じられるようなロマンス映画の選択が増える（Hong and Sun 2012）。このような感覚知覚に根ざしたネガティブ感情を癒したいとするならば，癒してくれる感覚の知覚に鋭敏になると予測される。逆に考えれば，ネガティブ感情を癒す効果がある触覚要素の知覚に対して，ネガティブ感情を抱いていないときには鋭敏でなくなる可能性がある。この点において，触覚重視型商品の「温かさ」および「柔らかさ」が安心感をもたらす可能性が

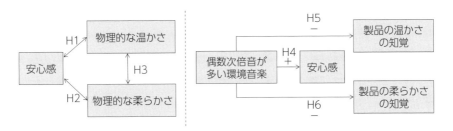

図4-1　概念モデル

ある。そのため，安心感が強く満たされている場合には，安心感と結びつきが強い触覚要素である「温かさ」および「柔らかさ」に対する知覚は弱くなると想定されうる。

　仮説4：偶数次倍音が多めの音楽を聴く場合，奇数次倍音が多めの音楽を聴く場合と比べて，安心感を強く覚える。

　仮説5：偶数次倍音が多めの音楽を聴く場合，奇数次倍音が多めの音楽を聴く場合と比べて，触覚要素が顕著な触覚重視型商品に対する「温かさ」の知覚が弱くなる。

　仮説6：偶数次倍音が多めの音楽を聴く場合，奇数次倍音が多めの音楽を聴く場合と比べて，触覚要素が顕著な触覚重視型商品に対する「柔らかさ」の知覚が弱くなる。

　以上の仮説を概念モデルにまとめたものを図4-1に示す。

本書では，前述の6つの仮説を検証するために3つの調査を行う。まず調査1では，言葉の概念レベルでの「温かさ」と「柔らかさ」の結びつきについて，アンケート調査を行って検討する。続く調査2では，実験室実験を行う。触覚重視型商品を用いて，商品を直に触って評価した「温かさ」と「柔らかさ」に強い相関が見られるかを確認する。さらに調査3では，安心感の程度に影響をもたらしうる背景音楽を用いた実験室実験を行う。安心感が大幅に軽減されて不安という不快感情を喚起する背景音楽であると，消費者は店舗そのものから離れてしまう恐れがあり（Mehrabian and Russell 1974），実務的示唆に結びつき

にくい。そこで調査３では，安心感の程度に差異を生じさせる倍音条件を用いた検証を行う。倍音の条件が異なる背景音楽が，触覚重視型商品の触覚評価に及ぼす影響を確認する。

3. ……調査１：安心感と触覚間の概念レベルでの結びつき

3-1. 目的

調査１では，「安心」と「物理的な温かさ」そして「物理的な柔らかさ」という概念間に強い結びつき（連想）を確認できるか検証を行う。

3-2. デザインと手順

2017 年 6 月に郵送形式の質問紙調査にて，リサーチ会社が無作為に抽出した国内在住の 15〜65 歳の 750 名（男女比 = 51.30%：48.70%，平均年齢 41.20 歳）に質問を行った。触覚に関する概念同士または安心との結びつきについて各組み合わせ（「物理的な温かさと安心は結びつく」，「物理的な冷たさと安心は結びつく」，「物理的な柔らかさと安心は結びつく」，「物理的な硬さと安心は結びつく」，「物理的な温かさと物理的な柔らかさは結びつく」，「物理的な冷たさと物理的な柔らかさは結びつく」：付録の 1 を参照）を提示した後にそれぞれについて，7 点尺度（1：全くそう思わない—7：非常にそう思う）で回答してもらった。

3-3. 結果

「安心」と「物理的な温かさ」との結びつきと，「安心」と「物理的な冷たさ」との結びつきそれぞれの強さに差があるか否かを確認するために t 検定を行った。その結果，「物理的な冷たさ」（$M = 3.39, SD = 1.25$）と「物理的な温かさ」（$M = 4.71, SD = 1.17$）とで有意差が見られた（t (1491.82) = 21.09, $p<.001; d = 1.09$）。このように，「物理的な温かさ」は「物理的な冷たさ」よりも「安心」と強く結びつくことが確認され，**仮説 1** は支持された。また，「安心」は「物理的な硬さ」（$M = 3.72, SD = 1.26$）よりも「物理的な柔らか

		M	*SD*	*t*	*d*
安心	物理的な温かさ	4.71	1.17	21.09**	1.09
	物理的な冷たさ	3.39	1.25		
	物理的な柔らかさ	4.71	1.20	15.63**	0.80
	物理的な硬さ	3.72	1.26		
物理的な柔らかさ	物理的な温かさ	4.68	1.19	24.30**	1.26
	物理的な冷たさ	3.24	1.10		

表 4-1　概念の結びつきに関する*t*検定の結果

* 5%水準で有意，** 1%水準で有意（両側）

さ」（*M* = 4.71, *SD* = 1.20）と強く結びつくことが確認された（*t*（1498）=
15.63, *p* <.001; *d* = 0.80）。さらに，「物理的な柔らかさ」は「物理的な冷た
さ」（*M* = 3.24, *SD* = 1.10）よりも「物理的な温かさ」（*M* = 4.68, *SD* = 1.19）
と強く結びつくことが確認された（*t*（1498）= 24.30, *p* <.001; *d* = 1.26）。以
上より，**仮説2**および**仮説3**も支持される結果となった（表4-1参照）。

　調査1の結果より，概念のレベルにおいて，「安心」と「物理的な温かさ」
および「物理的な柔らかさ」には強い結びつきが見られることが確認された。
続く調査2では，商品を直に触って判断する「温かさ」と「柔らかさ」に強い
結びつきが見られるかどうかを検証する。

4. ……調査2：「柔らかさ」と「温かさ」の知覚における結びつき

4-1. 目的

　調査2では，触覚重視型商品に触れて感じる「柔らかさ」と「温かさ」の知
覚において，強い相関を確認できるか検証する。

4-2. デザインと手順

　2017年6月に関東の大学院生33名（男女比 = 36.36%：63.64%，平均年齢
31.12歳）を対象として実験室実験を実施した。Peck（2010）は，製品を触覚
重視型商品（products with material properties）と視覚重視型商品（products

with geometric properties）とに分類しており，触覚的要素が消費者の商品評価に大きく影響する触覚重視型商品の代表として，バスタオルを例に挙げている。そこで本実験では，大学院生にとって身近な商品であるサイズのゲストタオルを採用した。タオルは同一メーカーのゲストタオルシリーズから5種類を用いた。すべて色は白く，サイズは同一である。毛足の処理方法が異なっている点以外，同一条件のタオルを使用した（タオルの画像は，付録の3を参照）。実験室として使用した教室の室温を25度に統一して，実験参加者を一人ずつ教室に入れて所定の座席に座ってもらい，目の前の机に置かれたタオルを適宜触りながら質問紙に書かれた質問に回答してもらった。平均回答時間は約5分であった。

　調査の手順として，まず調査参加者には「5種類のタオルがあります。自由に触って，質問用紙の質問に回答してください。」というリード文を示したのち，5種類のゲストタオルを提示した。続いて，5種類のゲストタオルを自由に触ってもらいながら，各タオルの硬さ，好み，温かさについて回答してもらった（質問項目の詳細は，付録の2を参照）。

4-3．結果

　タオルの「温かさ」および「柔らかさ」の知覚について，Pearsonの相関係数を算出した。結果を，**表4-2**に示す。タオルAの相関係数は0.36（$p = .04$）と相関はやや弱かった。しかしながら，他4種類のタオルについては，相関係数がおおむね0.40〜0.60と強い相関が見られた。タオル5種類全体での相関係数は0.80（$p < .001$）であり，柔らかさの知覚と温かさの知覚には強い相関が見られた。よって，**仮説3**は支持された。

　調査2の結果より，触覚重視型商品を触って感じる「温かさ」の知覚と「柔らかさ」の知覚には強い結びつきがあることが確認された。

　以上2つの調査結果より，「温かさ」と「柔らかさ」には強い結びつきがあることが確認された。続く調査3では，消費者の触覚重視型商品に対する触覚評価および選好において，背景音楽の倍音条件が影響を及ぼすのかを，実験室実験を行って検討する。

表 4 - 2　　柔らかさおよび温かさの相関関係（調査 2）

タオル	温かさ		柔らかさ		Pearson の相関係数	p
	M	SD	M	SD		
A	5.82	0.73	6.15	0.83	0.36 *	.04
B	3.94	0.83	3.12	0.70	0.45**	.01
C	5.67	0.96	5.91	0.84	0.62**	< .001
D	3.85	1.00	2.94	0.93	0.49**	.004
E	5.73	0.91	6.27	0.63	0.57**	< .001
全体	5.00	1.26	4.88	1.71	0.80**	< .001

* 5%水準で有意，** 1%水準で有意（両側）

5. ……調査 3：倍音が安心感および触覚重視型商品への反応に及ぼす影響

5-1. 目的

　背景音楽の倍音条件の違いが，商品の触覚評価にどのような影響を及ぼすかについて，検証を行う。奇数次倍音が多めの音楽を聴く場合，偶数次倍音が多めの音楽を聴く場合と比べて，安心感は低くなる（仮説 4）。その結果，「安心」と結びつく「柔らかさ」が顕著な触覚重視型商品を，（偶数次倍音が多めの音楽を聴く場合と比べて），より柔らかく（仮説 5），そしてより温かい（仮説 6）と評価すると想定する。なお，タオルはそもそもが，金属商品などと比べて柔らかさを感じられる商品である。そのため以後，タオルの中でも「柔らかさが顕著なタオル」を「柔らかめのタオル」と呼ぶこととする。

5-2. プリテスト

　本調査で用いる「硬めのタオル」および「柔らかめのタオル」を選定するために，調査 2 で使用した 5 種類のタオルの柔らかさを比較する。データは，調査 2 で収集したものを使う。

　5 種類のタオルの「柔らかさ」についての評価を従属変数として，一元配置分散分析を行った結果，タオル間で統計的有意差が見られた（$F = 150.10$, df

$= 4, p < .001; \eta^2 = 0.79$）。$t$ 検定の結果，柔らかさの評価が最も低かったタオル D（$M_{\text{softness}} = 2.94, SD = 0.93$）と最も高かったタオル E（$M_{\text{softness}} = 6.27, SD = 0.63$）とにおいて，柔らかさの評価に統計的有意差が見られた（$t(64) = -17.04, p < .001; d = 4.19$）。一方，タオルに対する好意度について t 検定を行った結果，タオル D とタオル E に統計的有意差は見られなかった（$t(64) = -0.55, p = .59; d = 0.13$）。よって，タオル D を「硬めのタオル」として，タオル E を「柔らかめのタオル」として本調査に採用することとした。

5-3. デザイン

タオル 2 種類（硬めのタオル／柔らかめのタオル）×背景音楽の 3 条件（奇数次倍音が多めの音楽／偶数次倍音が多めの音楽／音楽なし（統制））を設定した被験者間要因計画によって実験室実験を行う。2017 年 10～11 月に，大学生 184 名（男女比 = 48.37％：51.63％，平均年齢 24.45 歳）が参加した。マーケティング科目関連の授業で実験の告知を行い，実験協力者を募った。

5-4. 手順

人は部屋の中で他の人から離れた場所にいると孤独を感じ，孤独を感じない場合と比べて，温かいものを好む傾向がある（Zhong and Leonardelli 2008）。そこで孤独感による影響が実験結果に及ぶのを避けるため，実験協力者を一人ずつ実験室へ呼んで実験を行った。実験室に流す音楽は，wav ファイルで用意し，Macintosh のノートパソコン（MacBook Air）に付属したスピーカーから再生して流した。ノートパソコンから背景音楽を流している中で，パソコン画面に表示される Web アンケートに回答してもらった。

背景音楽のジャンルは，消費者の年代や性別による好みの偏りが比較的少ないクラシック音楽を選んだ。さらに，倍音の効果を最大限にするには単一の楽器による曲が最適なため，ピアノ曲であるショパンのマズルカ作品 33-2（Mazruka op.33, No.2）を採用した。倍音の処理作業は，音楽専門家に依頼して，曲を録音した後でエフェクト処理を行った。真空管アンプの歪みには偶数次倍音が多く含まれる。一方，トランジスタアンプの歪みには奇数次倍音が多く含まれる。そこで，Soundtoys Decapitator という専用ソフトを用いて，真

空管アンプの歪みおよびトランジスタアンプの歪みを施した。Soundtoys De-capitator に同一の音声ファイルを通して，歪みの量は同じだが歪み方が偶数次倍音多めの音声ファイルと奇数次倍音が多めの音声ファイルの2種類を作成してもらった。実験用の音楽作成に際して，倍音以外の音量，テンポ（100bpm），音楽の再生環境などの他条件は可能な限り同一にしてもらった（第3章の実験で使用した音楽と同一）。

5-5. 結果

◆コモンメソッドバイアス

アンケート調査で取得したデータを分析するにあたって，コモンメソッドバイアスの問題（Mackenzie and Podsakoff 2012; Podsakoff, MacKenzie, Lee, and Podsakoff 2003）がないかを確認した。確認方法としては，Harman の単一因子検定（Harman 1967）を用いた。全観測変数に対して，主因子法を伴った探索的因子分析を行った。その結果，11 の因子が抽出された。また，第一因子のみによって説明される全観測変数の分散の割合は，25.51% と過半数に至らなかった。よって，コモンメソッドバイアスによる大きな影響はないことが確認された。

◆背景音楽群間での「安心感」の比較

次に，音楽条件別（偶数次倍音が多めの音楽／奇数次倍音が多めの音楽／統制（音楽なし））で安心感について一元配置分散分析を行った。その結果，グループ間に 1% 水準で有意差が見られた（$F_{(2, 181)} = 4.99, p = .01; \eta^2 = 0.05$）。多重比較の結果，奇数次倍音が多めの音楽（$M_{odd} = 4.65, SD = 0.98$）と偶数次倍音が多めの音楽（$M_{even} = 5.13, SD = 0.89$）に 5% 水準で有意差が見られた（$p = .02; d = 0.51$）（図4-2）。よって，**仮説4** は支持された。

◆タオルの「温かさ」に対する知覚

「硬めのタオル」の「温かさ」に対する知覚について一元配置分散分析を行ったところ，背景音楽条件間に統計的有意差は見られなかった（$F_{(2, 181)} = 0.69, p = .50; \eta^2 = 0.01$）。一方，「柔らかめのタオル」の「温かさ」に対

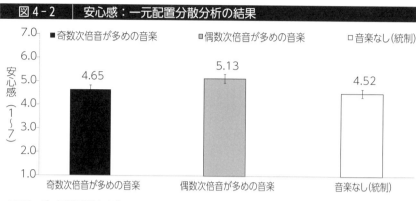

図4-2 安心感：一元配置分散分析の結果

※エラーバーは標準誤差を表す

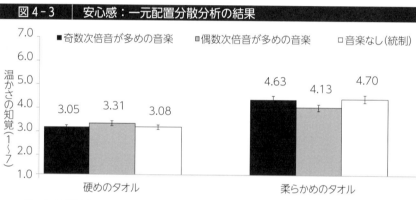

図4-3 安心感：一元配置分散分析の結果

※エラーバーは標準誤差を表す

する知覚について一元配置分散分析を行った結果，背景音楽群間で統計的有意差が見られた（$F_{(2,181)} = 3.34, p = .04; \eta^2 = 0.04$）。多重比較の結果，偶数次倍音が多めの音楽（$M_{even} = 4.13, SD = 1.43$）と奇数次倍音が多めの音楽（$M_{odd} = 4.63, SD = 1.35$）とでは，10%水準で有意差が見られた（$p = .09; d = 0.36$）（図4-3参照）。よって，**仮説5**は支持される結果となった。

◆タオルの「柔らかさ」に対する知覚

　まず，硬めのタオルの「柔らかさ」の知覚を従属変数として，一元配置分散

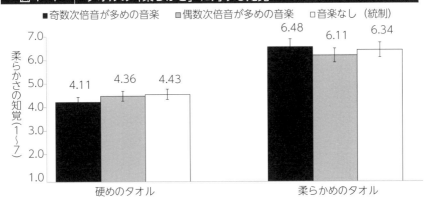

図4-4　タオルの「柔らかさ」に対する知覚

■奇数次倍音が多めの音楽　■偶数次倍音が多めの音楽　□音楽なし（統制）

柔らかさの知覚（1〜7）

硬めのタオル：4.11　4.36　4.43

柔らかめのタオル：6.48　6.11　6.34

※エラーバーは標準誤差を表す

分析（奇数次倍音が多めの音楽 vs. 偶数次倍音が多めの音楽 vs. 統制）を行った。結果，音楽条件間に有意差は見られなかった（$F_{(2,181)} = 0.82, p = .44; \eta^2 = 0.01$）。一方，柔らかめのタオルの「柔らかさ」について一元配置分散分析を行った結果，音楽群間で有意差が見られた（$F_{(2,181)} = 3.59, p = .03; \eta^2 = 0.04$）。多重比較の結果，奇数次倍音が多めの音楽（$M_{odd} = 6.48, SD = 0.54$）と偶数次倍音が多めの音楽（$M_{even} = 6.11, SD = 0.90$）に5%水準で統計的有意差が見られた（$p = .02; d = 0.50$）（**図4-4**参照）。以上より，**仮説6**は支持された。

　調査3では，倍音条件が異なる2種類の背景音楽および背景音楽なしという3つの背景音楽条件を設定して，倍音条件の違いが消費者の安心感および触覚重視型商品の触覚の知覚に及ぼす影響を検討した。その結果，偶数次倍音が多めの背景音楽を聴く場合，奇数次倍音が多めの背景音楽を聴く場合と比べて，安心感を強く覚えることが確認された。さらに，偶数次倍音が多めの背景音楽を聴く場合，奇数次倍音が多めの背景音楽を聴く場合と比べて，触覚要素が顕著である柔らかめのタオルを触ったとき，タオルの「柔らかさ」および「温かさ」の知覚が弱まることが明らかになった。

6. ……考察

6-1. 本研究の結果

　本研究では，3つの調査を行った結果，背景音楽によって消費者の安心感に変容をもたらす場合，触覚要素が顕著な触覚重視型商品に対する触覚要素の知覚に影響を及ぼしうることが確認された。背景音楽という聴覚刺激と製品の触り心地という触覚要素の知覚との感覚間相互作用に着目して，鍵となる安心感に焦点を当てた結果，「安心感」と「温かさ」および「柔らかさ」には強い結びつきがあることが確認された（調査1）。続く調査2では，製品を実験参加者に直に触ってもらいくだした「温かさ」および「柔らかさ」の知覚に強い相関があることを確認した。

　続いて調査3では，背景音楽による安心感への影響が製品の「温かさ」および「柔らかさ」の知覚にどのような影響を及ぼすのかを検証した。偶数次倍音が多めの背景音楽を聴く場合（vs. 奇数次倍音が多めの背景音楽），触覚要素が顕著な触覚重視型商品に対する「温かさ」および「柔らかさ」の知覚が弱まることが明らかになった。

6-2. 本研究から得られた示唆

　本研究は聴覚刺激による感情への影響を考慮して製品の触覚要素の知覚に及ぼす影響を検討した。感覚間相互作用が消費者反応に及ぼす影響について，聴覚刺激が触覚要素の知覚に及ぼす影響については検討があまり多くない。本研究は，安心感という触覚要素との結びつきが強い感情に影響を及ぼしうる聴覚刺激によって，消費者の触覚要素の知覚に影響が及ぶ可能性を議論した。感覚刺激と感情の結びつきだけでなく，当該感情が他の感覚とどのように結びつくかについても議論した点で，感覚間相互作用の研究発展に寄与したといえる。

　また，感覚マーケティング理論における触覚に関する研究では，「温かさ」に関する研究および「柔らかさ」に関する研究は個別に議論が進められてきたが，「温かさ」と「柔らかさ」との関係に着目したものはあまりない。本研

では，「温かさ」と「柔らかさ」の関係について，視覚刺激による温かさの知覚も含めて多面的に検討した。その結果，「温かさ」と「柔らかさ」には強い結びつきがあることを示した点で，感覚マーケティング理論研究の体系的な発展の一助となるであろう。

　実務面においては，店内の背景音楽を設計する際，製品の触覚要素の知覚に及ぼしうる影響を考慮することで製品の触覚要素をより強くアピールしうる可能性が示された。一般に，リラクゼーション関連の製品売り場においてはヒーリング・ミュージックなど偶数次倍音が多めの背景音楽が採用されていることが少なくない。しかしながら，タオルや毛布などその「温かさ」や「柔らかさ」を訴求したい場合には，どのような背景音楽を採用するかは慎重な検討が必要であろう。

　また，企業のマーケターは製品の「温かさ」を消費者に訴求する場合には，「柔らかさ」が連想されやすい点を考慮する必要があることを示した。たとえば，ファミリー層向けの自動車をアピールするときには，家族団らんを連想させる「温かさ」に関連した広告展開をするかもしれない（暖色を採用するなど）。しかしながら，「温かさ」を喚起させると自動車の機能的価値である「頑丈さ」に対する知覚がやや低くなる可能性がある。自動車の機能性を訴求したい場合には，「温かさ」を喚起させない広告表現をすることで，より効果的なマーケティング・コミュニケーションを期待できるであろう。

6-3. 本研究の限界と課題

　本研究では複数の調査を行ったが，いくつかの限界を有している。

　調査3の実験室実験において，背景音楽による安心感の操作が，奇数次倍音が多めの音楽と偶数次倍音が多めの音楽とにおいては成功した。しかしながら，音楽なしの統制群との比較では，奇数次倍音が多めの音楽群よりも統制群の方が，安心感は低い結果となった。これは，実験室実験の設計に課題があった可能性が考えられる。調査3では，他者の存在による影響を最小限に抑えるために，実験参加者を一人ずつ実験室に呼んで実験を行った。しかしながら，実験進行のために実験者も同じ部屋にいたため，背景音楽がない状態では実験を行っているという意識を，実験参加者に過度に与えて緊張させてしまった恐れ

がある。実験を行った部屋は大学の教室で，約50名を収容する広さがあった。さらに，実験者は実験参加者から姿が見えないよう，実験開始後から実験終了まで教室の隅に待機していた。しかしながら，実験が開始したのちは教室の外で待機するなど，実験参加者ができる限り，実験者の存在を意識しないで済む工夫を行う必要があったかもしれない。

　最後に，本研究では安心感の程度に影響を及ぼす背景音楽が消費者の製品に対する反応を検討したが，購買決定に繋がるかについては検討していない。感覚刺激が消費者行動に及ぼす影響については，フィールド調査での検証の重要性がしばしば指摘されている（Biswas et al. 2014; Sunaga et al. 2016）。フィールド調査において，消費者の購買率や購買量における影響を検討する必要があるであろう。

　以上に述べたように，本研究はいくつかの限界を有しているが，今後の研究課題へと繋がるものである。

（1）　本研究は公益財団法人吉田秀雄記念事業財団の平成29年度吉田秀雄研究助成による成果の一部である。

付録

1. **調査 1 の質問項目（回答は 7 点尺度）**
   （1：全くそう思わない — 7：非常にそう思う）
   ・物理的な温かさと安心は結びつく
   ・物理的な冷たさと安心は結びつく
   ・物理的な柔らかさと安心は結びつく
   ・物理的な硬さと安心は結びつく
   ・物理的な温かさと物理的な柔らかさは結びつく
   ・物理的な冷たさと物理的な柔らかさは結びつく

2. **調査 2 の質問項目（回答は 7 点尺度）**
   ・硬さ（1：非常に硬い — 7：非常に柔らかい）
   ・好み（1：非常に嫌い — 7：非常に好き）
   ・温かさ（1：非常に冷たい — 7：非常に温かい）

3. **調査 2 および調査 3 の刺激（タオル）**

第Ⅱ部　感覚訴求と認知

第 5 章　感覚訴求と身体化認知の議論

概要

　第5章では，「感覚知覚に根ざした認知」を消費者行動の文脈において検討している先行研究をレビューする。筆者の知る限り，「感覚知覚に根ざした認知」をテーマに先行研究を丹念にレビューした研究成果はこれまでない。「感覚知覚に根ざした認知」とは何か，従来の認知とはどのように異なるのか，その種類の分類とともに違いについて考察を行う。さらに，感覚知覚に根ざした認知が消費者反応にもたらす影響は，なぜ生じるのか？そのメカニズムの要因として処理流暢性を取り扱う。

1. ……身体化認知

　人は，身体感覚を起こさせるさまざまな情報のある環境で生きており，その
ために認知は本来的に身体とは切り離せないものである（服部・小島・北神
2015）。知覚や認知は，身体を使って体験される感覚や運動，状態などに基づ
いて行われることが明らかにされており，身体化認知（embodied cognition）と
呼ばれている（Barsalou 1999; 2008）。身体化認知の研究は，科学雑誌である
Science に連続して掲載されたことを 1 つのきっかけとして，急激に増加して
いる。たとえば，William and Bargh（2008）のコーヒーマグを使った実験では，
温かいコーヒーマグを持っていた実験参加者は，その後に提示された初見の人
（写真）に対して（冷たいコーヒーマグを持っていた実験参加者と比較して）温か
い人柄だと評価することが示された。この原因として，温かさにまつわる過去
の体験が影響している。人は乳幼児時代に自分を育ててくれた母親など世話を
してくれた人との思い出に，母親が抱きしめてくれたときの温かさや柔らかさ
といった触覚にまつわる体験をして，それが記憶されている。したがって，
コーヒーマグの温かさに触れたとき，「温かさ」と結びつく母親との体験にま
つわる記憶が活性化され，母親に対して抱いていた「安心」や「信頼」が温か
さと結びつき，その結果，そのときに提示した，見知らぬ人の印象評価にも影
響を与えるというのである。物理的な温かさというのは，子供の頃に母親など
ケアしてくれる人に抱きしめられて感じた物理的温かさの体験によって，対人
的な身近さや親密さと結びつけられるようになる（Lakoff and Johnson 1980;
Krishna and Schwarz 2014）。このような，「母が抱きしめてくれた温かさ」が物
理的な温かさと結びつき，一見無関係な認知や行動に影響を与えるということ
は，認知は身体と独立したものではなく，統合的に扱われていることを示唆し
ている。

　Science には他にも，手を洗う行為が道徳的な罪悪感を軽減すること
（Zhong and Liljenquist 2006）や，物を持って重いという感覚が人物の重要性評
価に影響を及ぼす（Ackerman et al. 2010）ことが示されている。

　このような影響は，心的メタファによって身体感覚と思考，感情，といった

抽象的なものと結びつけられるために起きる。我々が日常で用いる言語においては，感覚や運動に関するイメージを喚起する言葉を用いて表現することがある（言語メタファ）。たとえば，人柄を「冷たい」人，「温かい」人と表現したり，物事の捉え方を「軽く」見なす，「重き」をおいて捉えたりする。このようなメタファというのは，単なる言語レベルだけでなく，非言語レベルである「イメージ」のレベルで連合している。心的あるいは概念的メタファ（conceptual metaphor：Casasanto 2008; Lakoff and Johnson 1980, 1999; Gibbs 2006）によって，認知や行動に影響を及ぼすことが示されている。イメージの形成はその対象に関する知識に依存する（Newman, Klatzky, Lederman, and Just 2005）。それゆえに，知識の習得に寄与する過去の経験が認知や行動に影響を及ぼすのである。

　身体感覚は，抽象的な概念の認知にも影響を与える。たとえば，数を数えるときに指をどのように使うかという習慣の違いが，数の認知に影響を与えることが示されている（Fischer 2008; Fischer and Brugger 2011）。また，他人が主張する内容の認知にも影響を及ぼす。首を上下に動かしながら話を聞くと，首を左右に動かしながら聴く場合よりも説得されやすくなることが示唆されている（Wells and Petty 1980）。他にも，上下関係がパワー（権力）と結びつけられることから，組織図において経営者の配置が他よりも上に記載されるほど，権力を有していると受け止められることが示されている（Giessner and Schubert 2007）。

　また，概念だけでなく，概念的メタファからの転換によって，五感の知覚同士にも影響を及ぼすことが示されている。たとえば，重さという触覚の知覚が視知覚に影響を与える。持っているものを重いと知覚することが，目的地までの距離を遠いと捉え（Proffitt, Stefanucci, Banton, and Epstein 2003），また登っている坂の傾斜を急に感じる（Bhalla and Profit 1999）ことが示されている。

2. ……マーケティングおよび消費者行動の研究領域における
身体化認知の適用

　身体化認知は，マーケティングおよび消費者行動の研究領域において，どのように適用されて議論が進んできただろうか。マーケティングおよび消費者行動論の主要国際ジャーナルである，*Journal of Marketing*, *Journal of Consumer Research*, *Journal of Consumer Psychology*, *Journal of Marketing Research*, *Journal of Retailing*, *Psychology & Marketing*, *Marketing Science*, *Journal of the Academy of Marketing Science*, *International Journal of Research in Marketing* の9誌に掲載されている関連論文を調べた。Web of Science の検索キーワード（"All fields"対象）に"embodied cognition"を設定して実行したところ，30本の論文が抽出された（2022年2月時点）。それらの概要を**表5-1**に示す。本章では，これら主要国際ジャーナルに掲載された論文とともに主要国内ジャーナルに掲載された論文も合わせて，マーケティングおよび消費者行動論の領域において身体化認知に関する議論の潮流を明らかにしていく。

　消費者の五感に訴えることで消費者の知覚や判断，および行動に影響を及ぼそうとする感覚マーケティングの提唱者である Aradhna Krishna は，Krishna（2012）において，感覚マーケティングの理論的根拠の1つとして，身体化認知を取り上げている。身体経験によって抽象的な概念の学習を行い，それによって身体感覚が関連する抽象的な概念を活性化して消費者の判断に影響を及ぼすと説明する。たとえば，幼少期に母など世話をしてくれた人に抱かれたときに体験した「温かさ」が，「安心」という抽象的な概念と結びつくために，物理的な温かさの知覚が安心の判断に影響を及ぼすのである。また，概念的メタファが介することによって視覚情報が味覚に影響を及ぼすといったクロスモーダル効果が生じるという。

　さらに特筆すべき点として Krishna（2012）は，Barsalou（2008）が主張する感覚知覚に根ざした認知（grounded cognition）に言及している。Barsalou（2008）は，認知活動は，身体運動モダリティだけにとどまらず，モーダルなシミュレーション（modal simulations）と，身体状態（bodily states），そして状

表5-1　レビュー対象の論文一覧

文献	身体感覚の手がかり	鍵となる概念	影響を及ぼす消費者反応
Chan（2019）	身体の汚れ（想像）	心的イメージ，不純	衛生用製品の選好
Eelen et al.（2013）	道具の使用（想像）	心的シミュレーション，運動流暢性	製品評価
Elder and Krishna（2012）	道具の使用（想像）	心的シミュレーション	購買意向
Esteky et al.（2018）	上昇・下降		
	パワー	リスク選好	
Florack et al.（2014）	手の洗浄	バイアス	製品評価
Grewal et al.（2020）	携帯ツールの使用	心理的所有感	購買点数，金額の増加
Hong and Sun（2012）	冷たさ	対人的な接触欲求	製品選好
Hung and Labroo（2011）	筋肉の硬直	自己制御	製品選択
Krishna（2012）	（レビュー論文）	（レビュー論文）	（レビュー論文）
Kwon and Adaval（2018）	流れに逆らった進行	典型的な行動に逆らう感情	規範的でない選択
Labroo and Nielsen（2010）	接近（想像）	心的シミュレーション，ヒューリスティクス	ブランド評価
Larson and Billetera（2013）	バランス	同等	製品選択
Lee et al.（2014）	冷たさ	自己調整	製品選択
Mukherjee et al.（2017）	辛さ	メタファ	バラエティ・シーキング
Nelson et al.（2009）	上昇・下降（想像）	移動の労力	旅行商品の評価
Orth et al.（2020）	見上げる動作	パワー，メタファ	ブランド評価
Ostinelli et al.（2014）	上昇・下降（想像）	心的シミュレーション，自尊心	製品選択
Petit et al.（2016）	飲食（想像）	心的シミュレーション	誘惑回避
Pomirleanu et al.（2020）	酸っぱさ，筋肉の収縮	感覚イメージ	誘惑回避
Reitsamer et al.（2020）	感覚運動	体験後の記憶頻度	口コミ意向
Rotman et al.（2017）	温かさ	身体的な温かさ，感情（後悔）	製品選択
Semin et al.（2014）	明るさ	男女	製品選好

Shalev (2014)	渇き，乾燥	長期目標を達成するための活力	製品評価
Shen et al. (2016)	(画面越しの) 接触	心的シミュレーション	製品選択
Streicher et al. (2021)	注意範囲の広さ	(陳列製品を掴む) 心的シミュレーション	非計画購買
Sundar and Nose-worthy (2014)	上下	パワー，処理流暢性	購買意向，支払意思額
van Den Bergh et al. (2011)	腕の屈曲	接近動機づけ	製品選好
van Rompay et al. (2012)	垂直（上方）	パワー	製品評価，支払意思額
Xu and Labroo (2014)	明るさ	温かい，激しい (hot) 感情	製品選択
Zwebner et al. (2014)	温かさ	対人的な温かさ	製品評価

　況的行為（situated action）も統合して行われると提唱している。Krishna（2012）は，感覚知覚に根ざした認知を感覚マーケティング理論に取り込むことで，感覚訴求が消費者行動へ及ぼす影響においては，知覚シンボルの「身体性」があるのみでなく，身体状態や状況的行為，そして心的イメージや心的シミュレーションによる感覚知覚に根ざした認知も重要な役割を果たしうることを指摘している。

　表5-1を見ると，前述の対象ジャーナルにおいて"embodied cognition"の検索ワードで抽出された先行研究の中には，身体感覚から結びつけられるメタファによる影響だけでなく，心的シミュレーションなど感覚知覚に根ざした認知に拡張して理論構築の議論がなされていることがわかる。以下，それぞれの研究内容について概要を述べていく。

3.……温かさがもたらす影響

　温かさの知覚と対人的な温かさの関係を，消費者と製品との関係に応用したのが Zwebner et al.（2014）である。人は周囲にある製品など事物に擬人化性

を見出しやすい傾向があり，そのために室温など物理的な温かさを知覚することで対人的な温かさを感じるために製品に対する親しみやすさを促進し，その結果として製品評価が高まることを示唆している。なおこの点，Huang, Zhang, Hui, and Wyer（2014）は気温の温かさが他者の社会的距離を近くに知覚させることで，他者の意見の妥当性を高く評価しやすくなり，その結果大勢の意見に順応しやすく可能性を見出した。3年間にわたって競馬場での賭博行動を分析した結果，トラックの気温が高い場合において多数派が承認したオプションに賭けが収束されやすくなったのである。Huang et al.（2014）は，温かさの知覚によって他者の意見が消費者の購買判断に影響を及ぼすやすくなることを示している。

　一方で，冷たさの知覚が社会的距離の遠さを知覚させることによって製品の選択に影響を及ぼす可能性も確認されている。Hong and Sun（2012）では，冬の寒い時期には映画のジャンル選択において，ロマンス映画のような人との温かい繋がりを感じさせやすい映画が選ばれやすいことが示された。物理的な冷たさの知覚によって対人的な接触欲求が高まり，その結果，人との温かい繋がりを感じられる製品が選好されたのである。

　これに対して，社会的距離が遠いことがステイタスの象徴とラグジュアリーブランドの構成要素となることから，冷たさの知覚がラグジュアリー製品の評価に及ぼす影響も確認されている（Park and Hadi 2020）。物理的な温かさが人の温かさを想起させる一方で，物理的な冷たさは社会的距離の遠さや排他性と結びつく（Bargh and Shalev 2012; Fay and Maner 2012; Ijzerman and Semin 2009; Zhong and Leonardelli 2008）。また，ステイタスは一般人とは一線を画すものであるし，ラグジュアリー製品は高価格帯の製品であり，一般に親しみやすいものではない。そのため，社会的距離を遠く感じられるものである。これらを理論的根拠として，Park and Hadi（2020）の一連の結果では，雪景色や氷など視覚的に冷たさを知覚させるデザインを採用した広告がラグジュアリー製品の評価を高めることが示された。

　また，物理的な温かさの知覚が人の温かさと結びつくことから，物理的な冷たさの知覚によって社会的消費を行おうとする消費者の動きを，自己調整（self-regulation）の働きによって説明しようとする研究もある（Lee, Rotman, and Perkins 2014）。Lee et al.（2014）は"self- regulation"という言葉を多くの社会心理学やマーケティング研究で用いられる自己コントロール（self-control：Baumeister, Heatherton, and Tice 1994）とは異なり，物理的または心理的なバランスを取ろうとして起こす行為として用いている（Lee et al. 2014, p.235）。たとえば，Kouchaki, Gino, and Jami（2014）は，重いものを身につけている場合に人は罪の意識を抱きやすくなるだけでなく，罪悪感を抱きやすい食べ物よりも健康的な食べ物を選択しやすくなることを確認している。このように，身体感覚から結びつく概念に対して自己調整が働く結果，製品の選択などに影響が及ぶとLee et al.（2014）は想定した。3つの実験結果から，冷たい飲み物を飲むなどして物理的な冷たさを感じている消費者は，対人的な温かさに欠けている状態を調整しようとする結果，製品に対してより社会的志向に基づいた消費を望むことが示された。

さらに，身体的温かさと感情の結びつきが製品選好に影響を及ぼすことも示唆されている（Rotman, Lee, and Perkins 2017）。人が恥ずかしさや後悔を感じるとき，身体的な温かさを感じる。Rotman et al.（2017）の実験では，後悔を感じさせた後に広告を見せると，温暖地のバカンス広告を見る場合と比べて寒冷地のバカンス広告を見た場合，後悔の気持ちが軽減されることが確認された。さらに，後悔を意識している消費者は温かい飲み物よりも冷たい飲み物を好むことが示されたのである。

照明の明るさが温かさと結びつき，それが感情に影響を及ぼす結果として商品選択に影響が出る場合もある（Xu and Labroo 2014）。レストラン内の照明の明るさが温かい感情を高め，その結果激しい（hot）感情と結びつき，より辛い（hot）味付けの料理を選択することが示された。

4. ……運動を伴う感覚がもたらす影響

また，Kwon and Adaval（2018）は，流れに逆らって進もうとする身体感覚が感情を引き起こし，製品選択など意思決定に及ぼす影響を検討している。店内で他の買い物客の動線に逆らって進んだり，信号を渡る人々の流れに逆らう

ように進んだりするという経験は通常，動きと方向の両方を含み，それぞれ過去の経験に基づく記憶を引き起こす。動的な体験というのは個人的な経験であることから，この記憶の活性化は，感情を引き起こし，その感情がその後の意思決定の元となる（Lee and Schwarz 2010a; Zhang and Li 2012; Zhong and Liljenquist 2006）。この感情と「流れに逆らう」という身体感覚から結びつけられる意味概念とが合わさって，それによって規範的ではないオプションを選択する傾向を促すことが確認されている。

　さらに，身体感覚が自己制御の意思に影響を及ぼすことが示されている（Hung and Labroo 2011）。筋肉に力を入れている感覚が意思の強さを増強させ，長期的なベネフィットに資する行動を促進させることから，Hung and Labroo（2011）の実験では，足の筋肉に力を入れた場合（何も力を入れない場合と比べて），長期的目標に立った自己の決意を強め，自己制御を促進し，その結果，健康的な食品の消費が増加することが確認された。

　Hung and Labroo（2011）が注目した長期的目標を達成するエネルギーと結びつけられる恒常的な欲求の役割について検討したのは，Shalev（2014）である。Shalev（2014）は，喉の潤いや最適な温度など恒常的な欲求が長期的目標よりも喫緊の欲求を満たすための行動を優先させることから，渇きや乾燥を連想させる意味概念の刺激や渇きや乾燥に関する視覚的な画像などを提示すると，長期目標のための行動を先延ばしさせたり目標達成するための活力の枯渇を感じさせたりことを実験で明らかにした。Shalev（2014）の実験では，乾燥と関連づけた製品名の訴求によっても，消費者が知覚する活力に影響を及ぼすことが示されている。

　Hung and Labroo（2011）および Shalev（2014）の示唆からすると，身体感覚によって我々の意思をどこまで影響づけるのだろうか？この疑問について，Labroo and Nielsen（2010）はブランド評価への影響を検討している。Labroo and Nielsen（2010）の3つの実験結果から，身体的接近と関連づけられるネガティブな刺激を与えた場合，関連する中立的なブランドに対してより好意的な反応をすることが示された。身体化認知は認知や知覚を活性化するだけでなく，ヒューリスティクスの使用を促進する可能性を示唆したのである。人は報酬を与えられるから接近するのではなく，接近することによって報酬を与えられる

という推論を行い，その結果，身体的に接近することによって，ネガティブな刺激に対してさえも態度を肯定的に調整することが示された。ただし，この影響は，接近行為がネガティブな刺激と結びつかないときには確認されなかった。

　他にも，一見無関係な身体の動きが製品選好や経済的な意思決定に影響を及ぼしうる（van Den Bergh, Schmitt, and Warlop 2011）。van Den Bergh et al. (2011) は，腕を曲げ伸ばしする動きが，異時点間の意思決定に影響を及ぼすことを示している。5つの実験と1つのフィールド調査の結果から，腕を自分の身体側へ曲げると（腕を伸ばす場合と比べて），その動きが接近動機づけ（approach motivation）を活性化することから，現在偏重型の選好（present-biased preferences）を惹起することが確認された。その結果，美徳な製品よりも背徳的製品を選好し（Study 1a, 1b, 2a），また将来より大きな金銭的報酬を得るよりも少額でも即時的に報酬を得られる方を選好するようになる（Study 2b, 3,4）ことが確認された。

　動きの中でも，バランスの身体感覚が消費者の判断や決定に影響を及ぼしうると提案しているのは，Larson and Billetera (2013) である。6つの実験結果より，たとえば消費者がオンライン・ショッピングを行っている際中に座っている椅子に寄りかかるといった動作がバランスの概念を活性化し，バランス感覚の高まりを経験している消費者は，妥協の選択肢を選択する可能性が高まることが確認された。この影響は，バランスの概念が「同等」の概念とメタファ的に結びついているため，バランスをとる身体感覚を活性化させると「同等」の概念へのアクセス容易性が高まることによって生じると示唆されている。

　さらに，味覚から引き起こされる「筋肉の収縮」という身体感覚が意思決定に影響を及ぼす可能性も指摘されている（Pomirleanu, Gustafson, and Bi 2020）。酸っぱい味を知覚すると，それによって引き起こされる筋肉の収縮をより強く知覚し，その結果，焦点とする対象にネガティブな態度が形成され，誘惑回避の意思を高めることが確認されている。

　以上の知見は，即時的な効果についての指摘であるが，物理的な身体感覚によって認知された消費体験は，その記憶を思い起こす頻度やその後の口コミ行動にどのような影響を及ぼしうるのであろうか。Reitsamer, Streicher, and Teichmann (2020) は，サービス体験と結びつく強い感覚運動（sensorimotor）

は消費者の口コミを促進することを示唆している。サービスの消費には通常，複数の感覚体験を伴っていて，後でサービス体験を思い起こすときに記憶の一部分となる。すなわち，サービス体験を思い起こすときに消費者は感覚体験を再体験する傾向がある。しかも，記憶の体験は実際の消費体験よりも「バラ色」である傾向があり，サービス体験の記憶を頻繁に処理することが認知強化に繋がるため，口コミ意向に影響を及ぼしうる。さらに，感覚運動が体験後の口コミ意向に影響を及ぼす程度は，感覚運動を体験したときに感覚運動価が低い（すなわち，感覚的な印象がポジティブにもネガティブにもあまり強く残らなかった）ときほど，体験後の記憶頻度によって口コミ意向を高める効果が高いことが確認された。これは，体験後の記憶による体験が実際の体験よりも強い「バラ色」となるために，体験時に感覚運動価が低い人ほど，その後の記憶の頻度が口コミ意向に大きく影響することが示されたのである。Reitsamer et al.（2020）では，2つのアドベンチャーパークに来園した顧客を対象に4週間にわたる縦断研究を行っている。アドベンチャーパークでは，ウォータースライドやクライミングといった運動，触覚，視覚を刺激する体験ができる。調査協力者は退園直後にアンケート形式で，滞在中に知覚した運動，触覚，視覚からなる感覚運動価（感覚的な印象をどの程度ポジティブまたはネガティブに受けたかという主観的な評価）に関する質問に回答した。1週間後，回答者はEメール経由でWeb上のアンケート画面にアクセスし，再度パーク滞在時に受けた感覚運動価について回答した。さらに，パークの口コミ意向についても回答した。そして4週間後，またEメール経由でパーク滞在時の体験をどの程度頻繁に思い出したかついてと口コミ意向を回答した。データ分析の結果，サービスと結びつく強い感覚運動は，サービス体験から4週間経過していても頻繁にサービス体験を思い出させることがわかった。そして，頻繁に過去のサービス体験を思い出すことが，口コミ意向にプラスの効果をもたらすことが示されたのである。前述の媒介効果は，消費者の知覚する感覚運動価によって調整される。特に，感覚運動価が低いほど，記憶を頻繁に思い出すことが口コミ意向に及ぼす影響が大きいことが示唆された。

5. ……重さがもたらす影響

　物を持っているときに抱く「重い」という感覚が，物の重さとは一見無関係な事柄の判断に影響を及ぼしうる。たとえば，重いクリップボードを手に持っている状態で見知らぬ人物を評価するとき，その人物の「重要性」を高く評価しやすくなる（Ackerman et al. 2010）。ほかにも，重い物を持っている状態で見知らぬ硬貨を評価させると，その硬貨の価値をより高く評価することも確かめられている（Jostmann et al. 2009）。そして，「重さ」と重要性との関係は，重要性という概念の刺激からも生じる。重要な本は重く感じるのである（Schneider, Rutjens, Jostmann, and Lakens 2011）。Zhang and Li（2012）は実験により，知覚された重さが関連のない製品の情報に対する重要性の知覚を高めることを確認した。さらに，重さの感覚を直接体験していなくても，「重い」に関連する単語を使った心的シミュレーション（mental simulation）を行うことによっても重要性の知覚が高まることを示した。Zhang and Li（2012）は一連の実験結果から，重いという身体感覚を直接に経験することそのものが製品評価に影響を及ぼすのではなく，重さに関する心的シミュレーションによって「重要性」という概念を活性化することが製品評価に影響を及ぼすと指摘している。

　これらの「重い」という身体感覚の体験が関連する概念を活性化するという知見をマーケティングの場面に適用したのが，外川・石井・朴（2016）である。外川他（2016）の実験4では，重さの異なるクリップボードに貼り付けた製品（自動車・掃除機）の写真を実験参加者に持たせ，それぞれについて信頼性を評価させた。その結果，重いクリップボードを持った方が信頼性を高く評価することが示された。外川他（2016）は，「重い」という言葉の意味には，「重要だ」，「落ち着いている」，「動きがゆっくりである」（外川他 2016, p.78）といった意味を含むため，「製品がいかなる状況に置かれても急な変化やトラブルを起こさず安定的に動作する」（外川他 2016, p.78）という製品の信頼性に対する知覚に影響すると指摘している。

　さらに，重いという身体感覚の体験が，視覚的な情報によっても得られ，そ

してそれが製品評価に影響を及ぼすことを示したのが外川・朴（2017）である。外川・朴（2017）では，クッキー製品のパッケージに掲載されるクッキー画像の掲載位置によって重量感の知覚に差異が生じることを実験によって確認した。物理的に重いものは下に行き，軽いものは上に行く。この重力の法則を人は日常生活において学習しているために，製品画像の配置によって重さを知覚するのである（Deng and Khan 2009; 外川・朴 2017）。製品画像が製品パッケージの下に配置されていると重量感を知覚させ，そして重量感の知覚が高い場合において消費者は「重さ」に関する意味的概念を活性化するために（Zhang and Li 2012），製品購買前の重要性知覚を高めることを示した。このように，視覚情報から知覚する触覚体験によっても，その触覚要素と関連する概念が活性化され，購買行動に影響を与えることが示唆されている。

6. ……クロスモーダルの影響

また，クロスモーダルの影響についても検討がなされている。温かさの知覚は香りとも結びつく（Madzharov et al. 2015）。Madzharov et al.（2015）では，シナモンような温かさを連想させる香りが（ミントのような冷たさを連想させる香りと比較して），周囲にいる人の密を高く知覚させることを実験室実験で確認した。さらに，人の密が高いと知覚することによって他者からの抑圧を感じやすくなりその結果，他者をコントロールする「パワー」を欲する程度が高まったのである。実店舗で行ったフィールド実験の結果，温かさと結びつく香りを店内に放つと他者に対して「パワー」を示せる高級価格の製品やブランドに対する選好および購買が増加することが示された。

また，対象範囲外のジャーナルではあるが，食品関連のジャーナルにおいてもクロスモーダルの影響が検討されている。たとえば，製品の入れ物の重さに注目して味覚という製品評価への影響を検証したのが Piqueras-Fiszman et al.（2011）である。同じヨーグルトを重さが異なる容器に入れ，実験参加者に味覚評価をさせた。容器は同じものであり，容器の底に重りをつけることで重さの条件だけを操作した。その結果，重い容器に入っているヨーグルトの味を

軽い容器に入っているものよりも濃厚だと評価したのである。重さが密の概念を活性化させ，その結果，濃厚という味覚評価に繋がったことが示された。

7. ……概念的メタファがもたらす影響

「バラエティは人生のスパイスのようなものだ」といったメタファは日常生活の会話でよく用いられる。このメタファによって，「辛い（スパイシー）」な味を知覚すると「バラエティ」と結びつき，消費者の選択行動に影響を及ぼすことが確認された（Mukherjee, Kramer, and Kulow 2017）。Study 1 では，辛いvs. マイルドな味わいのポテトチップスで比較した結果，辛いポテトチップスを食べた後だと（マイルドな味のポテトチップスを食べた場合と比べて），その後に提示されたキャンディ・バーのバラエティ・シーキングが高まったのである。ただし，前述の影響は，味覚刺激を与えられてからキャンディ・バーを選択させる課題を提示されるまで間に一定の時間を置かれたときにだけ確認された。

Semin and Palma（2014）は，「良い―悪い」「ポジティブ―ネガティブ」といった概念同士の関係性が，「明るい―暗い」という感覚に基づくメタファとも結びつけられることを指摘している。そして，男女という性別に対する文化的なメタファとの関係性に着目して，暗さや黒さが男性的であり，明るさや白さが女性的だと人が紐づけやすいことを示した。Seming and Palma（2014）の実験結果から，男性は黒味がある製品（たとえばエスプレッソ，赤ワイン）を選好し，女性は白味がある製品（たとえばカプチーノ，白ワイン）の選好を示すことが示唆されている。

Sundar and Noseworthy（2014）は，オブジェクトの配置の上下関係が重さ（Deng and Kahn 2009）だけでなくパワーの象徴としての高低と結びつくと指摘し，視覚的配置と消費者の期待との適合が処理流暢性を高めることによって（Kim, Rao, and Lee 2009），適合する位置にロゴを配置されたパッケージの製品に対する購買意向や支払意思額が高まることを示した。パワーが上下の配置と概念的メタファとして結びつくのは，人が日常生活で培う経験に由来するものであり，言語や文化を超えて共通に見られる。たとえば，家族の中で両親や年

長者は背丈が年少者よりも高く，権限を多く持つ。このような日常体験から人は上下の上や高低の高とパワーを結びつけるようになるのだ（Schwartz, Tesser, and Powell 1982）。Sundar and Noseworthy（2014）の実験結果より，前述のパワーの概念的メタファによって，製品のパッケージに記載されるロゴの配置（上―下）がブランド・パワーと結びつき，ロゴの配置が低い（高い）ときにはブランド・パワーの低い（高い）ブランドがより好まれることが示されている。また，Sundar and Noseworthy（2014）では，身体化認知とマーケティングで提示されるブランド・パワーとの適合が消費者から好ましい反応を引き出す効果は，適合による処理流暢性の向上が媒介することが明らかになったのである。

　同様に，広告やパッケージの視覚的デザインにおいて，上方向を連想させるブランドはパワフルだと知覚され，より高い価格が期待される（van Rompay, Vries, Bontekoe, Tanja-Dijkstra 2012）。対象製品を捉えるカメラのアングルや（下からのアングルで上向きの製品を撮る vs. 上から下向きの製品を撮る）製品画像の背景（街の水平線を背景にしている vs. 上に伸びる高層ビルを背景にしている）によって上方向の知覚を喚起させる視覚手がかりを与えられると，消費者は対象製品をラグジュアリーであると知覚し，その結果，ブランド評価と支払意思額を高めることが確認された。さらに，社会的優位性が高い人は社会的ヒエラルキーを意識しやすいために，高い位置にあるものをパワフルであり，ラグジュアリーなものであるとより強く意識する。そのため，上方の視覚手がかりによる影響を（社会的優位性が低い人よりも）顕著に受けることが示された。

　上下の関係を「上昇―下降」の関係で検討した研究もある（Ostinelli, Luna, and Ringberg 2014）。上昇はパワーとメタファとして結びつく（Giessner and Schubert 2007; Meier, Hauser, Robinson, Friesen, and Schjeldahl 2007）。この連想は，言語や文化に深く根づいていて，「アッパークラス―ロウワークラス」など，社会的ステイタスの表現にも使われていて，建物の中でのフロアの名称にも用いられている（たとえば，高層フロアをエグゼクティブオフィスにするなど）。Ostinelli et al.（2014）では，上昇する身体感覚を想像によって得ることで自尊心が高まることが示された。そして，自尊心が高まることによってモチベーションは下がり，その結果，与えられた課題に対するパフォーマンスが悪くな

ることが確認されている。

　また，上下の上がパワーとメタファとして結びつけられるのと同様に，「上昇─下降」の上昇がパワーと結びつけられることに注目して，上昇という身体感覚がリスクテイキングの意思決定に及ぼす影響を明らかにしたのが，Esteky, Wineman, and Wooten（2018）である。Esteky et al.（2018）は，概念的メタファの確認だけでなく，実際にエレベーターなどを使ったフィールド実験を行い，物理的な上昇・下降の身体感覚がリスクテイキングに及ぼす影響を示している。実験の結果，物理的な上昇の身体感覚を得ると，パワーに対する感度が向上し，リスクテイキングな意思決定をしやすくなることが確認されている。

　さらに，上を見るために頭を傾ける（見上げる）動作によっても，ブランドのパワー評価を高めうる（Orth, Machiels, and Rose 2020）。Study 1 では，認知度が低い新設のビールブランドについて書かれた文章をディスプレイに表示したものを実験参加者に立った状態で読ませ，ブランド評価をさせた。その際，ディスプレイの位置を実験参加者の目の高さから調整して，頭を30度上または下に傾けてディスプレイに表示された文章を読むようにさせた。その結果，身長の背が高い人が見上げてブランドについての文章を読むと，ブランドパワーをより高く評価し，ブランドに対する態度が向上した。Study 2 では，実験参加者は椅子に座り，ヘッドレストで頭の傾きを固定された状態でパソコンの画面に表示された15カテゴリー（自動車，ビール，家電製品など）のブランド・ロゴを評価した。その結果，座っている状態であっても Study 1 の結果が再認されたのである。

　また，物理的に上下に配置されていなくても，視覚的に知覚される2点間の位置関係から上下の連想を行い，それが消費行動に影響を及ぼすこともある（Nelson and Simmons 2009）。人は，方位を垂直位置（北が上，南が下）と結びつけて経験的に学習している記憶から，北への移動を（下降よりも）上昇することと結びつけて想起しやすく，南への移動を（上昇よりも）下降することと結びつけて想起しやすい。Nelson and Simmons（2009）の一連の実験結果から，人は記憶から北方（南方）への旅行を判断するときには，上り坂（下り坂）を連想しやすく，その結果，北方への旅行を（南方への旅行と比べて）より努力

を要し，より困難で，時間をより消費すると判断することが示されている。

8. ……感覚知覚に根ざした認知（grounded cognition）への拡張

　また，心的シミュレーションに注目し，製品など視覚刺激によって動的行動のような心的シミュレーションが自動的に引き起こされ（Tucker and Ellis 1998; 2001），それによって製品に対する消費者反応に及ぼす影響についても確認されている。Eelen et al.（2013）および Elder and Krishna（2012）は，持ち手のある製品（たとえば，コップ）を見ると消費者は自動的にその製品を握るシミュレーションを行うと指摘する。Elder and Krishna（2012）では，ポジティブな誘発性を持つ製品の視覚的刺激が，身体化された心的シミュレーションをより多く促し，その結果，購買意向を高めることが確認されている。ポジティブな誘発性を持つ視覚刺激の条件として，Elder and Krishna（2012）は，製品を消費する際に使う道具や手の位置を用いた。Study 1A では，器に入っているヨーグルトのみの場合，器に左に向かって柄が伸びているスプーン，右に向かって柄が伸びているスプーンという 3 パターンの製品画像を用意して実験を行った。その結果，実験参加者の利き手側にスプーンの柄が配置された画像を見たとき，そのヨーグルトを自分が食べる姿を想像する心的シミューションがより促され，さらに，購買意向も高いことが示されたのである。

　Eelen et al.（2013）では，状況的身体化認知（situated embodied cognition）として，感覚知覚に根ざした認知（grounded cognition：Barsalou 2010）および状況的認知（situated cognition：Schwarz 2006）を理論的根拠とした概念的枠組みを提唱している。Eelen et al.（2013）の実験結果より，対象物を使用する計画がある状況下において，持ち手がある製品の向きによってその製品画像を見た消費者が製品の持ち手を掴んで使用する心的シミュレーションを促され，その結果，製品評価が高まることが示された。Eelen et al.（2013）の Study 2 では，持ち手の部分を右側に配する場合と左側に配する場合の製品画像を用意し，実験参加者にパソコンのスクリーン上で画像を見せた。その結果，利き手である側に持ち手がある場合，その製品を使うシミュレーションを行いやすく，製

品評価が高まった。Eelen et al.（2013）は，前述の影響が生じたメカニズムとして，処理流暢性における運動流暢性（motor fluency）の高まりが製品評価の向上を促すと示唆している。

　Eコマースなどで製品に直接触れない場合でも，機械を通じて製品に接触する行為によって心的シミュレーションが高まり，製品選択に影響を及ぼすことも確認されている（Shen, Zhang, and Krishna 2016）。Shen et al.（2016）では，iPad のスクリーン越しに指で製品画像に触れる行為を"direct-touch"と呼び，この接触行為によって製品を使用する心的シミュレーションが高まる結果，"direct-touch"をした嗜好性の高い食べ物を選択しやすくなることを確認している。

　さらに，Eelen et al.（2013）および Elder and Krishna（2012）の研究結果から着想を得て，消費者の注意範囲が非計画購買に及ぼす影響を明らかにしたのが Streicher, Estes, and Büttner（2021）である。持ち手がある製品を見ると，消費者は自動的にその製品の持ち手を握る心的シミュレーションを行う（Eelen et al. 2013; Elder and Krishna 2012）ように，人は物を見ると自動的にその対象物に対する行動を脳内で準備し出す（Garbarini and Adenzato 2004）。そして人は製品を握ると，その製品の購買意向が高まりやすくなる（Peck and Childers 2006; Streicher and Estes 2016a）。これらの先行研究を理論的根拠として，注意の範囲が広い場合には店内の探索行動が活発となり，その結果，非計画購買が増加することが実験によって示された。なお，前述の影響は慢性的な非計画購買の衝動性が高い消費者に対してより強く及ぶことも確認されている。

　しかしながら，心的シミュレーションは常に対象製品の魅力を高めうるのであろうか。この点において，Petit, Basso, Merunka, Spence, Cheok, and Oullier（2016）は，心的シミュレーションが繰り返し行われることで対象製品の魅力が減少される可能性を指摘している。身体化認知では最初に対象情報に接したときの感覚知覚が記憶されると，次の感覚知覚のときに最初の感覚知覚について心的シミュレーションがなされる。そのため，たとえば食べ物に対する快楽的な期待は徐々に減少していき，その結果，その食べ物をあまり魅力でないと感じるようになるのである。Petit et al.（2016）は，食べ物の写真を見て食事の心的シミュレーションを行うことが空腹感の減少に繋がることから，消費者

は何かを食べたいという誘惑を回避するためには，身体化認知をうまく活用することで自己制御できると主張している。

　また，Grewal, Noble, Ahlbom, and Nordfält（2020）は，消費者がスーパーマーケットなどで商品のバーコードを読み込むためにハンドヘルド型スキャナを使う動作が，購買行動に及ぼす影響を示した。ハンドヘルド型スキャナを使用するとき，消費者は製品に直接触れて情報を読み込むスキャナを自分の身体の延長のように感じ，そのために製品の心理的所有感およびコントロール知覚を高め，買い物行動を楽しく感じることが示された。さらに，食料品店で行ったフィールド実験の結果から，ハンドヘルド型スキャナを使うと（スキャナを使わない場合と比べて），購買点数および購買金額が増加することが確認された。

　しかしながら，所有感による製品選好の意思は，無関係の身体感覚によって軽減されるかもしれない。Florack, Kleber, Busch, and Stöhr（2014）は，選択を行った後で手を洗うと道徳的な浄化効果だけでなく事前にかかったバイアスも取り除く効果（Lee and Schwarz 2010b）に着目した。人は所有物を，他の同等物よりも高く評価する傾向がある（授かり効果：endowment effect; Kahneman, Knetsch, and Thaler 1990; 1991; Thaler 1980）。Florack et al.（2014）の実験結果から，所有感によって生じる授かり効果（endowment effect）は，手を洗う行為によって軽減することが示されている。所有者に所有物を同一の他の物と交換するか意向を確認したところ，手を洗った後の場合には交換の意向が高まることが確認されたのである。Florack et al.（2014）では，手を洗うという身体感覚が物に対するバイアスにも影響を及ぼすことが示された。

　さらに，心的イメージの内容は，購買対象と無関連な事柄に関するものであっても，購買行動に影響を及ぼしうる。消費者に（不特定多数との）行きずりのセックス（casual sex）を想起させると，自分の体が物理的に汚れていると感じさせ，それが衛生用製品（歯磨き粉，ボディソープ，洗顔剤）を入手する動機づけになる（Chan 2019）。Study 1 では，カジュアルセックス群と恋人群，統制群の3つに実験参加者を分け，カジュアルセックス群はカジュアルセックスの関係にある男女の様子を視覚化するよう指示され，恋人群は恋人同士の様子を視覚化するよう指示された。統制群は自分が前日に行ったことを書き出すように指示された。前述の作業の後，実験参加者に歯磨き粉製品の画像を提示

して，製品に対する好意度を回答させた。その結果，カジュアルセックス群は有意に高い好意度を示したのである。ただし，前述の影響は，行きずりのセックスを「不純」，「不道徳なもの」と結びつける個人においてのみ生じることが示された。本実験の結果は，抽象的な表象が具体的な感覚に影響を与えることを示唆している。

9. ……小括

　本章では，身体化認知をキーワードとしてマーケティングおよび消費者行動研究の主要ジャーナル9誌において，感覚訴求が消費者行動に及ぼす効果についてどのような議論が展開されてきたのかを見てきた。物理的な身体感覚だけでなく，消費者の想像行為による身体的な認知によって，関連する概念が活性化され，感情や思考に影響を及ぼす結果，購買に関する反応に影響がもたらされることが確認されていることがわかった。また，連想される概念同士の適合または一致が，消費者から好ましい反応を引き出しやすくするという観点からの議論が進められている。この適合または一致がもたらす影響を生み出すメカニズムとして，処理流暢性という概念を用いて説明しようとする1つの潮流がある（たとえば，Eelen et al. 2013; Sundar and Noseworthy 2014）。そこで，次章では，処理流暢性について先行研究の潮流をまとめていく。

第 **6** 章 感覚訴求と
処理流暢性の議論[1]

概要

　第6章では，処理流暢性について，その種類と違いに着目した先行研究のレビューを行っている。処理流暢性が高い場合には，対象に対しておおむね好意的な反応を得られることが明らかになってきている一方で，対象や文脈においては流暢性が低い方が消費者から望ましい反応を得られることも明らかになってきている。また，流暢性は大別すると，知覚流暢性，概念流暢性，検索流暢性，適合流暢性，そして運動流暢性という5つの種類がある。それぞれの概念の説明を行い，マーケティングおよび消費者行動の文脈における研究成果を挙げる。そのうえで，処理流暢性に関する研究の中で，運動流暢性に関する検討が消費者行動の文脈では十分になされていないことを今後の課題として述べる。

1. ……はじめに

　感覚マーケティングの有効性を議論するとき，感覚訴求が消費者に影響を及ぼすメカニズムについて疑問に持つことがあるだろう。たとえば，大きくはっきりとしているフォントで記された掲示物の方が好ましく評価されたり，繰り返し接触した刺激には親近感を持ちやすかったりするという既存研究の知見は，多くの人が個人的な経験から納得できるだろう。しかし，このような現象を知るだけではなく，それらをもたらしているメカニズムを理解することができれば，感覚マーケティングの知見の実務現場への応用可能性が大きく向上するはずである。

　近年，このメカニズムを説明する概念として，認知プロセスにおける処理流暢性（processing fluency）が大きな注目を集めている。処理流暢性は，社会心理学，認知心理学などの分野で議論が展開されてきた概念であるが，マーケティングと消費者行動研究においてもさまざまな現象を説明する要因として注目されており，須永（2014）など，処理流暢性に焦点を当てた研究が進められてきている。

　本章では以下，処理流暢性に関する基礎的な議論の整理を行ったうえで，マーケティングと消費者行動の研究分野で進められている議論と知見を整理する。最後に，研究上の課題を検討するとともに，店頭で感覚マーケティングを展開する際に留意すべきポイントを，処理流暢性の観点から整理する。

2. ……処理流暢性とは何か

　処理流暢性とは，人が刺激に対して感じる情報処理の容易さの程度を表す概念である。たとえば，アナウンサーのような明瞭な発音により適度なスピードで語られた話は，多くの人が理解しやすいと感じるだろう。一方で，早口で不明瞭な発音によって話された場合には，たとえ内容が同じであっても理解しにくいと感じる。前者は処理流暢性が高く，後者はそれが低いということになる。

このような処理流暢性は，人の物事に対する真偽，好みや親近感，評価などのさまざまな判断に影響を及ぼすことが示されている（Alter and Oppenheimer 2009）。

単純接触効果（mere exposure effect：Zajonc 1968）は，マーケティングや消費者行動の領域においてもよく知られた現象の１つである。これは，人が特定の対象に繰り返し接触することで，その対象に親近感や好感を持つという現象であり，広告の反復呈示効果を説明するための理論的根拠にもなっている。この単純接触効果のメカニズムは，処理流暢性で説明できるとされている。人がある対象に何度も接触すると，その対象を知覚するときの情報処理効率が上がる（処理の流暢性が高まる）。このとき，人はその対象に関する処理の流暢性を，親近感や好ましさに誤帰属させてしまう。このため，特定の対象への反復接触が対象へのポジティブな評価に繋がるのだと考えられている。

五感を通じた感覚訴求が消費者行動に及ぼす影響のメカニズムについても，処理流暢性によって説明できる場合が多くあり，その影響のフローは図6-1のように捉えることができる。たとえば，文字を識別しやすいフォントは処理流暢性が高いということを多くの既存研究が見出している。したがって，店頭のPOP広告が見やすく識別しやすいフォントで記述されていると，消費者からのポジティブな反応を得やすいと考えられる。

処理流暢性は，認知プロセスの低次から高次の各段階で見られる。外部情報の認知（cognition）には，その基礎段階として「知覚」（perception）があり，知覚は「感覚」（sensation）に基づいている。これらの用語はさまざまな領域で扱われており，同じ用語が異なる意味で使われることもあるが，大よそ次のように説明することができる。視覚情報を例にとれば，「感覚」とは光や色などの刺激を受容するプロセスであり，「知覚」は感覚を選択し，体系化し，意味づけするプロセスとして位置づけられる。そして，「認知」は得られた知覚をもとに思考，判断，意思決定などを行うプロセスだと捉えることができる。流暢性は，前述の各プロセスにおいて関わるが，最終的にはすべてのプロセスに関する流暢性が統合されて，流暢性の程度（処理がどの程度容易／困難か）に対する主観的経験が形成される。統合のされ方はさまざまあるが，どのように統合されても流暢性が判断へ及ぼす影響には同じ傾向が見られている（Alter

図6-1　感覚マーケティングにおける処理流暢性の位置づけ（模式図）

| 企業 | 消費者 |

感覚訴求　→　処理流暢性　→　評価・判断

出所：筆者作成

and Oppenheimer 2009)。

　処理流暢性に関連するさまざまな現象を厳密に分類することは難しい（Schwarz 2004）が，本章では，店頭施策への活用という観点から，Graf et al.（2017）および Eelen et al.（2013）を参考に，次の5種類の流暢性について整理を行う。それらは，知覚流暢性（perceptual fluency），概念流暢性（conceptual fluency），検索流暢性（retrieval fluency）適合流暢性（fit fluency），運動流暢性（motor fluency）の5つである。以下，それぞれの流暢性について概観する。

2-1. 知覚流暢性（perceptual fluency）

　知覚流暢性とは，外部情報を識別することの容易さを指す。実験で知覚流暢性を操作する刺激（外部情報）としてよく用いられるのが，文字のフォントや背景とのコントラストによる見やすさである。たとえば，12 ポイントの Times New Roman 体や Araial 体は，小さいポイントや白地にグレーの文字，**Impact** 体よりも識別しやすく，知覚流暢性が高い（Alter and Oppenheimer 2009; Alter, Oppenheimer, Epley, and Eyre 2007; Mead and Hardesty 2018）。また，詳細は後述するが，人の視野は視覚対象の中央に集まりやすいことから，広告の中央部分に商品の顔となる部分が配置されていると，広告の周辺部分に商品の顔となる部分が配置されている場合に比して，商品の情報を処理する知覚流暢性が高くなることが確認されている（Leonhardt, Catlin, and Pirouz 2015）。

　さらに，知覚流暢性は聴覚情報にもおいても確認されている。Rhodes and Castel（2009）は，音量が大きいと知覚流暢性が高まることを明らかにしている。

また，Shapiro and Nielsen（2013）では，繰り返し広告を露出させる場合に，ブランド・ロゴや製品の表示位置を変更すると，知覚流暢性が高まり，その結果，ブランド・ロゴに対する選好とブランド選択の意向が高まることが示された。これは，視聴者が広告内の変更部分を自発的に検出し，変更された情報に処理資源を追加投入するため，出現場所が変更された情報の処理流暢性が高まるために起きることが示された。

　このように知覚流暢性は消費者の好みに影響を与えるが，その影響は消費者の政治的思想によって調整される可能性が指摘されている（Northey and Chan 2020）。リベラル派と比較して保守派の消費者はより直感的に考える傾向があるとし，それによってブランド・ロゴのデザインの好みに違いが生じる可能性が示されている。対称的なデザインのブランド・ロゴは，非対称的なデザインのブランド・ロゴよりも知覚流暢性が高い。そのため，より直感的に考える保守派は，非対称的なブランド・ロゴよりも対称的なブランド・ロゴを好むことが4つの調査より明らかになった。Northey and Chan（2020）は，ブランド・ロゴのデザインを設計する際に，消費者の政治的思想を考慮に入れる必要があることを示唆している。

2-2.　概念流暢性（conceptual fluency）

　概念流暢性は，外部情報の「意味」を識別することの容易さを示す。物の意味的関連性や概念の類似性などが流暢性に影響する（Lee and Labroo 2004; McGlone and Tofighbakhsh 2000）。たとえば，関連する文脈において予測可能な商品が登場すると，流暢性が向上してその商品に対する好意度が高まることが確認されている（Lee and Labroo 2004）。彼らの研究では，男性がバーへ入ってバーテンダーに話しかける様子を見た後で対象ブランドのビール商品を見せると，そのビールに対する評価が高まった。また別の実験では，マヨネーズに関する情報を与えた後でケチャップを見せた場合，マルチビタミンに関する情報を与えた後と比較して，ケチャップに対する選好が高くなったことを確認している。

2-3. 検索流暢性 (retrieval fluency)

　検索流暢性は，「あるブランドのイメージ」のような特定の情報を思い浮かべることに対する主観的容易さを指す (Schwarz 2004; Wänke, Bohner, and Jurkowitsch 1997)。たとえば，Wänke et al.（1997）では，あるブランドを思い浮かべて評価してもらうとき，検索の容易性がブランド評価に影響を及ぼすことを確認している。彼らの実験では，参加者に広告スローガンを視聴させた後に，ブランドの評価をさせた。検索が容易な条件に割り当てられた実験参加者は，「BMW かメルセデスか？ BMW を選ぶ理由は多くある。あなたは理由を 1 個挙げられますか？」というスローガンを見せられた。一方，検索が困難な条件に割り当てられた実験参加者は，「BMW かメルセデスか？ BMW を選ぶ理由は多くある。あなたは理由を 10 個挙げられますか？」というスローガンを見せられた。この広告視聴後に，実験参加者に BMW を評価してもらったところ，検索が容易な条件（理由を 1 個挙げる）に割り当てられた参加者の方が，検索が困難な条件（理由を 10 個挙げる）の参加者よりも評価値が高かったのである。この結果は，情報を検索するときの容易さが，検索した情報に対する判断に影響を及ぼしたために生じたと説明されている。BMW を選ぶ理由を 1 個挙げるのは，理由を 10 個挙げるよりも容易な情報の検索行為である。そのために，検索の容易さが BMW というブランドの評価にポジティブな影響を及ぼしたことが示唆されている。

　また，検索流暢性は，消費者が行う製品の選択に対する自信に影響を及ぼす (Tsai and Mcgill 2011)。Tsai and Mcgill（2011）の Study 1 では，実験参加者に 2 つのデジタルカメラを提示して，どちらが好きか選ばせてその理由を挙げさせた。このとき，挙げる理由の数（2 個／ 10 個）を指定することによって，検索流暢性を操作した。その結果，検索流暢性の程度が自分の選択に対する自信に影響を及ぼすことが示された。さらにこのとき，解釈レベルによって選択に対する自信が調整されることが示唆された。低次解釈の人は，情報処理が流暢である場合には，その情報処理に対する自信が高まった。一方で，高次解釈の人は，流暢性によって情報処理に対する自信が低下した。これらの結果は，低次解釈の人は，処理が容易であることを判断の確実性と同一視するため，思考

を形成することを容易だと感じると、その選択に自信を持てるようになることが示されたのである。対照的に、高次解釈の人は、処理流暢性が低いことを、自分が良い選択をするために費やした努力を反映していると解釈するため、処理が困難である場合に自分の選択に対する自信が高まることが示唆された。

2-4. 適合流暢性 (fit fluency)

適合流暢性とは、複数の要素が適合または一致することによって促進される処理の流暢さを指す（Graf et al. 2017）。たとえば、Lee, Keller, and Sternthal (2010) は、制御焦点理論[2]（regulatory focus theory：Higgins 1996）における制御焦点（促進焦点 vs. 予防焦点）と解釈レベル理論（construal level theory：阿部 2009; Trope, Liberman, and Wakslak 2007）における解釈レベル（高次レベル vs. 低次レベル）が適合する場合に、処理流暢性が高まることを示唆している。

彼らが行った実験の結果、促進焦点の人は外部情報を抽象的（高次レベル）に解釈しがちであるため、広告メッセージが抽象的である場合に、制御焦点とメッセージの解釈レベルが適合する。その結果、処理流暢性が高まり、ブランドへの好ましい態度が形成された。一方、予防焦点の人は、外部情報を具体的（低次レベル）に解釈しがちであるため、具体的なメッセージの方が処理流暢性が高まり、ブランドに対する態度が好ましくなったのである。

2-5. 運動流暢性 (motor fluency)

運動流暢性とは、身体的体験の行いやすさに基づく流暢性を示す（Ping, Dhillon, and Beilock 2009）。たとえば、引き出しを押して閉める動作は、手前に引き出して開ける動作よりも簡単に（流暢に）感じられる（Glenberg andKaschak 2002）。このような運動に関連する身体的な流暢性も、関連対象物に対する評価に影響を及ぼす。たとえば、店頭に並ぶ洗剤のボトルを思い浮かべて見て欲しい。商品のラベルを正面に置くと、その取っ手は右側についているはずだ。これは、消費者の大半が右利きであるため、右側に取っ手がある方が手に取りやすく扱いやすいと感じるからである（Eelen et al. 2013）。Eelen らの研究では、消費者の利き腕と商品の持ち手部分の向き（右か左か）に着目した結果、商品の向きによる運動流暢性が高い場合に、低い場合と比べて商品に対する評

価が高くなることを確認している。

　同様に，Elder and Krishna（2012）は，マグカップの取っ手の向きや，ケーキに添えるフォークの位置（右側か左側か）を対象とした実験を行い，運動流暢性が高い刺激（情報）を提示した場合に，流暢性が低い刺激に比して購買意向が高いことを確認している。Elder and Krishna（2012）では，前述の現象が起こる理由について運動流暢性という概念ではなく，心的シミュレーションの容易さ（使用場面の想像しやすさ）によって説明しているが，運動流暢性という側面からの説明も可能だと考えられる。

　以上，処理流暢性について，5つの種類に大別して概要を述べた。第3節では，訴求する感覚ごとに，感覚訴求がどのような処理流暢性をもたらすのか，そしてその結果，消費者の商品に対する評価や判断にどのような影響をもたらすのかについて整理を行う（図6-1）。

3. ……感覚訴求における処理流暢性が消費者反応に及ぼす影響

　ここでは，店頭演出において最も盛んに活用されている視覚情報の訴求を中心に，先行研究の整理を行う。視覚情報とは，事物の色や形状，大きさ，配置などを指す。商品のパッケージ・デザインや形状，広告や店頭の陳列棚における商品の配置といった情報が視覚情報に該当する。

　視覚情報に関する知覚流暢性の議論において，近年最も注目を集めているのが，消費者の「目の機能的特徴」による影響である。人は，左右に離れて配置された2つの目から入手した刺激を統合して，外部からの視覚情報を捉えている。そのため，与えられた情報（例：広告画像）の周辺部分よりも中央部分に注目する傾向がある。このような現象は，中心固視効果（central fixation effect：Tatler 2007）と呼ばれる。このバイアスに着目して，商品の顔の向きと広告評価との関係を明らかにしたのが Leonhardt et al.（2015）である。複数の実験を行った結果，商品の顔に相当する部分（例：パソコンのスクリーン画面）が広告スペースの内側（中央部分）を向いている場合，外側を向いている場合に比べて，商品の顔という重要な情報を知覚しやすく，その結果，広告が

魅力的だと評価されることが確認された。

　また，オンライン・ショッピング・サイトでの商品画像の配置においても，目の動きによる処理流暢性は消費者の商品選好に影響を及ぼすことが明らかになっている。Shen and Rao（2016）は，タッチデバイスを利用するときに，指で画面をスワイプする動きに着目した。彼らの研究では，人が自分の手を動かすときその手の動きに合わせて目を動かしやすいという習性から，画面を指でスワイプした先の方向にある商品を選好しやすいことを確認した。実験では，実験参加者が画面をスワイプしてページをめくると，2種類の商品が左右に配置されている画像が提示された。そして，画面を左にスワイプしてページをめくった場合には，左側に配置された商品の選好が高くなり，逆に画面を右にスワイプした場合には，右に置かれた商品の選好が高くなった。

　さらに，Deng and Kahn（2009）によると，商品パッケージに記載される商品画像の「位置効果」（location effect）によって，知覚流暢性に影響を及ぼすことが明らかにされている。彼女らの研究では，「見た目から感じる重さ」（visual heaviness）の知覚は物の位置によって異なるという「位置効果」に焦点を当て，それが商品の選好に及ぼす影響を明らかにしている。実験の結果，商品画像がパッケージの下部，右部，および右下部に配置されていると，その商品をより重いと感じることが確認された。一方で，商品画像がパッケージの上部，左部または左上部に配置されていると，その商品がより軽く感じられる。さらに，スナック菓子のように重いことが好ましい商品の場合，重たいと知覚される位置に商品画像が配置されているパッケージの方が，そうでないものに比べて評価が高くなることが明らかになった。一方で，子供用のおもちゃのように軽さが好ましい商品の場合は，軽さを感じる位置に商品画像を配置したパッケージの評価が高い結果となった。

　さらに，オンライン・ショッピング・サイト内に配置される製品画像の位置と，その位置から連想される社会的ステイタスのレベルとの一致効果が概念流暢性を高め，その結果，購買意向に影響を及ぼすことが確認されている（Chan and Northey 2021）。Chan and Northey（2021）では3つの実験を通じて，上位という位置づけが上流階級と連想づけられることから，消費者は空間の上位にある物をハイステイタスなものであると受け止めることが示された。そし

て，ウェブサイト内の上位に高級製品を表示させると，ハイステイタスな位置に高級製品があるという位置の一致効果が生じて，処理流暢性が高まり，その結果，購買意向が高まることが明らかにされたのである。

　また，感覚訴求に関する流暢性の議論の中で近年活性化しているのが，適合流暢性を取り扱ったものである。たとえば，時間的変化を視覚的（空間的）に表現する際に，人は過去を左に，未来を右に捉えやすい（Christman and Pinger 1997）。Chae and Hoegg（2013）は，時間的変化と関係の深い商品の評価において，「過去＝左」，「未来＝右」とする対応関係が，処理流暢性を促進することを明らかにしている。Chae and Hoegg（2013）の実験1では，体形を改善するためのフィットネス・プログラムの広告を取り上げている。体形改善前の写真を左に，フィットネス・プログラム実施後の体形が改善した写真を右に配置した場合，その逆の配置の場合と比較して，写真と時間軸が適合するために，商品に対する選好態度が高まることを確認した。この現象は，時間的変化を横展開に視覚化したときの過去および未来の捉え方と，広告画像の横配置とが適合することによって起きていると説明することが可能である。

　さらに，感覚マーケティングの文脈において処理流暢性を検討する際，多感覚経験における感覚刺激同士の適合による影響も多く見られる（第1章）。たとえば，Sunaga et al.（2016）は，商品パッケージの色という視覚情報と，その商品が商品棚に置かれる位置から推測される商品の重さという触覚情報とが適合すると知覚流暢性が高まり，その結果，（適合しない場合と比べて）支払意思額が増加することを確認している。Walker（2012）は，人は明度が高い色（白に近い色）を軽いと知覚し，一方で明度が低い色（黒に近い色）は重いと知覚する傾向にあることを確認している。また，視覚の上方に位置する物体は下方に位置する物体と比べて軽いと知覚される（Deng and Kahn 2009）。このような視覚情報と触覚情報の適合（対応）によって知覚流暢性が高まることを，Sunaga et al.（2016）は一連の実験結果より明らかにしたのである（実験の詳細を日本語文献で把握したい場合は，須永（2018）を参照）。さらに，Sunaga（2018）は，聴覚的訴求が商品特性としての視覚情報の解釈レベルと一致する場合，処理流暢性が高まって消費者から好ましい反応を得られることを示唆している。BGMの周波数の高さ（低さ）が距離の近さ（遠さ）の知覚に影響を及

ぼすことに着目し，BGMの高さと商品が表象する抽象性が適合すると，処理が流暢になって好ましい反応を得られることを確認した。低周波数のBGMを聴くと（高周波数のBGMを聴く場合と比べて），表象する抽象性が高い印象派の絵画がプリントされたポストカードを多く選好したのである。

　多感覚経験における影響メカニズムについて，処理流暢性による説明を試みた研究はまだ多くはない。しかしながら，多感覚の影響に関する既存研究が明らかにしてきたさまざまな知見について，処理流暢性を用いて説明し得る可能性は小さくないと考えられる。

4. ……処理非流暢性によるポジティブな消費者反応

　本章ではこれまで，処理流暢性がもたらすポジティブな消費者反応を取り上げてきた。しかし一方で，流暢性が低い（disfluency）方が望ましい反応を消費者から得られる可能性も指摘されている（たとえば，Thompson and Ince 2013）。Pocheptsova, Labroo, and Dhar（2010）は，高級チーズのような特別な機会に購入する商品においては，処理非流暢性が商品評価を向上させることを指摘している。非流暢性によって，対象の商品を独特で馴染みがない珍しいものだと感じるために，商品をより魅力的だと評価するのである。一方で，日常商品においては，非流暢性は商品の馴染みやすさを下げるために評価が低下することを明らかにしている。

　流暢性が低い方が消費者から望ましい反応を得られそうな商品特性は他に，どのようなものが考えられるであろうか。Alter et al.（2007）は，実験参加者に課題テストを与えたとき，読みにくいフォントで問題文を作成すると，より慎重に考えるために正答率が上がることを確認している。この知見から検討すると，たとえば自動車，不動産といった高額商品や長期契約となる保険商品や通信契約などの場合，少々読みにくいサイズやフォントの文字をあえて契約書に使用し，契約前に慎重に検討させる工夫が効果的となることもあり得ると考えられる。また，Mead and Hardesty（2018）は，店頭での価格表記のフォントが読みづらい場合には，処理流暢性が低いためにより多くの認知資源が費や

されるため，価格についてのアンカリング効果が強まりより深く記憶に残る可能性を示唆している。

　処理非流暢性がもたらすポジティブな影響は，視覚情報だけでなく他の感覚訴求においても発生し得る。たとえば，Mehta, Zhu, and Cheema（2012）は，BGM にノイズが入っていると，処理の困難さが増して消費者に高次の解釈レベルを引き起こすため，抽象的な情報処理が促進されるために，創造性が高まると指摘する。そのため，ノイズの程度が低い場合と比べて，ノイズが中程度の BGM を聴くと，革新性が高い製品への購入意向が高まることを確認している。処理非流暢性に焦点を当てれば，さらなる効果的な感覚マーケティング施策を展開できるかもしれない。

5. ……今後の課題と実務への応用可能性

　本章では，感覚マーケティング理論のメカニズムを説明する要因として，処理流暢性という概念に関する既存の研究を，店頭での施策展開を主に想定して整理してきた。ここでは，学術上の今後の課題と実務への応用可能性について述べる。

5-1. 学術上の課題

　第4節で指摘したように，処理流暢性に関する議論は処理の容易さがもたらすポジティブな影響を中心に発展してきたものの，処理の困難さ（非流暢性）がポジティブな影響をもたらす知見もある。そこで，非流暢性が及ぼす影響のさらなる検討と，流暢性に関する包括的な議論が必要であろう。この点において，Landwehr and Eckmann（2020）は，5つの調査結果より，処理の流暢さは評価判断をポジティブな方向に転換させるという快楽的流暢性モデル（hedonic fluency model）と，処理の流暢さがポジティブとネガティブの両方の方向に対して，既存の判断傾向を強める可能性があるという流暢性の増幅モデル（fluency amplification model）との双方のメカニズムが同時に機能する可能性を指摘している。処理流暢性の性質は一次元的なものではない可能性があり，

処理流暢性に対する多層的な理解の見直しが求められている。

　さらに，処理流暢性の測定方法について，慎重に吟味しなくてはならない。流暢性とは認知プロセスそのものではなく，どれほどプロセスを効率的あるいは容易だと感じられるかという主観的な経験である（Alter and Oppenheimer 2009）。流暢性の測定としては，実験参加者に直接質問を行って測定する他に，課題処理の容易さを測定するためなどに反応時間を測定する方法もある。しかし，近年の研究では，反応時間と主観的な流暢性の測定結果との相関は決して高くないことが指摘されている（Graf et al. 2017）。彼らの研究では，4種類の流暢性について，それぞれ主観的なアンケート調査と呈示された刺激（例：広告画像）に対する反応時間の測定を行い，相関関係を調べた。その結果，低次の認知プロセスにおいては主観的な流暢性と反応時間は必ずしも相関しないことが指摘されている。

　また，処理流暢性に影響を及ぼす要因として，IT技術の発達による新しい消費環境との関係をさらに検討しなくてはならない。Shen and Rao（2016）が取り上げたタッチデバイスのスワイプ動作による影響など，既存の研究で明らかになっている現象の説明が新しい消費環境においてどのように適用しうるのか，また新たな現象を確認できるのか，さらなる検討が必要であろう。

5-2. 実務上の留意点と可能性

　処理流暢性に関する議論の骨格を成す命題は，情報処理の容易さはポジティブな判断をもたらす，ということである。この命題を念頭において店頭施策を検討すると，POP広告のフォントや内容の見やすさと分かりやすさ，売場のレイアウトや陳列の分かりやすさなど，消費者の情報処理の容易さに関連する施策が数多くあることがわかる。もちろん，これらのわかりやすさを追求することは，処理流暢性という概念を持ちだすまでもなく，実務の中で以前から実行されているはずである。しかし，実際の小売店頭を観察すると，消費者にとって情報処理が容易ではないと思われる売場も散見される。たとえば，プロモーションの売場で複数の関連商品が陳列されることは一般的に行われているが，それらの商品間にどのような関連性があるのかが，消費者から見て把握しづらいケースも多い。この場合，その売場に接した消費者にとっての商品構成

の意味のわかりづらさが，売場に対するネガティブな評価に繋がっている可能性がある。

　複数の要素の適合または一致による適合流暢性も，店頭施策を考えるうえでの重要なポイントになると考えられる。たとえば，前述した位置効果と関連するが，人は大きく重いものは下に，小さく軽いものは上に置かれている配置を自然に感じる。左右の関係で見ると，大きく重いものが右に，小さく軽いものは左に置かれているケースを自然に感じる。したがって，売場における商品陳列が前述の配置に合致している場合には適合流暢性が向上し，売場評価が高くなると考えられる。また，前述した時間推移と左右の配置との適合性を考慮すると，既存製品を左，新製品を右に配置することが，適合流暢性の向上に寄与すると考えられる。この他にも，適合流暢性の向上に繋がるような商品配置や売場レイアウト上の工夫の余地は多くあると思われる。

　情報処理の容易さの観点から店舗施策を検討する際に，運動流暢性の向上を図ることも重要なポイントとなる。たとえば，右利きの消費者にとっては右手で物を持つことが自然であるため，右手で使用することをイメージしやすいような商品ディスプレイ，POP広告における写真やイラストは，運動流暢性の向上に繋がると考えられる。前述したマグカップの取っ手の向きや，ケーキに添えるフォークの位置の他にも，商品を使用したり消費したりする際の身体動作をイメージしやすくする売場演出の工夫の余地は多くあると考えられる。

　最後に，第4節で述べた，処理非流暢性がもたらすポジティブな効果についても考慮する必要がある。前述したように，処理がしにくい情報は認知的努力が必要となるため，記憶に残りやすいことが指摘されている。たとえば，消費者が特売商品の価格を記憶してそれが参照点を形成すると，通常価格にもどったときのマイナスの影響が大きいことが知られているが，このような場合には，特売価格ではなく通常価格を記憶してもらう方が，売り手にとっては望ましい。したがって，特売商品の通常価格をあえてわかりにくいフォントで記すなどによって，記憶への定着を図るというような工夫も考えられる。

　近年，学術と実務の双方の領域で感覚マーケティグの重要性と有効性に関する認識が高まってきている。本章で焦点を当てた処理流暢性は，感覚マーケティングが消費者の判断や行動に及ぼす効果のメカニズムを説明するための，

有力な理論的基盤の１つとなってきている。また，処理流暢性は，実務家にとってもわかりやすく，納得しやすい概念だと思われ，実務上の応用可能性も大きいと考えられる。今後，この領域での研究蓄積が進むとともに，その蓄積を基盤とした実務での応用が進展することを期待したい。

6. ……第５章および第６章の整理と導き出される研究課題

　第５章では，Krishna（2012）が検討課題として挙げている感覚適合の理論的背景として扱われている身体化認知理論について先行研究のレビューを行った。さらに身体化認知の拡張適用として，感覚知覚に根ざした認知に理論的根拠を持つ先行研究の整理も行った。その結果，製品またはその周辺環境に関する感覚情報を処理して行われる身体化認知から連想して活性化された概念が，製品の評価に影響を及ぼすことが確認された。しかしながら，身体化認知には，感覚情報から直接的に受ける身体感覚だけでなく，たとえば視覚刺激である色から身体感覚に関する概念が活性化され，それによって製品評価に影響を及ぼす可能性も考えられる。しかし，先行研究ではこの点は明らかになっていない。そこで，第８章では，視覚刺激の知覚が身体感覚としての概念の連想を伴う結果，視覚とは異なる感覚である触覚の知覚にどのような影響を及ぼすのかを検討する。具体的には，製品の周辺色が「温かい」や「柔らかい」という身体感覚を連想させる色である場合に，その製品に対する触覚評価そして購買意向に影響を及ぼしうるのかについて検討を行う。

　また，第５章での身体化認知理論およびその拡張適用される理論に関するレビューから整理されたこととして，物理的な身体感覚そのものだけでなく，感覚刺激から連想する概念の活性化が，消費者の感情や思考および判断に影響を及ぼしうることが明らかになった。特に，マーケティングおよび消費者行動の文脈においては，連想される概念同士の適合または一致が消費者から企業にとって好ましい反応を引き出しうることがわかった。そして，続く第６章では，刺激やそこから連想される概念同士の適合または一致がもたらす影響を生み出すメカニズムを説明する一要因としての「処理流暢性」について先行研究のレ

ビューを行った。5種類の流暢性についてマーケティングおよび消費者行動の領域において何が明らかになっているのか概観を整理した。その結果，運動流暢性に関しては比較的新しいテーマであり，心的シミュレーションを含めて消費者が商品を使用する動作における運動流暢性が消費者反応に及ぼす影響については明らかになっているものの，身体は静止している状態で目の動きが生じる場合の運動流暢性が商品に対する消費者反応にどのような影響を及ぼすかについては明らかになっていないことが示された。しかしながら，消費者は日頃，椅子に座っている状態で雑誌広告を見たり，電車内で立っている状態で車内広告を見たりと，身体は静止している状態で目を動かして広告の情報を捉える場面が少なくない。このように身体の動きではなく，目を動かすときの視線運動の流暢性が商品に対する消費者反応にどのような影響を及ぼすかを明らかにする必要がある。また，第6章における先行研究のレビューの結果，処理流暢性の測定方法に課題があることがわかった。アンケート回答といった主観的な流暢性の測定だけでは，正確に把握しきれていない可能性が示された。そこで，第7章では，商品の静止画像のデザインが目の動きの流暢性を高める場合に，消費者の運動流暢性および商品に対する反応がどのような影響を受けるのかを実証する。さらに，流暢性を測定する方法の改善として，主観的評価だけでなく反応時間という客観的評価を組み合わせた測定方法の有効性を検証する。

（1）　本研究は科学研究費基盤B（16H03675）による成果の一部である。
（2）　制御焦点理論とは，人の目標達成行動を説明するための理論であり，促進焦点と予防焦点という2種類の自己制御システムが想定される。促進焦点（promotion focus）のシステムは利得に焦点化した自己制御をつかさどっており，予防焦点（prevention focus）のシステムは損失に焦点化した自己制御をつかさどっているとされる。促進焦点のシステムは，ポジティブな結果を得ることを重視し，予防焦点のシステムは，ネガティブな結果を回避することを重視する。どちらの焦点システムが優勢に働くかは，人の性格や状況によって異なるとされる。

第 7 章

パッケージから伸びる影が
製品評価に及ぼす影響[1]

概要

　第6章で行った処理流暢性に関する議論から，運動の流暢性については腕や手の動きを検証した研究が多いが，目の動きに注目した研究は少ないことが示された。しかし，製品を理解しようとするとき消費者は製品のパッケージに記載されている製品名を読む。このとき，文字の並びを追うために目の動きが生じる。このときの運動の流暢性は消費者の製品評価にどのような影響を及ぼしうるであろうか。第7章では，製品のパッケージに記載されている製品名を読む方向と，そのパッケージに付随する影の伸びる方向とが一致する効果を明らかにする。

1. ……はじめに

　消費者が製品の写真や画像を見るとき，その製品を理解しようとしてパッケージに記載されている製品名を読もうとしたり，製品画像の全体を眺めようとしたりするだろう。そのときに運動が発生するのは，**消費者の目**である。目を動かして製品の情報をキャッチしようとするとき，運動流暢性が高くなるように製品情報を提示すると，どのような反応を得られるだろうか？

　第6章で紹介した運動流暢性（身体的体験の行いやすさに基づく流暢性：motor fluency; Ping et al. 2009）は，物事に対する良い・悪いといった判断に影響を及ぼすことが示唆されている。Casasanto and Chrysikou（2011）によると，利き腕側にある空間に対して，人は「良い」や「正直」といった肯定的な考えを連想づけやすい。これは，利き腕の方がそうでない腕よりも，より活動的に動かせるという運動流暢性の高さのせいによって，運動流暢性を高く感じられる側の空間に対して肯定的な考えを連想づけやすいためである。また，実験室実験の結果，利き腕側に配置されたオブジェクトは反対側に配置されたオブジェクトよりも，良く正しいものだと判断されることが示された。そして，個人が望ましい（望ましくない）と思う製品を，自分の利き腕側（利き腕と反対側）に連想づけやすいことも示唆されたのである。さらに，Casasanto and Chrysikou（2011）の知見を消費者行動の文脈において検討したのが，Romero and Biswas（2016）である。Romero and Biswas（2016）は，食品の選択場面における食品の配置効果を示した。消費者は，不健康な食品をより望ましく魅力的なものであると見なす傾向があり，そのために，不健康な食品を自分の利き腕側に連想づけやすい。そのため，不健康な食品が利き腕側に配置され，一方で健康的な食品がその反対側に配置されているときには，連想する配置との一致効果によって，それぞれの食品に対する処理流暢性が高まることが示された。そしてその結果，食品の選択や消費量にも影響を及ぼすことが示唆された。Romero and Biswas（2016）は，メニューや陳列棚において食品の配置を工夫することで，消費者により健康的な食品を選ばせるナッジ効果を期待できると示唆している。

処理流暢性は，視線の動かしやすさや動く方向にも影響を受ける。詳細は後述するが，視線の動く方向と製品の向きとが合致した場合に処理流暢性が向上し製品評価が高くなることを指摘した研究（Shen and Rao 2016）や，眼球運動が垂直方向よりも水平方向に行われやすいという特徴に合わせた製品陳列が処理流暢性を高め，その結果，品揃えの評価や選択の満足度などが向上することを報告した研究（Deng et al. 2016）などが存在する。

消費者が製品情報に接触するときには，製品のフォルムなどを視覚的に把握しようとするだけではなく，製品パッケージに書かれた製品名など文字情報も取得する。文字情報を読む際に，視線は文字が記述されている方向（横書きならば左から右）に動くことになる。製品画像と関連する要素には，文字情報以外にも，消費者に方向を示しうるものがある。それは，製品から伸びる影（cast shadow）である。Sharma（2016）は，広告などに呈示される製品の画像に影がついている場合，製品をより本物らしく感じさせられると影の重要性を主張している。しかしながら，Sharma（2016）は製品に付随する影が，製品評価に影響を及ぼすことを示唆しているものの，影が伸びる方向は考慮していない。Sharma（2016）は，影がある場合とない場合とを比較しているだけである。この点，影を製品に付随させる場合，どの方向につけるかには議論の余地がある。そして，前述の Deng et al.（2016）等の先行研究を鑑みると，製品から伸びる影は，製品の本物らしさの認識に影響を与えるだけではなく，製品名を読むときに発生する目の動きの方向と製品から伸びる影の方向が一致する場合，影の伸びる方向によって，製品名の文字を追って読む行為を（方向が一致しない場合と比べて）容易に感じられる効果があると想定される。消費者は製品画像から伸びる影の方向から，光源位置を想定しうる。光源位置が視線や注意を誘導することが想定されるため，製品画像を見て理解しようとするときに最初に処理すべき製品名の一文字目が光源位置に最も近い場合，処理流暢性が高まると推測されるからである。

このように，製品画像に付随する要素の中で製品名などの文字情報と製品から伸びる影は，消費者の目の動きを生じさせ，これら 2 つの要素によって生じる視線の方向が合致する場合に処理流暢性が向上し，製品評価が高まるのではないかと考えられる。また，本研究では，前述の考えに基づき，製品パッケー

ジ上に記された製品名の文字方向とパッケージの影の方向の双方に着目し，両者の一致が処理流暢性を高め，製品に対する選好を向上させると想定し，検証を行う。

　さらに，検証手法について次の点に留意する。いくつかの既存研究では，処理流暢性の測定手法として主観評価を直接問う方法の他に，対象を見てからなんらかのアクションを起こすまでの反応時間を用いる（cf. Reber, Wurtz, and Zimmermann 2004; Sunaga et al. 2016）などによって，客観的指標と組み合わせた検証を行っている。本研究では，主観評価による流暢性，反応時間，識別率など，既存研究において処理流暢性の測定に用いられてきた複数の方法を用いる。反応時間について，Graf et al.（2017）は，刺激に対する処理流暢性の主観評価と，対象を見てから何らかのアクションを起こすまでの反応時間との相関が低いことを報告している。この研究の Study 1a〜1d では実験参加者が従事する課題が異なっているため，反応時間に反映される情報処理プロセスもそれぞれ異なっていると考えられる。さらに，Study 1d では，反応時間として記録された時間は，「think about it for as long as they wanted」と記述されているため，反応時間というよりも思考時間のようなものであると考えられ，さまざまな要因が時間の長さに影響を及ぼしていると推測される。すなわち，彼らの指摘（反応時間との間に高い相関関係を見出せない）には，測定精度の問題があり得ると推測される。以上の検討を踏まえて，本研究では処理流暢性を測定するための客観的尺度の1つとして，いくつかの既存研究で用いられてきた反応時間を採用することとし，この他の客観的尺度として，製品名など文字情報の識別率を組み合わせて検証する。

2. ……理論的背景

2-1. 処理流暢性と製品選好

　前述のとおり，目の動きに合致するように提示されている情報に対する処理流暢性は高くなり，提示されているものに対してポジティブな反応を得やすい

傾向がある。Shen and Rao（2016）は，製品そのものが方向を有しているスニーカーとボールペンを対象として次のような実験を行った。まず，スクリーン上でボールを右から左（または左から右）へと動かすことで実験参加者の視線を誘導する。その直後に製品画像を呈示してその評価を回答してもらう。このとき，視線の動きの方向と製品の向き（スニーカーのつま先やボールペンのペン先が指す方向）とが一致する場合，不一致の場合に比して製品評価が高くなった。その理由として彼らは，視線の動きと製品の向きとの方向の一致が処理流暢性をもたらすためだと説明している。

　また，Deng et al.（2016）は，人の視野が横に広いことに着目し，製品の陳列が横に展開されている横陳列の場合に，縦陳列に比して消費者が製品の種類の豊富さを知覚しやすくなることを店舗実験等，調査を重ねて確認している。さらに，Ariga（2018）は，実験参加者に横書きの文章を読ませたのちに製品陳列を見せると，横陳列の方が縦陳列に比して品揃えの豊富さを知覚しやすく，縦書きの文章を読ませた場合には，縦陳列の方が品揃えの豊富さを知覚しやすいことを明らかにした。

　これらの研究では，視線の動きの方向と，製品の向きや陳列の展開方向が一致するときに，処理流暢性が向上し，製品や品揃えの評価が高くなることを検証している。しかしながら，前述の研究では，製品画像と文字情報を同時に提示する場合は検討していない。消費者が製品の情報を取得しようとするとき，製品パッケージに記載された製品名を読むことが少なくない。このとき，消費者の視線は製品名が記述された方向に動くことになる。

　また，デジタル・マーケティングの重要性が高まっている近年，製品の魅力をデジタル画像によって訴求する機会が増えている。第1節で述べたように，二次元の製品画像に影をつけて本物らしさを訴求することは一般的に行われている。このとき，製品から伸びる影は方向を有しており，その方向が視線の動きを誘導する効果を持つと考えられる。

　そこで本研究では，製品パッケージに記載される製品名が記述される方向と製品の影が伸びる方向との一致に焦点を当てる。影が伸びる方向と製品名が記述される方向が一致するとき，光源位置に最も近い箇所に製品名の一文字目が位置するため，目の動きが自然でスムースとなり，そのことが処理流暢性を高

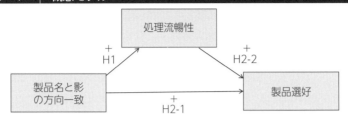

図7-1 | 概念モデル

めると想定する。さらに，その結果として，製品の選好が高まることが期待される。

以上より，次の2つの仮説を設定する。

仮説1 ：製品名の文字が記述される方向と，製品の影が伸びる方向が一致する場合，不一致の場合と比べて，製品に対する処理流暢性が高まる。

仮説2-1：製品名の文字が記述される方向と，製品の影が伸びる方向が一致する場合，不一致の場合と比べて，製品選好が高まる。

仮説2-2：仮説2-1の一致条件が製品選好を高める効果は，処理流暢性が媒介することによって生じる。

以上の仮説をまとめた概念モデルを，**図7-1**に示す。

2-2. 処理流暢性を測定する手法

処理流暢性を測定する手法として，先行研究では主観的評価をアンケート形式でとるものが多い（たとえば，Novemsky, Dhar, Schwarz, and Simonson 2007; Lee et al. 2010）。しかし，近年では主観的評価を答えさせるアンケート手法だけでなく，提示された情報に対する反応時間を測定することで，主観的評価と客観的に測定可能な行動との両面から検討するようになり始めている。たとえば，Sunaga et al.（2016）は，製品パッケージの色とその製品が製品棚に置かれた位置から推測される製品の重さとが適合すると知覚流暢性が高まることを

確認しているが，主観的アンケートの結果と反応時間とを総合的に判断することで，処理流暢性を検証している。

しかしながら前述のように，反応時間を流暢性の指標として見なすには，測定精度の問題があり得ると推測される。

一方で，フォントの知覚流暢性を測定するときなどに用いられる行動的尺度として識別率がある。しかし，識別に成功したか否かを測定するため，たとえば時間を掛けさえすれば識別に成功できうる刺激の場合，時間に制約を設けなければ識別率が100%に近づいてしまい，処理流暢性の測定尺度として妥当性を欠く恐れがある。そこで本研究では，このことを回避するための後述のような工夫を行ったうえで識別率を実験2で用いる。さらに，既存研究で多く用いられてきた反応時間を実験1で利用するとともに，一般的に用いられる主観的評価も実験1,2で取得する。このように本研究では，処理流暢性を多面的に捕捉することによって頑健な測定を企図する。

本研究では前述した2つの仮説の検証を3つの実験によって行う。実験1では，製品から伸びる影の方向が異なる複数の製品画像を実験参加者に見せて，処理流暢性および製品選好を確認する。実験2では，刺激を提示する条件を変えて，処理流暢性および製品選好を再び確認する。実験1と異なり，刺激の製品画像を画面上に流れるように提示することと提示時間を統制する工夫を行い，製品名の識別率という客観的尺度によって処理流暢性を測定する。最後に実験3では，実験1と2で確認される効果が，製品パッケージ上に記された文字の方向と影の方向との一致がもたらすものであり，他の代替的効果によるものではないことを確認する。

3. ……実験1：影と製品名の方向一致が処理流暢性と製品選好に及ぼす影響

実験用に菓子製品のパッケージ画像を作製し，パッケージに記載されている製品名の記述方向と，パッケージに付随する影の方向との一致の有無が処理流暢性および製品選好に及ぼす影響を確認する。菓子製品のパッケージには，製

品名を記述する際に改行して複数の行にわたって記述するデザインが実務上多く見られる。そこで，本実験用のパッケージには1行目に"Chocolate Brownie"，2行目に"Ineya"と記述する。このように製品名がパッケージに付随している場合，消費者は製品を見て理解しようと製品名に目がいく。パッケージの右下方向に影が伸びていれば，左上の方向すなわち製品名の一文字目に近い位置に光源があると想定され，目の誘導や注意がなされやすいと想定される。したがって，パッケージの右下に影が伸びている（すなわち文字を読む方向と一致している）条件が最も処理流暢性が高まると想定して，検証を行う。

3-1. デザイン

　パッケージに付随する影の位置を5条件（文字の方向と一致する条件：右下，不一致条件：右上，左上，左下，統制条件：影なし）設定し被験者間要因計画としてデザインする（画像は付録掲載の5種類，サイズは2,880×1,620ピクセル，各実験参加者の試行数は1）。実験参加者は，前述の各条件に無作為に割り当てられた。実施時期は2019年1月であり，実験参加者は，大学生247名（男女比＝43.00％：57.00％，平均年齢20.20歳）であり，学内の実験参加者を募集するインターネット上の掲示板で参加者を募った。言語力の違いによる影響を最小限に抑えるため，実験参加者は日本語を母語とするものだけとされた。実験参加者は，スターバックスカード500円相当分を謝礼として受け取った。

3-2. 手順

　実験参加者は，パソコンディスプレイが設置された机の前の椅子に座って提示画像を見る。ディスプレイのサイズは23.8インチで，ディスプレイから実験参加者の位置までは，50cmである。実験者は実験手順を口頭で説明した後に，注視点および製品画像を見るよう教示した。実験参加者は，「呈示される製品がどのようなものであるかを理解したと思ったら，スペースキーを押下」するように指示を受けた。ディスプレイ上に製品画像を呈示すると，実験参加者は，あらかじめ指示を受けていたとおり，提示された製品がどのようなものであるかを理解したと判断するタイミングで，スペースキーを押下する。画像の出現からスペースキーが押下されるまでの時間を反応時間として記録した。

したがって，実験1における反応時間は，実験刺激を呈示されてから，実験参加者が呈示された製品を理解したと主観的に判断するまでに掛かった時間が反映されている。画像の提示および反応時間を測定するプログラムは，PsychoPy（Peirce 2007; 2009）を使用して作成した。

　続いて，実験参加者は質問用紙に対する回答で，処理流暢性に関する5つの質問項目（「製品のわかりやすさ」，「製品の理解しやすさ」，「製品把握の流暢さ」，「製品把握に要した努力」，「製品把握の難しさ」：$\alpha = 0.95$，Graf et al. 2017を参考に作成）および製品の選好に関する3つの質問項目（「良さ」，「魅力」，「好ましさ」；$\alpha = 0.92$, hae and Hoegg 2013を参考に作成）に7件法で回答した。続いて，属性に関する質問に答えた。なお，実験参加者自身の利き目や利き腕が影響を及ぼしているかを検証するため，利き目（石井・西山 2002, p.160）および利き腕（Chae and Hoegg 2013）についても回答してもらった。

3-3. 結果

　利き目および利き腕そして性別は，処理流暢性および製品の選好いずれにおいても有意な主効果・交互作用が見られなかった。したがって，これらの影響については以降議論から省く。

　処理流暢性について，右下の影条件を文字と影の方向との「一致条件」，影が右上・左上・左下の3条件を合わせて「不一致条件」として[2]，Dunnettのt検定を行った[3]。その結果，一致条件（$M = 5.58, SD = 1.33$）と不一致条件（$M = 4.95, SD = 1.49$）の間に，5%水準で有意差が見られた（$t (244) = -2.63, p = .02$, Cohen's $d = 0.43$）。一致条件と影なし条件（$M = 5.17, SD = 1.56$）とには，有意差が見られなかった（$t (244) = -1.41, p = .26$）（図7-2参照）。

　次に反応時間を比較した結果を図7-3に示す。Leveneの検定結果より，一致条件と不一致条件の間に等分散を仮定できなかったため（$p = .01$），不等分散を考慮したDunnettのt検定を行った。その結果，一致条件（$M = 3.96, SD = 1.29$）と不一致条件（$M = 4.78, SD = 2.91$）の間に5%水準で有意差が確認された（$t (182) = 2.71, p = .02, d = 0.32$）。一方，一致条件と影なし条件（$M = 4.60, SD = 2.05$）とでは有意差が見られなかった（$t (86.3) = 1.89, p =$

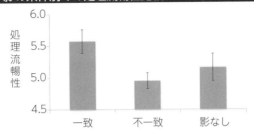

図7-2　影の条件別での処理流暢性比較

※エラーバーは標準誤差を表す

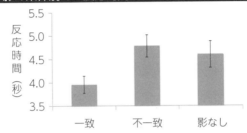

図7-3　影の条件別での反応時間

※エラーバーは標準誤差を表す

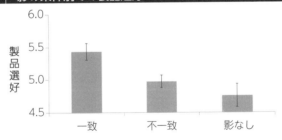

図7-4　影の条件別での製品選好

※エラーバーは標準誤差を表す

.12)。仮説1は支持される結果となった。

　同様に，製品の選好について，Dunnet の t 検定を行った。その結果，一致条件（$M = 5.44, SD = 0.89$）において，不一致条件（$M = 4.98, SD = 1.14; t(244) = -2.56, p = .03, d = 0.42$）および影なし条件（$M = 4.76, SD = 1.27; t$

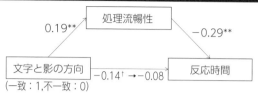

図7-5 反応時間への影響に対する媒介分析

処理流暢性

0.19** −0.29**

文字と影の方向
(一致：1,不一致：0)

−0.14† →−0.08

反応時間

間接効果＝ −0.32, 95% CI[−0.77, −0.09]（0を含まず）

※表示している係数は標準化偏回帰係数
** p＜.01, * p＜.05, † p＜.10

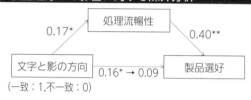

図7-6 製品選好への影響に対する媒介分析

処理流暢性

0.17* 0.40**

文字と影の方向
(一致：1,不一致：0)

0.16* → 0.09

製品選好

間接効果＝ 0.18, 95%CI [0.05, 0.34]（0を含まず）

※表示している係数は標準化偏回帰係数
** p＜.01, * p＜.05, † p＜.10

(244) ＝−3.09, p ＝ .01, d ＝ 0.61）と比較して製品選好が有意に高かった（図
7-4 参照）。したがって，**仮説 2-1** は支持される結果となった。

　以上に加えて，反応時間および製品の選好に対して，製品名を読む方向と製
品画像の影が伸びる方向との一致が及ぼす影響を処理流暢性が媒介するかを確
かめるために，媒介分析を行った（Model 4：Hayes 2013，ノンパラメトリック・
ブートストラップ法，5,000 サンプル生成：Zhao, Lynch, and Chen 2010）。文字と
影の方向が一致する条件を 1，不一致条件を 0 に置き換えた。まず反応時間に
おいて，媒介変数としての処理流暢性を投入する前は文字と影の方向が反応時
間に及ぼす影響は 10％ 水準で有意傾向が見られたが（ β ＝-0.14, p ＝ .06），媒
介変数の投入後は非有意であった（ β ＝-0.08, p ＝ .23）。間接効果の検定結果，
方向の一致が反応時間に及ぼす効果の間接効果は有意であった（間接効果：
-0.05, 95％ 信頼区間：[-0.77, -0.09]（0を含まず））（図 7-5 参照）。

また，方向の一致が製品の選好に及ぼす効果について，処理流暢性を投入する前は有意であったが（$\beta = 0.16, p = .03$），投入後は非有意であった（$\beta = 0.09, p = .17$）。さらに，有意な間接効果が見られた（間接効果：0.18, 95% 信頼区間：[0.05, 0.34]（0 を含まず））。したがって，方向の一致が反応時間，および製品の選好に及ぼす影響は，処理流暢性が媒介することが確認された（図7-6 参照）。

　以上より，製品パッケージに記載されている文字情報を読む方向とパッケージに付随する影の伸びる方向が一致する場合，不一致の場合と比べて処理流暢性が高く，それによって製品選好が高まることが確認された。**仮説 2-2** は支持される結果となった。

4. ……実験 2 ：識別率による処理流暢性の測定

　実験 1 では，処理流暢性の客観的指標として反応時間を利用した。しかしながら，前述の Graf et al.（2017）が指摘するように，客観的指標としての反応時間には検討の余地がある。反応時間は製品画像の提示開始から実験参加者自身が製品をよく理解したと判断してキーを押下するまでの時間を測定したが，その時間は情報の処理だけではなく製品に対する評価形成など他の事柄にまで使われている可能性がある。そのため，処理流暢性を測定する指標として，反応時間は誤差の大きなものであるとも考えられる。そこで，実験 2 においては，処理流暢性の客観的指標として文字情報の識別率を用いる。文字情報の識別率を用いる際には，画像の呈示方法と呈示時間の設定が鍵となる。見やすい方法で長い時間画像を呈示した場合には天井効果が発生し，条件間で識別率の差を見出しにくくなる。その逆のケースでは，フロア効果によって条件間での差が見られなくなる。そこで，実験 2 では次のような工夫によってこの問題の回避を試みる。

　まず，製品画像はスクリーンの右からスライドインし左へとスライドアウトする，動画とした。これによって，製品画像がスクリーン上に呈示される時間を実験参加者にとって自然な形で一定にするとともに，製品名の記述方向と影

の方向との一致効果を，より明確に抽出することを狙った。製品画像が右から
左に流れる場合，横書きの製品名が左端の先頭の文字から順に目に入ることに
なる。このため，左から右へという視線の動きが強調され，影の方向が右下に
伸びて場合に，文字と影との方向一致効果がより明確に表れると考えられる。

4-1. デザイン

　実験1の結果を参考に，製品パッケージの右下に伸びる影を，文字の方向と
一致する条件，右下の180度逆である左上に伸びる影を，文字の方向と不一致
な条件と設定した。影の条件2（文字の方向と一致，不一致）×画像が流れる方
向の条件1（右から左）の被験者間要因計画でデザインした（図7-7参照，画像
は2種類，サイズは2,880 × 1,620ピクセル，各実験参加者の試行数1）。実施時期
は，2019年5月である。実験参加者は実験1と同様に，日本語を母語とする
大学生110名（男女比 = 27.00% : 73.00%，平均年齢19.70歳）であり，各条件に
無作為に割り当てられた。実験1と同様に学内の実験参加者を募集するイン
ターネット掲示板で参加者を募った。実験参加者は謝礼として，Quoカード
1,000円相当分を受け取った。

4-2. 手順

　ノートパソコンの画面右端から画像が出現し，横移動して画像が画面左へ見
切れるまでの動画を提示した。動画の提示時間は，3.0秒に設定された[4]。
　実験参加者は，ノートパソコンが置かれた机の前の椅子に座った。実験者は，
以下の教示を口頭で行った。「パソコンのスクリーンで，ある動画を見てもら

図7-7　刺激提示条件のイメージ（実験2）

製品名と影の方向条件

一致　　　　　　　　　　　　　不一致

います。最初に注視点が表示されるので，それを見てください。次に，ある製品の画像が提示されますので，その製品を見てください。動画が終わったら，その製品について質問を行いますので，回答をお願いします。」動画の提示が終わったときに，実験者が「今見た製品の名前をお答えください。」と聞き，実験参加者は口頭で答える。その後，実験参加者は隣に設置された机の前に移動し，ノートパソコンに表示された Web 上のアンケートに回答する。質問項目は，実験1と同様である。

4-3. 結果

製品名の識別率および処理流暢性，製品の選好すべてにおいて，利き目および利き腕さらに性別による統計的有意差は見られなかった。そこで，これらの影響については以降議論から省く。

χ^2検定の結果，文字と影の方向が一致する場合（識別率 = 59.30%），文字と影の方向が不一致の場合（識別率 = 33.90%）に比べて識別率が有意に高かった（$p = .01, \phi = 0.25$）（図7-8 参照）。

続いて，アンケート回答による主観的な処理流暢性について，文字と影の方向が一致する条件（$M = 4.13, SD = 1.56$）と不一致条件（$M = 3.32, SD = 1.46$）とで t 検定を行った結果，統計的有意差が見られた（$p = .01, d = 0.54$）（図7-9 参照）。よって，仮説1は再度支持された。しかしながら製品選好においては，一致条件（$M = 4.99, SD = 0.97$）と不一致条件間（$M = 4.97, SD = 0.91$）で有意差は見られなかった（$p = .94$）（図7-10）。よって，仮説2は支持されな

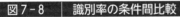

図7-8 | 識別率の条件間比較

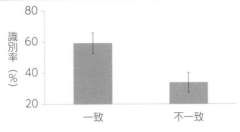

※エラーバーは標準誤差を表す

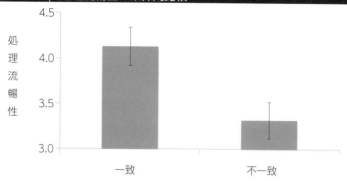

図7-9 　処理流暢性の条件間比較

処理流暢性

※エラーバーは標準誤差を表す

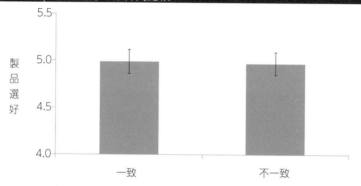

図7-10 　製品選好の条件間比較

製品選好

※エラーバーは標準誤差を表す

図7-11 　識別に対する影響の媒介分析

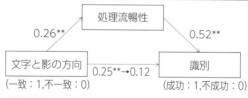

処理流暢性

0.26**　　　　　　　0.52**

文字と影の方向　　0.25**→0.12　　　識別
（一致：1,不一致：0）　　　　　　（成功：1,不成功：0）

間接効果＝ 0.14, 95%CI [0.04, 0.24] （0を含まず）

※表示している係数は標準化偏回帰係数
** p ＜ .01，* p ＜ .05，† p ＜ .10

かった。

　さらに，文字と影の方向の一致が識別率に及ぼす影響を処理流暢性が媒介するのを確認するために，媒介分析を行った（一般化線形モデル，パラメトリック・ブートストラップ法，5,000 サンプル使用）。文字と影との方向の一致を 1，不一致を 0，識別の成功を 1，不成功を 0 と置き換えた。方向の一致が識別に及ぼす効果について，処理流暢性を投入する前は有意であったが（$\beta = 0.25, p = .01$），媒介変数の投入後は非有意であった（$\beta = 0.12, p = .16$）。間接効果の検定結果，方向の一致が識別に及ぼす効果の間接効果は有意であった（間接効果：0.14, 95% 信頼区間：[0.04, 0.24]（0 を含まず））（図 7-11 参照）。

　実験 2 において，製品選好については，影と文字の方向が一致している条件は不一致の条件と比較して統計的有意差が見られなかった。この点については，製品画像の呈示時間が短すぎたためだと推測される。

　実験 2 での呈示時間は，プレテストの結果から 3.0 秒に設定した。これは前述のとおり，実験 2 の主な目的が識別率によって処理流暢性を測定するためである。しかし，実験 1 で実験参加者が自身で製品画像を理解したと判断するまでにかかった反応時間の平均は，約 4.2 秒であった。これと比較すると，3.0 秒の呈示はかなり短く，実験 2 において実験参加者が製品に対する印象形成を行うには呈示時間が短すぎたものと解釈しうる。

5. ……実験 3：代替効果の検証

　実験 1 および 2 の結果から，文字情報と影の方向の一致による効果を確認したが，実験 3 では代替効果の検討を行う。実験 1 および 2 では，左から右へ読む製品名を用い，右下へ伸びる影との一致効果を確認している。

　この点について，人は光源など事物の起点を左に想定しやすいため，右へ伸びる影を自然に捉えるとする指摘がある（Chae and Hoegg 2013）。また，Chae and Hoegg（2013）や Lee et al.（2010）は，刺激（画像の製品）の提示条件が「自然だ」と感じられるかどうかが，処理流暢性および製品評価に影響を及ぼすと指摘している。

以上から，本研究の実験1および2の結果が，右下に伸びる影の条件時に最も処理流暢性が高かったのは，右下に伸びる影の場合には光源が左上にあると感じられ，光源が左側にあることが理由で起きた結果だとする説明も考えられる。

　そこで，前述の代替説明の有効性を検討するために，実験3で追加実験を2つ行う。先行研究に則れば，「自然さ」を感じられることが処理流暢性および製品評価に正の影響を及ぼす。そこで，実験3では「自然さ」を従属変数に設定して，製品画像に対して感じる「自然さ」が，製品に付随する影の伸びる方向の影響を受けているかどうか，検証を行う。

5-1. 実験3-1

　製品パッケージに見立てた箱に4方向（箱の右上，右下，左上，左下）のいずれかの影が付いた製品画像を用いたWebアンケート調査を行った（画像は付録掲載の4種類，オリジナルのサイズは $2,000 \times 1,501$ ピクセル，各実験参加者の試行数1）。実施時期は2019年6月であり，実験参加者は，Yahoo!クラウド・ソーシング・サービスで募集した100名（男女比 = 62.00%：38.00%，平均年齢43.93歳）である。前述の製品画像4つをデバイスのスクリーン上で見て，「どの画像が最も自然に見えますか？」という質問に回答した。

　得られたデータを分析した結果（**表7-1**参照），影の方向による回答割合の統計的有意差は見られなかった（ χ^2 (3) = 2.96, p = .40）。

5-2. 実験3-2

　実験1で使用した製品名が箱の正面に記載されている影付きの画像4つを用いて，実験3-1と同様のアンケート調査を行った。実施時期は2019年6月であり，実験参加者はYahoo!クラウド・ソーシング・サービスで募集した112名（男女比 = 59.00%：41.00%，平均年齢44.00歳）である。

　分析の結果（**表7-2**参照），4種類の画像間において最も自然に見えると感じる画像の割合には統計的有意差が見られ（ χ^2 (3) = 29.64, p <.001），文字の方向と一致する右下に伸びる影が付いた画像が最も割合が高かった（43.75%）。

　以上のように，実験3-1の結果から，右下へ伸びる影が付いた画像が無条件

表7-1	回答割合の条件間比較（文字なし）
影の伸びる方向	選ばれた割合（%）
右上	18.00
右下	25.00
左上	28.00
左下	29.00

表7-2	回答割合の条件間比較（文字あり）
影の伸びる方向	選ばれた割合（%）
右上	8.93
右下	43.75
左上	18.75
左下	28.57

に評価されるわけではないことが確認された。また実験3-2から，文字情報がある画像の場合には，文字を読む方向と影が伸びる方向が一致している画像が最も自然に見えると評価されることが明らかになった。したがって，実験1および2で確認された効果は光源効果によるものではなく，文字と影の方向の一致が処理流暢性を向上し製品選好を高めていることが確認された。

6. ……考察

本研究では，3つの実験を通して，製品パッケージに記載された製品名の記述方向と製品から伸びる影の方向が一致する場合に，そうでない場合と比べて処理流暢性が高まることを確認した。さらに，前述の条件による処理流暢性の向上が製品の選好を高める可能性を見出した。実験1では，処理流暢性という消費者の主観的経験をより頑健に把握するため，従来多く用いられてきた主観的アンケートに加えて，より客観的な指標である反応時間を測定した。実験2では，反応時間が有する限界についての先行研究の指摘を考慮し，別の客観的指標となり得る識別率の測定を実施した。さらに，実験3では実験1および2で確認された結果について代替説明の可能性を検証した。

実験1および2の結果から，**仮説1**は支持された。**仮説2-1**は実験1においては支持されたが，実験2においては支持されなかった。前述のように，実験

2においては実験参加者が製品の情報を十分に把握するためには呈示時間が短すぎたために前述の結果となったと想定される。また，実験 1 および実験 3 の結果から，**仮説 2-2** は支持される結果となった。

　すでに第 2 節で述べたように，視線の方向と製品の向きや品揃えの展開方向の一致がもたらす効果についてはいくつかの既存研究で検証されてきた。一方で，製品名と製品画像の双方による視線の誘導方向の一致効果については，既存研究では焦点が当てられていない。また，オンラインにおける製品画像の提示が急速に増加する中で，製品評価を高めるための画像呈示のあり方を検討することは，実務上の重要課題となっている。したがって，製品名の記述方向と製品から伸びる影の方向の一致効果を明らかにした本研究は，理論的および実務的見地から大きな貢献を果たすものだと考えられる。

　さらに，オンライン・ショッピング・サイトにおける製品画像の提示方法が消費者の処理流暢性および購買意向に及ぼす影響について見ると，その製品画像が配置される空間的位置と製品の高級さとの一致効果が確認されている（Chan and Northey 2021）。高級製品をウェブサイト内の上位に配置すると，「上位＝高い社会的ステイタス」という連想との一致効果から，処理流暢性が高まり，その結果，購買意向が高まることが示されている。しかしながら，近年インターネット検索をする際に消費者が多用するのはスマートフォンのような画面が小さいデジタル機器であり，そのような機器でウェブサイトの情報を見るときには，画面を上下左右にスクロールしながら探索することが少なくない。そのため，製品画像の配置の工夫では，企業の狙いどおりに消費者が知覚するとは限らない。この点，本研究で検討した製品画像の影は，製品画像ごとに取り付けられる工夫であるため，消費者がどのように画面内を探索したとしても製品名と影の一致効果は保たれるであろう。また，本研究で確認された製品画像の影による効果は，高級性など製品特性の制約を受けず，適用できる製品の範囲が広い点も特長として挙げられる。これまで，製品画像を広告やオンライン・ショッピング・サイトへ掲載する場合，製品に付随する影は消される場合が少なくない。しかしながら，本研究で検証したように，製品パッケージに製品名など製品に関する重要な情報が記載されている場合には，製品名を読む方向と一致する方向へ影をつけることで，消費者の処理流暢性を高め，製品に対

する肯定的な態度の形成に役立てることができるだろう。

　そして，本研究では処理流暢性を測定するための客観的尺度として，反応時間の他に，製品名の識別率を利用した。処理流暢性に関する主観的尺度と，反応時間および識別率という複数の客観的尺度を組み合わせた検証を行うことで，より頑健な結果を得たことも，本研究の特長の１つである。

　このように，本研究はいくつかの理論的，実務的貢献を有するものだと考えられるが，その一方で，さまざまな限界を有している。先述したように，実験２において製品選好の差が見られなかったのは，３秒間という製品画像の呈示時間が製品選好を形成するためには短すぎたのだと考えられる。一方で，このことを考慮して製品画像の呈示時間を十分に長くとると，今度は製品名の識別率が100%に近くなってしまい，異なる条件による識別率の差を抽出することができなくなってしまう。実験２では識別率の差を捕捉することを企図して３秒という呈示時間を設定したが，そのことが製品選好の差を捉えにくくしてしまったと考えられる。

　また，実験２において，影と文字の方向が一致している２群間では，画像が流れる方向の違いによる識別率に統計的有意差が見られなかった。すなわち，左から右へ流れる画像の場合，文字の出現順序が製品名の後から前へと逆順であったにもかかわらず，右から左へ流れる正順の画像と識別率に有意差が見られなかったのである。この点については，"Chocolate Brownie"という英語表記の製品名を識別するためには，C，h，o…というようにアルファベットが先頭から一文字ずつ表示されることの識別上の利点があまり生じないとも考えられるが，詳細なメカニズムは把握できておらず，今後より精査すべき課題である。

　さらに将来的な課題として，文字を読む方向が異なる文化圏での追加検証が挙げられる。中東近辺にはアラビア語やヘブライ語など，文字を右から左へ読む言語を用いる文化圏がある。このような文化圏の消費者を対象として，文字を読む方向と製品の影が伸びる方向との一致効果を検証する調査を行うことで，本研究で得られた知見をさらに深めることに繋がるであろう。

（1）　本研究は JSPS 科研費（19H00601）による成果の一部である。

（2）　一致条件（右下）と不一致である 3 条件（左上，左下，右上）を比較すると，処理流暢性，選好，反応時間の順位は下記のようになった（反応時間は昇順，他は降順）。処理流暢性：右下（$M = 5.58$）＞右上（$M = 5.13$）＞左上（$M = 4.96$）＞左下（$M = 4.76$）。選好：右下（$M = 5.44$）＞左上（$M = 5.03$）＞左下（$M = 4.97$）＞右上（$M = 4.93$）。反応時間：右下（$M = 3.96$）＜右上（$M = 4.31$）＜左下（$M = 4.69$）＜左上（$M = 5.38$）。前述のように，一致条件である右下の結果が最も良いということは 3 つの指標に共通しているが，不一致の 3 条件の順序は指標間で異なっている。そこで，不一致の 3 条件を別々に検討する場合，指標間で整合的な結果が得られないと考え，以下では左上，左下，右上の 3 条件を統合して「不一致条件」とする。

（3）　ここでは，3 条件のすべての組み合わせに関する差異を確認したいのではなく，一致条件の他条件に対する優位性を確認することが目的である。そこで，一致を基準として「一致と不一致」，「一致と影なし」それぞれの間の差異を確認するために，Dunnett の t 検定を用いた。

（4）　プリテストを行い，数種類の秒数を設定した比較した結果，識別率が 50% に最も近かった 3.0 秒に設定した。

付録

1. 画像

左上から順に，影の伸びる方向：右上，右下，左上，左下，影なし

2. 実験1で用いた前述の画像の輝度情報

画像解析ソフト「Image J」（Rasband 1997-2012[1]）を使用

伸びる影：右上

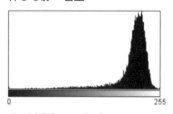

Count: 21293   Min: 0
Mean: 207.978   Max: 255
StdDev: 32.632   Mode: 225 (618)

右下

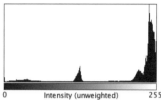

Count: 2961036   Min: 0
Mean: 209.382   Max: 255
StdDev: 66.376   Mode: 243 (156599)

左上

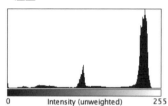

Count: 2993004   Min: 0
Mean: 193.477   Max: 243
StdDev: 57.968   Mode: 229 (155809)

左下

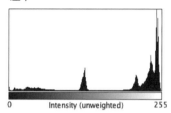

Count: 2992000   Min: 0
Mean: 192.760   Max: 255
StdDev: 73.176   Mode: 247 (171981)

影なし

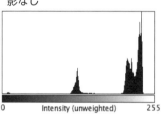

Count: 2982024   Min: 3
Mean: 206.055   Max: 243
StdDev: 41.443   Mode: 234 (184956)

3. 実験 3 で用いた画像情報

伸びる影：右上　　　　　　　右下

左上　　　　　　　　　　　　左下

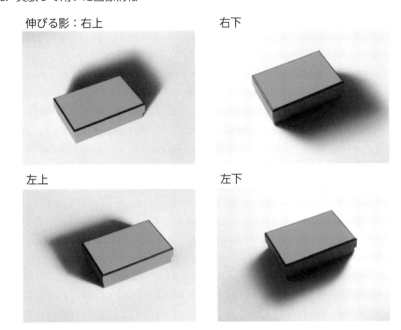

（1）　Rasband, Wayne, ImageJ, U. S. National Institutes of Health, Bethesda, Maryland, USA, http://rsb.info.nih.gov/ij/, 1997-2012.

第 **8** 章

背景色が商品評価に
及ぼす影響[1]

概要
....

　第 8 章では，感覚刺激を受けた消費者の内部で無自覚に生じる「連想と感覚転移」の連鎖反応を検証する。広告やオンライン・ショッピング・サイトに掲載される商品画像の背景色が，擬人化しやすい商品に対する消費者の反応にどのような影響を及ぼすのかを明らかにする。2 つの実験結果から，商品画像の背景を暖色にした場合，白色（統制）と比べて擬人化しやすい商品をより温かく，より柔らかいと知覚すること，さらに，親しみやすさおよび購買意向が高まることが確認された。本研究の結果は，企業が提示する視覚情報の工夫によって商品の触覚イメージを向上させ，また購買意向を高める可能性を示している。

1. ……はじめに

　日本国内市場における E コマース化率は依然右肩上がりで成長しており（経済産業省 2018[(2)]），オンライン・ショッピング・サイトにおける消費者行動の特徴を把握することは，企業にとって重要な課題である。オンライン・ショッピングでは，消費者は商品を直に触ることができないため，商品の触り心地に関する情報は，商品を説明する文章や商品画像など，視覚情報から得ることが多い。しかし，商品の触り心地の良さを消費者が重視する場合や，売り手側がそれを訴求ポイントとする場合も少なからずある。したがって，ショッピング・サイトの視覚情報が，消費者が感じる商品の触覚イメージにどのような影響を与えるのかを知ることは，実務の観点から大きな意義があると考えられる。

　消費者の五感を刺激するマーケティングである感覚マーケティング（sensory marketing）に関する研究において，五感の中でも触覚に関する検討は，Peck and Childers（2003a），朴・石井・外川（2016）などで扱われているものの，視覚や聴覚などの研究に比して研究蓄積が乏しい（石井・平木 2016）。また近年，感覚マーケティング関連の研究領域では，1 種類の感覚を扱った研究だけではなく，視覚と味覚など，異なる種類の感覚間の相互作用に着目した研究がなされてきている（e.g. Spence et al. 2014; Sunaga et al. 2016）。しかしながら，視覚と触覚の相互作用に関する検討はあまりなされていない（Xu and Labroo 2014）。

　本研究では，商品周辺の背景色という視覚に訴える刺激が，画面を通じて消費者が感じる商品の触覚に関する知覚の印象形成および選好に及ぼす影響について検討する。人が触覚の知覚において得る情報には手触り，硬度，温度，重量の 4 種類がある（Peck 2010）。その中で Zwebner et al.（2014）は，気温や室温という温かさの知覚が商品の選好に影響を及ぼすことを確認している。この根拠として，消費者は商品を擬人化（anthropomorphism）して捉える傾向があるため，温かさを知覚すると商品に対して感情的な温かさを抱き，選好が高まることを挙げている。

しかし，オンライン・ショッピングを行っている消費者が身を置く環境の温度をマーケターが調整するのは難しい。したがって，オンライン・ショッピング画面の色を調整することで，商品の選好に影響を及ぼしうるのかを検討することは，学術的意義と実務的意義の双方があると考えられる。さらに，詳細は後述するが，触覚情報である温かさと柔らかさには強い結びつきがあるため，背景色の温かさが商品の温かさおよび柔らかさという触覚に関する印象形成にも影響を及ぼすと想定される。本研究では2つの実験を行い，背景色の温かさが商品の選好および触覚評価に及ぼす影響について検討する。

2. ……理論的背景および仮説

2-1. 感覚間の相互作用における感覚転移が消費者行動に及ぼす影響

複数の感覚が相互に影響を及ぼす性質を感覚間の相互作用と呼ぶ（Spence 2012）。感覚間の相互作用について，Krishna and Morrin（2008）および Piqueras-Fiszman and Spence（2015）は，ある感覚刺激が他の種類の感覚に影響を及ぼす「感覚転移」（perceptual transfer）によるものだと説明している。たとえば，Harrar et al.（2011）は，同じ味のポップコーンであっても，ポップコーンを入れる皿の色が赤いとより甘いと知覚され，皿の色が青いとより塩辛いと知覚されることを確認している。ポップコーンという商品の背景にある皿の色がポップコーンの味という商品に対する知覚に影響を及ぼしうるのであれば，商品の背景色が商品の触覚に関する知覚イメージに影響を及ぼしうると推測できるだろう。

また，Babin, Hardesty, and Suter（2003）は，橙（オレンジ）色は温かさと結びつくことを指摘している。ここから，商品画像の背景が橙色の場合，橙色から知覚する温かさが商品画像に関する知覚に転移して，商品をより温かいイメージだと知覚するのではないかと考えられる。

さらに，温かさ，柔らかさはそれぞれ生き物を連想させるため（Horowitz and Bekoff 2007），温かさは柔らかさと強い結びつきがあることが指摘されてい

る（Tai et al. 2011）。概念として，人は温かさと柔らかさに強い結びつきを感じていることも確認されている（第4章）。以上より，温かさを連想させる背景色は，商品の柔らかさに関する知覚イメージにも影響を及ぼす可能性がある。

2-2. 触覚の知覚が消費者に及ぼす影響

触覚の中でも温かさの知覚に焦点を当てると，物理的な温かさの知覚が人に対して抱く感情的な温かさの認知に結びつき（Williams and Bargh 2008），その結果，消費行動に影響を及ぼす可能性が指摘されている（Hong and Sun 2012; Rai et al. 2017）。さらに，物理的な温かさの知覚は，他者への心理的距離を縮めることが確認されている（Ijzerman and Semin 2009; Huang et al. 2014）。これらの知見を購買場面に適用して検討している Zwebner et al.（2014）は，外気温や室温という物理的な温かさを消費者が知覚すると，商品の購買意向や支払意思額が高まることを確認している。消費者は身の回りの物を擬人化する傾向があり，物理的な温かさを知覚すると，商品に対人的な温かさを抱くために商品に対する親しみやすさが増す結果，購買意向や支払意思額が高まるというのだ。しかしながら，Zwebner et al.（2014）では，商品個別に見ると一貫した結果を得られておらず，商品の特性に着目した更なる検証の必要性が指摘されている。

2-3. 擬人化

擬人化（anthropomorphism）とは，人間的な性格，意図，行動を非人間的な対象物に帰属させる傾向を示す（Aggarwal and Mcgill 2007; Leyens, Cortes, Demoulin, Dovidio, Fiske, Gaunt, Paladino, Rodriguez-Perez, and Vaes 2003）。人は，対象物が形状や動きなどが一定の特徴を有していると，対象物を人間のスキーマに結びつけやすくなるために擬人化が生じるとされている（Aggarwal and Mcgill 2007; Tremoulet and Feldman 2000）。擬人化は，無意識に起こる錯覚の一種であり，たとえば岩や雲の形が人の顔に見える場合にも，擬人化は起こる（Aggarwal and Mcgill 2007）。

製品の擬人化は，消費者の製品に対する判断や行動に好ましい影響を及ぼすと指摘されている（Aggarwal and Mcgill 2007; Burgoon, Bonito, Bengtsson,

Cederberg, Lundeberg, and Allspach 2000）。たとえば，人の顔に見える製品デザインは消費者の感情に訴える力が強く，その結果，売上の増加に影響を及ぼすことが指摘されている（Welsh 2006[3]）。

　従来，消費者行動の分野において擬人化の研究は，主に擬人化されたブランドの効果に関心が寄せられてきた（Aaker 1997; Aggarwal 2004; Puzakova, Kwak, and Rocereto 2013）。しかし近年では，製品の特徴としての擬人化性が及ぼす影響について関心が寄せられてきている（Kim and Mcgill 2011; Wan, Chen, and Jin 2017）。擬人化しやすい製品の特徴として，商品の正面部分に2つの目および1つの口が模されていて人間の顔のように見えやすいデザイン（Aggarwal and Mcgill 2007; Wan et al. 2017）や，ロボット掃除機のように動きのあるものが挙げられる（Tremoulet and Feldman 2000）。Maeng and Aggarwal（2018）は，自動車のフロント部分など製品の顔の部分にあたるデザインが人間の顔に見えるように設計されている場合，消費者はその製品に高い擬人化性を認め，製品選好が高まることを示している。また，擬人化性のあるデザインをした製品には，消費者の社会的疎外感を緩和させる効果も示唆されている（Mourey, Olson, and Yoon 2017）。ただし，製品に擬人化性を見出すかどうかには，消費者の経済的ステイタスによる個人差があることが指摘されている（Kim and Mcgill 2018）。

　一方で，商品の擬人化に関する議論において，商品の触覚イメージを検討する研究は，筆者の知るところ未だない。そこで，本研究では商品の「擬人化性」に着目し，商品の触覚イメージと選好に対する背景色の影響の仕方が，商品の擬人化性によってどのように異なるのか検討する。前述した，環境の温かさの知覚による対象の温かさの知覚や親しみやすさへの影響は，対人的なものである。また，背景色から感じる温かさは物理的な温かさではなく，心理的な温かさである（Choi, Chang, Lee, and Chang 2016）。そのため，擬人化しやすい商品であれば，背景色による温かさの知覚が，対象商品をより温かく，柔らかいイメージだと知覚することに繋がるのではないかと想定される。そして商品に対する親しみやすさが増し，購買意向が高まると想定される。以上から，以下の仮説を導出する。

　仮説1　：橙色は白と比べて，より温かいと知覚される。

仮説 2a：背景が橙色の場合，白の場合と比べて，擬人化しやすい商品はより温かいと知覚される。

仮説 2b：背景が橙色の場合，白の場合と比べて，擬人化しやすい商品はより柔らかいと知覚される。

仮説 3a：背景が橙色の場合，白の場合と比べて，擬人化しやすい商品はより親しみやすいと評価される。

仮説 3b：背景が橙色の場合，白の場合と比べて，擬人化しやすい商品はより購買意向が高まる。

仮説 4 ：商品の温かさに対する知覚は，商品の柔らかさに対する知覚に影響を及ぼす。

　さらに，背景色の温かさの知覚が擬人化しやすい商品に対する親しみやすさを高めるという影響は，商品に対する温かさの知覚が媒介すると想定される。前述のとおり，人が温かさを知覚すると目の前の人や物に対する心理的距離が縮まり，親しみやすさを抱く (Ijzerman and Semin 2009; Huang et al. 2014; Zwebner et al. 2014)。人や物に対する親近感は，その対象に抱く温かさと深い親和性があると考えられる。したがって，物理的な温かさの知覚が人に対して抱く感情的な温かさの認知に結びつくのであるならば (Williams and Bargh 2008)，対象物に対する温かいイメージは対象物に対する親しみやすさを向上させると考えられる。さらに，対象物に対する温かいイメージは，背景色が商品の購買意向に及ぼす影響も媒介すると考えられる。そこで，**仮説 5a** および **仮説 5b** を導出する。

仮説 5a：仮説 3a における背景色が商品の親しみやすさに及ぼす影響は，商品の温かさの知覚が媒介する。

仮説 5b：仮説 3b における背景色が商品の購買意向に及ぼす影響は，商品の温かさの知覚が媒介する。

　以上の仮説を概念モデルとして図 8-1 に示す。
　仮説を検証するために，本研究では 2 つの実験を実施する。前述のとおり，

図8-1　｜　概念モデル

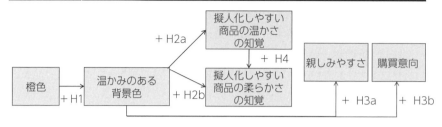

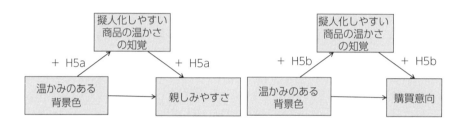

商品の正面部分に2つの目と1つの口があるように見えるデザインは，人の顔に見えやすいために，擬人化されやすい（Aggarwal and McGill 2007; Wan et al. 2017）。そこで，実験1と2ではそれぞれ，人の顔に見えやすい商品と人の顔に見えにくい商品とを比較して検討を行う。

3. ……実験1：背景色が擬人化しやすい商品の評価に及ぼす影響（1）

　実験用の商品画像を選定するため，2017年7月に大学院生29名（男女比＝62.07％：37.93％，平均年齢25.07歳）を対象として，質問紙による予備実験を行った。実験参加者は，学内の大学院生が集う休憩室で募った。総合ショッピング・サイトであるAmazonの商品カテゴリーを参考に，見た目で選好を判断できそうな17種類の商品画像が用いられた。商品自体の色と背景色との相

互作用による影響を最小限にとどめるため，商品はできる限り無色に近い商品を選んだ。これらの対象商品に対して，「人間らしいと感じるか」についてリッカート尺度を用いて質問した（7：非常にそう思う ― 1：全くそう思わない）。その結果，平均値が最も高かったのが「くまのぬいぐるみ」（$M = 5.07, SD = 1.02$）であり，平均値が最も低かったのは「ゴミ箱」（$M = 3.20, SD = 1.73$）であった。そこで次に，一般の消費者 218 名を対象に「くまのぬいぐるみ」と「ゴミ箱」の擬人化性に差があるか否かを確認するために，被験者間要因計画の予備実験を行った。擬人化性（人のように見える，自由な意志を持っているように見える：1 = 全くそう思わない ― 7：非常にそう思う（Kim and Mcgill 2011 を参考に作成）；$\alpha = 0.47$）について質問を行った。その結果，擬人化性に統計的有意差が見られた（「くまのぬいぐるみ」（$M = 2.59, SD = 1.21$，「ゴミ箱」（$M = 1.90, SD = 1.06$）；$t (216) = 4.53, p < .001; d = 0.61$）。一方で，「くまのぬいぐるみ」と「ゴミ箱」それぞれに対する好意度には有意差が見られなかった（「くまのぬいぐるみ」（$M = 4.77, SD = 1.28$，「ゴミ箱」（$M = 4.53, SD = 1.13$）；$t (216) = 1.44, p = .15; d = 0.20$）。したがって，「くまのぬいぐるみ」を擬人化しやすい商品，「ゴミ箱」を擬人化しにくい商品として，実験 1 で用いることにした（付録の実験 1 を参照）。

3-1. 設計と手続き

2018 年 9 月に，一般消費者 427 名[4]（男女比 = 58.71%：41.29%，平均年齢 35.24 歳）を対象としたインターネット上での実験を行った。実験参加者は，Yahoo!クラウド・ソーシング・サービスを使って募集した。実験は背景色の 2 条件（橙色／白）×商品の擬人化性の 2 条件（擬人化しやすい商品[5]／擬人化しにくい商品）の被験者間要因計画であり，実験参加者は各条件にランダムに割り当てられた。

実験は，3 ステップで行われた。最初に背景色がついている商品画像（付録参照）に対する知覚および評価（温かさ，柔らかさ，親しみやすさ，購買意向）を回答してもらった。続いて，割り当てられた背景色と同じ色を見せ，色から感じる温かさおよび柔らかさについて質問した。最後に，実験参加者がいる環境の暑さについて質問した。質問はすべてリッカート式 7 点尺度（7：非常にそ

う思う―1：全くそう思わない）で回答してもらった。

3-2. 分析結果

はじめに，得られたデータについてコモンメソッドバイアス（Podsakoff et al. 2003; Mackenzie and Podsakoff 2012）の問題がないかを確認した。結果，コモンメソッドバイアスによる大きな影響はないことが確認された[6]。

次に，背景色（橙色／白）に感じる温かさに差があるか否かを確認するために t 検定を行った。その結果，橙色（$M = 5.62, SD = 0.81$）と白（$M = 3.04, SD = 1.28$）とで有意差が見られた（$t(350.49) = 24.40, p < .001; d = 2.39$）。このように，橙色は白よりも温かいと知覚され，**仮説1**は支持された。

さらに，商品に対する触覚イメージの評価を分析したところ，商品の温かさおよび柔らかさについて，擬人化しやすい商品においてのみ背景色間で有意差が見られた。擬人化しやすい商品では，橙色（$M = 5.37, SD = 0.89$）の場合に白（$M= 4.98, SD = 1.22$）よりも温かいと評価され（$t(201) = 2.57, p = .01; d = 0.36$），柔らかさについても橙色（$M = 5.66, SD = 0.89$）の場合に白（$M = 5.34, SD = 1.21$）よりも高く評価された（$t(190.46) = 2.17, p = .03; d = 0.30$）。しかし，擬人化しにくい商品については，温かさの評価（橙色：$M = 2.40, SD = 1.39$，白：$M= 2.24, SD = 1.21; t(197) = 0.90, p = .37; d = 0.12$）および柔らかさの評価（橙色：$M = 1.95, SD = 1.33$，白：$M= 1.79, SD = 1.05; t(197) = 0.91, p = .36; d = 0.13$）ともに背景色による有意差は見られなかった。以上より，**仮説2a**および**仮説2b**は支持された。

続いて親しみやすさについて，擬人化しやすい商品においては背景色による有意差が見られたが（橙色: $M = 5.23, SD = 0.88$，白: $M = 4.95, SD = 1.07; t(201) = 2.04, p = .04; d = 0.28$），擬人化しにくい商品では有意差が見られなかった（橙色: $M = 4.07, SD = 1.35$，白: $M = 3.78, SD = 1.35; t(197) = 1.50, p = .14; d = 0.21$）。同様に，購買意向についても擬人化しやすい商品においてのみ有意差が見られ（橙色: $M = 3.45, SD = 1.17$，白: $M = 3.05, SD = 1.38; t(199.06) = 2.24, p = .03; d = 0.31$），擬人化しにくい商品については有意差が見られなかった（橙色: $M = 3.76, SD = 1.38$，白: $M= 3.57, SD = 1.55; t(476) = 1.41, p= .16; d = 0.13$）。以上から，**仮説3a**および**仮説3b**は支持された。

さらに，仮説4の検証としてSPSS PROCESS macroを使用して媒介分析を行った（Model 4：Hayes 2013，ノンパラメトリック・ブートストラップ法，5,000サンプル生成（Zhao et al. 2010））。その結果，擬人化しやすい商品においては，背景色が商品の柔らかさの知覚に及ぼす影響は商品の温かさの知覚が媒介していることが確認された（間接効果：0.24，95%信頼区間：[0.06, 0.45]（0を含まず））。一方，擬人化しにくい商品においては，背景色が商品の温かさの知覚に及ぼす効果が有意でなく（*p* = .37），商品の温かさの知覚による媒介効果を確認できなかった（図8-2）。したがって，**仮説4**は支持される結果となった。

また，背景色と商品に対する親しみやすさに及ぼす影響について，商品の温かさの知覚が媒介しているかどうか，**仮説4**の検証と同様に媒介分析を行った。その結果，擬人化しやすい商品においては，親しみやすさに及ぼす背景色の効果を商品の温かさの知覚が媒介していることが確認された（間接効果：0.23，95%信頼区間：[0.06, 0.44]（0を含まず））。一方，擬人化しにくい商品においては，背景色が商品の温かさの知覚に及ぼす効果が有意でなく（*p* = .37），商品の温かさの知覚による媒介効果を確認できなかった（図8-3）。以上より，**仮説5a**は支持された。

さらに，背景色が商品の購買意向に及ぼす影響について，商品の温かさの知

図8-2 ┃ 仮説4の媒介分析（媒介変数：商品の温かさの知覚）

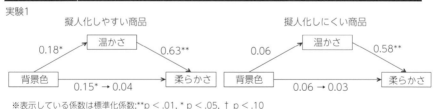

実験1

擬人化しやすい商品

温かさ
0.18*　　　0.63**
背景色　0.15* → 0.04　柔らかさ

擬人化しにくい商品

温かさ
0.06　　　0.58**
背景色　0.06 → 0.03　柔らかさ

※表示している係数は標準化係数;**p＜.01, * p＜.05, † p＜.10

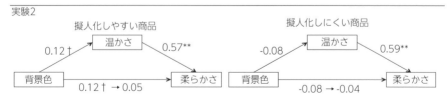

実験2

擬人化しやすい商品

温かさ
0.12†　　　0.57**
背景色　0.12† → 0.05　柔らかさ

擬人化しにくい商品

温かさ
-0.08　　　0.59**
背景色　-0.08 → -0.04　柔らかさ

※表示している係数は標準化係数; **p＜.01, * p＜.05, † p＜.10

図 8 - 3 | 仮説 5a の媒介分析（媒介変数：商品の温かさの知覚）

実験1

擬人化しやすい商品

背景色 —0.18*→ 温かさ —0.64**→ 親しみやすさ

背景色 —0.14*→ 0.03→ 親しみやすさ

擬人化しにくい商品

背景色 —0.06→ 温かさ —0.18*→ 親しみやすさ

背景色 —0.11 → 0.09→ 親しみやすさ

※表示している係数は標準化係数; ** p＜.01, * p＜.05, † p＜.10

実験2

擬人化しやすい商品

背景色 —0.12†→ 温かさ —0.52**→ 親しみやすさ

背景色 —0.13† → 0.07→ 親しみやすさ

擬人化しにくい商品

背景色 —-0.08→ 温かさ —0.49**→ 親しみやすさ

背景色 —-0.11† → -0.08→ 親しみやすさ

※表示している係数は標準化係数;** p＜.01, * p＜.05, † p＜.10

図 8 - 4 | 仮説 5b の媒介分析（媒介変数：商品の温かさの知覚）

実験1

擬人化しやすい商品

背景色 —0.18*→ 温かさ —0.23**→ 購買意向

背景色 —0.16* → 0.11†→ 購買意向

擬人化しにくい商品

背景色 —0.06→ 温かさ —0.19**→ 購買意向

背景色 —0.09 → 0.08→ 購買意向

※表示している係数は標準化係数;** p＜.01, * p＜.05, † p＜.10

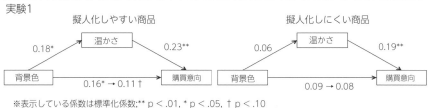

実験2

擬人化しやすい商品

背景色 —0.12†→ 温かさ —0.39**→ 購買意向

背景色 —0.11† → 0.07→ 購買意向

擬人化しにくい商品

背景色 —-0.08→ 温かさ —0.25**→ 購買意向

背景色 —-0.12† → -0.10→ 購買意向

※表示している係数は標準化係数;** p＜.01, * p＜.05, † p＜.10

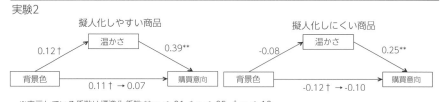

覚が媒介しているかどうかについても媒介分析を行った。その結果，擬人化しやすい商品において，間接効果は 10% 水準で有意となった（間接効果：0.11,90% 信頼区間：[0.03, 0.22]（0 を含まず））。一方で擬人化しにくい商品においては，背景色が商品の温かさの知覚に及ぼす効果は有意でなかった（$p = .37$）。

以上より，仮説 5b は支持される結果が見られた（図 8-4）。

3-3. 考察

　人のように見えるデザインの商品の場合，背景が橙色であると白（統制）と比較して，商品に対する温かさおよび柔らかさの知覚イメージが高いことが確認された。さらに，親しみやすさが増し，購買意向が高まることが明らかになった。

　ここで，ぬいぐるみとゴミ箱を比較すると，前者は後者に比して，人が温かさと柔らかさを知覚しやすいと考えられる。その結果，暖色との親和性が高いことが影響して実験 1 の結果となった可能性がある。そこで，実験 2 では，同一の商品を用いた追加検証を行い，実験 1 の結果が擬人化性の違いによるものかどうかを検討する。

4. ……実験 2：背景色が擬人化しやすい商品の 評価に及ぼす影響 (2)

　実験 2 で用いる画像を選定するための予備実験を，2018 年 9 月にインターネット上の質問調査画面を利用して行った。対象者は，Yahoo! クラウド・ソーシング・サービスで募集した一般の消費者 204 名（男女比 = 57.84%：42.16%，平均年齢 42.05 歳）である。デザインは，1 要因（椅子の画像：A，B；付録の実験 2 を参照）被験者間要因計画である。実験参加者は，無作為に各条件へ割り当てられた。実験参加者は，椅子の画像について擬人化しやすいかどうか質問に答えた（質問項目は実験 1 の予備実験と同様；$\alpha = 0.73$）。各質問項目は，無作為な順序で表示された。2 種類の椅子の画像について，前述の 2 項目の回答データを集約して擬人化しやすいかどうかについて t 検定を行った結果，人のように見える椅子（$M = 3.69, SD = 1.40$）と人のように見えにくい椅子（$M = 2.47, SD = 1.18$）に有意差が見られた（$t_{(202)} = 6.73, p < .001, d = 0.94$）。さらに，画像の椅子を好ましく思うか（1 ＝全くそう思わない — 7：非常にそう思う）について t 検定を行ったところ，人のように見える椅子（$M =$

4.33, $SD = 1.53$）と人のように見えにくい椅子（$M = 4.38, SD = 1.14$）に有意差は見られなかった（$t (182.94) = -0.24, p= .81, d = 0.04$）。そこで，Ａの椅子を擬人化しやすい製品，Ｂの椅子を擬人化しにくい製品として使用することにした（付録の実験2を参照）。

4-1. 設計と手続き

2（背景色：橙色／白）× 2（椅子：擬人化しやすい／擬人化しにくい）の被験者間要因計画でデザインされた（椅子の画像は付録参照）。2018 年 9 月に，インターネット調査を用いて，Yahoo!クラウド・ソーシング・サービスで募集した一般消費者 444 名（男女比 = 51.65% : 48.35%，平均年齢 45.13 歳）を対象として実施した。分析においては，20 名分の回答を除外して行った。ダミー質問に対する回答が論理的に矛盾した回答者 12 名，さらに外気温の影響を避けるために質問項目「現在の体感温度は次のうちどれに最も当てはまりますか」（7「非常に暑い」― 4「ちょうどいい」― 1「非常に寒い」）に対する回答のうち，7「非常に暑い」，6「暑い」，2「寒い」，1「非常に寒い」と回答した 8 名を合わせた 20 名分である。

4-2. 結果

はじめに，コモンメソッドバイアスの問題を確認したが，大きな影響はないことが確認された[7]。背景色による温かさの知覚を比較した結果，橙色（$M = 5.48, SD = 0.97$）と白（$M = 3.19, SD = 1.22$）の間に有意差が見られ（$t (393.76) = 21.34, p < .001; d = 1.92$），仮説1は再度支持された。

商品の触覚イメージの評価についても，**仮説 2a** および**仮説 2b** は支持される結果となった。**仮説 2a** の温かさについて，擬人化しやすい椅子では白よりも橙色の方が有意に高い評価であった（橙色：$M = 4.73, SD = 0.96$，白：$M = 4.40, SD = 1.14; t (207) = 2.23, p = .03; d = 0.31$）。一方で，擬人化しにくい椅子については背景色による有意差は見られなかった（橙色：$M = 4.49, SD = 1.25$，白：$M = 4.68, SD = 1.27; t (213) = -1.10, p = .27; d = 0.15$）。また，**仮説 2b** の柔らかさについても擬人化しやすい椅子では橙色（$M = 4.73, SD = 1.10$）と白（$M = 4.39, SD = 1.13$）の間に有意差が見られたが（$t (207) = 2.16, p = .03;$

$d = 0.31$），擬人化しにくい椅子では有意差が見られなかった（橙色：$M =$ 4.37, $SD = 1.33$，白：$M = 4.58$, $SD = 1.30$; t（213）$= -1.17$, $p = .24$; $d = 0.16$）。

さらに，擬人化しやすい椅子では，親しみやすさ（橙色：$M = 4.89$, $SD =$ 0.96，白：$M = 4.54$, $SD = 1.10$；t（195.80）$= 2.48$, $p= .01$; $d = 0.34$）および購買意向（橙色：$M = 3.54$, $SD = 1.17$，白：$M = 3.18$, $SD = 1.39$; t（192.67）$=$ 1.99, $p = .03$; $d = 0.28$）において背景色の違いによる有意差が見られた。しかし擬人化しにくい椅子については，親しみやすさ（橙色：$M = 3.94$, $SD =$ 1.14，白：$M = 4.21$, $SD = 1.24$; t（213）$= -1.66$, $p = .10$; $d = 0.23$）および購買意向（橙色：$M = 3.12$, $SD= 1.16$，白：$M = 3.42$, $SD = 1.28$; t（213）$= -1.78$, $p = .08$; $d = 0.25$）のいずれも有意差が見られなかった。

続いて**仮説4**の検証をするため，実験1と同様の媒介分析を行った。その結果，擬人化しやすい椅子において10%水準で有意差が見られた（間接効果：0.14, 90%信頼区間：[0.01, 0.29]（0を含まず））ものの，擬人化しにくい椅子においては，背景色が商品の柔らかさの知覚に及ぼす効果が有意でなく（$p =$ .24），商品の温かさの知覚による媒介効果を確認できなかった。以上から，**仮説4**について再度支持される結果となった（図8-2）。

最後に，背景色が商品に対する親しみやすさに及ぼす影響について，商品の温かさの知覚が媒介しているか，実験1と同様の媒介分析を行った。その結果，擬人化しやすい椅子においては，温かさの知覚の間接効果について10%水準で有意差が見られた（間接効果：0.12, 90%信頼区間：[0.01, 0.26]（0を含まず））。一方，擬人化しにくい椅子においては，背景色が温かさの知覚に及ぼす効果が有意でなく（$p = .27$），商品の温かさの知覚による媒介効果を確認できなかった。以上より，**仮説5a**は再度支持される結果となった（図8-3）。

また，背景色が商品の購買意向に及ぼす影響を商品の温かさの知覚が媒介しているか，実験1と同様の媒介分析を行った。その結果，擬人化しやすい商品においては，間接効果は10%水準で有意差が見られた（間接効果：0.11, 90%信頼区間：[0.01, 0.25]（0を含まず））。しかし，擬人化しにくい椅子においては，背景色が温かさの知覚に及ぼす効果が有意でなく（$p = .27$），商品の温かさの知覚による媒介効果を確認できなかった。したがって，**仮説5b**が再度支持される結果となった（図8-4）。

5. ……考察

5-1. まとめと本研究の意義

　本研究では，商品の背景色から知覚する温かさが，擬人化しやすい商品の温かさおよび柔らかさという触覚に関する知覚イメージを高めることを確認した。また，商品背景の暖色が，擬人化しやすい商品に対する親しみやすさを増し，購買意向を高めることを確認した。そしてこれらの影響は，商品の背景色から転移した商品に対する温かさのイメージが媒介している可能性が十分にある。

　本研究の学術的意義は，Zwebner et al.（2014）が課題として指摘した，温かさの刺激によって影響を受けやすい商品とそうでない商品についての検討を行ったことである。先行研究が指摘する擬人化しやすい商品の特性に着目し，2つの実験を行った結果，擬人化しやすい商品は擬人化しにくい商品よりも背景色による温かさの影響をより強く受ける可能性を示すことができた。

　本研究の実務的意義として，以下の2点を挙げられる。1点目に，オンライン・ショッピングというユーザーの環境をコントロールしづらい状況において，Zwebner et al.（2014）らの知見を転用しうる可能性を示唆している。商品画像の背景色であれば企業のマーケターはデザインできる。背景色によって温かさを演出することが，擬人化しやすい商品に対する評価や購買意向を高めるという知見は，さまざまなマーケティング施策への活用が可能だと思われる。さらに，本研究から得られた示唆は，商品だけでなく企業やブランド・ロゴにも適用可能だと考えられる。たとえば，総合オンライン・ショッピング・サイトの Amazon は，人の口元が微笑んでいるように見える線を，橙色と組み合わせてロゴマークとして用いている（Amazon 2018[8]）。人の顔を連想させやすいロゴマークのデザインと暖色は，幅広い消費者を対象とした総合サイトの親密性を演出するのに役立っているかもしれない。

　また本研究から，オンライン・ショッピング・サイトをデザインする際には背景色が持つ商品特性の知覚に対する影響を考慮する必要性が示唆された。この点については，次項の第5節2項で詳細を述べる。

5-2. 本研究の限界と課題

　本研究では，2つの実験を行うことで，擬人化しやすい商品に対する消費者の反応に，商品画像の背景色が及ぼす影響を確認した。しかしながら，第2章で述べたように，対人関係における温かさの知覚がもたらす影響は，擬人化しやすい商品においても見られると十分に考えられる。別の変数の存在を検討するなど，更なる検証が必要であろう。

　本研究は，商品の擬人化について人の顔に見えやすいというメカニズムを用いたが，他にも商品を擬人化する方法は考えられる。たとえば，商品のネーミングやパッケージ・デザインにキャラクターを利用することなどが挙げられる。これらの方法を用いて擬人化された商品においても同様の結果が得られるのかは，本研究では確認できていない。

さらに，商品の属性を考慮した更なる検証が必要であろう。すべての商品において温かさの知覚を高めることが，購入意向にプラスの効果をもたらすのか慎重な追加検証が必要である。クールなイメージを強みとする商品や，堅固性または冷却性を訴求する商品であっても，擬人化性が強い場合には暖色を背景色に用いることが温かさや柔らかさの知覚を高めるのであろうか。また，そのことが選好にどのような影響をもたらすのかを確認する必要がある。たとえば，先進技術の結晶であるパーソナル・コンピュータのようなコンピュータ製品は金属製であり，堅固性が高い。他にも，多くの製品に頑丈なプラスチック素材が採用されている。これらの製品においても，温かみのある背景色が肯定的な消費者反応を引き出すのか，検証が必要である。

　また，ブランド・パーソナリティ（Aaker 1997）との関係性についても今後検討する必要がある。消費者はブランドとの関係を構築する際，対人的な関係として捉える傾向がある（Aggarwal 2004）。すなわち，ブランド自体を擬人化して捉える可能性がある。この点に関して，オンライン広告やオンライン・ショッピング・サイトのページにおいて商品画像を掲載する際，ブランド・ロゴも併せて掲載される場面は少なくない。このようなとき，消費者はブランド・ロゴから誠実さなどブランド・パーソナリティに関する情報を受け取ると同時に，背景色から影響を受けて商品評価を行う可能性がある。商品の温かさ

や親しみやすさを訴求しようとする目的で背景色を採用する際，その背景色から知覚する温かさや親しみやすさがブランド・パーソナリティの知覚に影響を及ぼしうるのか，また影響を及ぼすのであればどのような影響を及ぼすのかを明らかにすることで，より実務現場で活かしやすい示唆を得られるであろう。

　最後に，実店舗で実際に商品に触れることができる場合に，ディスプレイの背景色によって商品を実際に触ったときの知覚に影響を与えるのかを確認する必要がある。これらの課題に今後取り組むことで，本研究で得られた知見の更なる理論的発展に繋がるであろう。

（1）　本研究は科学研究費基盤 B（16H03675）および平成 29 年度プロモーショナル・マーケティング学会研究助成による成果の一部である。

（2）　経済産業省（2018）「平成 29 年度我が国におけるデータ駆動型社会に係る基盤整備（電子商取引に関する市場調査）報告書」経済産業省。http://www.meti.go.jp/press/2018/04/20180425001/20180425001-2.pdf（2020 年 8 月 1 日アクセス）

（3）　Welsh, Jonathan　（2006），"Why Cars Got Angry," The Wall Street Journal. http://www.wsj.com（2006 年 12 月 31 日アクセス）

（4）　分析においては，25 名分の回答を除外して行った。ダミー質問に対する回答が論理的に矛盾した回答者 10 名，外気温の影響を避けるために質問項目「現在の体感温度は次のうちどれに最も当てはまりますか」（7「非常に暑い」― 4「ちょうどいい」― 1「非常に寒い」）に対する回答のうち，7「非常に暑い」，6「暑い」，2「寒い」，1「非常に寒い」を選択した 15 名の総計 25 名分である。

（5）　一般に動物のぬいぐるみは，その動物そのものではなく，人の顔に見えるようにデザインされている。

（6）　確認方法としては，Harman の単一因子検定を行った（Harman 1967）。全観測変数に対して，主因子法を伴った探索的因子分析を行った。その結果，3 つの因子が抽出された。また，第一因子のみによって説明される全観測変数の分散の割合は，37.37% と過半数に至らなかった。以上のことから，コモンメソッドバイアスによる大きな影響はないことが確認された。

（7）　実験 1 と同様，全観測変数に対して主因子法を伴った探索的因子分析を行った。その結果，3 つの因子が抽出された。また，第一因子のみによって説明される全観測変数の分散の割合は，37.58% と過半数に至らなかった。以上から，コモンメソッドバイアスによる大きな影響はないことが確認された。

（8）　Amazon（2018）「Amazon.co.jp：アマゾン公式サイト」Amazon. https://www.amazon.co.jp（2021 年 9 月 10 日アクセス）

付録

1. 実験1で用いた商品画像

擬人化しやすい商品

擬人化しにくい商品

2. 実験2で用いた商品画像

擬人化しやすい商品（A）

擬人化しにくい商品（B）

第Ⅲ部　感覚訴求と個人特性

第9章

9

第 章

感覚マーケティングにおける
個人特性の議論

概要

　感覚マーケティングの施策展開による効果は，消費者の個人差によって調整される可能性もいくつかの研究結果より示唆されている。第9章では，マーケティングおよび消費者行動の分野の先行研究から，感覚マーケティングにおける個人差の影響を体系的に整理することを試みる。4つの分類による個人特性ごとに，感覚マーケティングによる消費者の知覚や態度，行動といった反応に及ぼす影響が，個人特性の違いによってどのように減衰または緩和されるのかを整理する。最後に，今後の課題として消費環境の変化を見据えて，特に注目されるべき個人特性を提案する。

1. ……はじめに

　この章の目的は，感覚マーケティングにおける個人差に関する先行研究をレビューすることである。これまで，感覚訴求における個人特性の影響はしばしば検討されてきた（たとえば，Peck and Childers 2003b）。

　先行研究では，消費者行動に対する感覚的手がかりの影響にはいくつかの鍵があることが示唆されている。たとえば，Spangenberg et al.（2005）およびSunaga et al.（2016）複数の感覚的手がかりの間の暗黙の「一致」が鍵であると指摘する。North et al.（1999）は，重要なのは感覚的な手がかりと製品の機能の間の「一致」であることを示唆している。Chae and Hoegg（2013）は，重要なのは製品と検索の概念の間の「一致」であると主張する。さらに，Harrar et al.（2011）および第8章は，感覚的手がかり間の「関連性」が鍵であることを示している。また，Krishna and Morrin（2008）は，感覚的な手がかりを備えたイメージが感覚的なマーケティングの効果の鍵であることを示唆している。しかしながら，香りなど特定の感覚刺激からどのような意味が連想づけられるかについては，個人的および文化的な違いがあると指摘されている（Spence et al. 2014; Trivedi 2006[1]）。

　感覚訴求の効果に対して個人特性がどのような影響を及ぼすかについて検討することは，学術的意義だけでなく実務的意義もある。たとえば，グローバル展開する企業のブランド・カラーなど多様な文化圏の消費者を対象に訴求するマーケティング・コミュニケーションの施策を決定する場合には，色から連想される意味の文化差を考慮する必要が指摘されている（Aslam 2006）。また，採用する色が消費者のブランドに対する態度形成に直接影響を及ぼすことが示唆されている（Babin et al. 2003）。このように，感覚マーケティングの実務展開を図るとき，感覚訴求が及ぼす効果についてどのような個人差が発生しうるのか，すなわち個人特性がどのような調整役割を果たすのかを明らかにすることは，実務的意義も大きい。

　本章では，性別，年齢，文化，心理的特徴の4点に分類することにより，感覚訴求の消費者に与える影響に対して個人特性がどのような役割を果たすかに

ついての知見を整理することを試みる。Krishna and Schwarz（2014）は，個人特性には，生理学的要素，社会的世界との相互作用（e.g. Semin and Palma 2014），および心理的特性（e.g. Krishna, Zhou, and Zhang 2008）が含まれると指摘する。また，Alter（2014）は，感覚的手がかりへの影響には 3 つのタイプがあると述べている。生理学的影響，他者との相互作用，および個人の内部特性の 3 つである。そこで，第 2 節と第 3 節では，個人特性としての生理学的差異，つまり性別と年齢についての議論を整理する。第 4 節では，著者は他者からの影響として文化に関する先行研究を整理する。さらに，第 5 節は心理的特徴が消費者行動に及ぼす影響を検討した先行研究を整理する。

　最後に，第 6 節では，レビューについて議論し，個人差が感覚的マーケティングに与える影響を議論するための将来の問題を整理する。オンラインサイトやバーチャルショップなど，消費環境は劇的に変化している。オフラインストアでの個人差の役割に関する調査結果をオンライン・ショッピング環境に適用できるかどうかを議論することが重要であろう。

2. ……性別差

　聴覚刺激による訴求効果には，性別差があることが指摘されている。たとえば，音楽のボリュームに対する反応がある（Kellaris and Rice 1993）。女性は，小音量で流れる音楽に対してポジティブな反応を示す一方で，男性には音量が小さい場合（60dB）と大きい場合（90dB）との間に有意差は見られなかったのである。さらに，音楽の音量の違いによって，経過時間の知覚に性別差があることも確認されている。学生を対象とした実験室実験の結果，背景音楽を一定時間聴かせた後にその聴かされていた時間の長さをアンケート形式で質問したところ，女性の知覚時間は，背景音楽の音量が小さい場合（60dB）には大きい場合（90dB）よりも短くなった（Kellaris and Altsech 1992）。一方で，男性の実験参加者においては音量の大小による知覚時間の差は見られなかった。Kellaris and Altsech（1992）は，マーケターには，ターゲットの性別に応じて，広告や小売環境での音楽の量を改善できる可能性があると指摘する。

Andersson et al.（2012）は，店舗内に流れるバック・グラウンド・ミュージック（BGM）のテンポ条件の違いが，消費者の購入意向に影響することを検証した。その結果，テンポが遅いほど女性の購入意向は高いことが明らかとなった。一方で，男性の購入意向は，女性とは逆にテンポが速いほど高いという結果になった。同様に，BGM がない場合，女性は（BGM がある場合と比較して）購入意向が高かったが，BGM がある場合（音楽がない場合）は男性の購入意向が高かった。また，Morrison et al.（2011）は，店内の音楽と香りが，買い物行動と消費者の満足度に与える影響を調査した。彼らはファッション店で調査を行った。その結果から，彼らは大音量の音楽とバニラの香りを店内に用いることが若い女性の覚醒レベルと買い物体験に対する満足度を高めたことを示唆した。さらに，Spangenberg, Sprott, Grohmann, and Tracy（2006）は，デパートの店内における香りの影響を調査した。この研究では，女性向け商品の売り場にバニラの香りを放った。その一方，男性向け商品の売り場には，甘いフローラルの香りを放った。その結果，それぞれの香りの導入で，売上高はそれぞれほぼ 2 倍になったのである。逆に，2 つの香りを入れ替えると，各店舗の売上にマイナスの影響が見られた。

　視覚的な手がかりも性別によって異なる影響を及ぼす。Westland and Shin（2015）は，消費者の色の好みと製品の色の選択に対する性別の影響を発見した。彼らはヘルスケア製品の画像を使用して国際調査を実施した結果，好みの色に関して性別の有意な影響があることが示された。男性のグループは，女性のグループと比較して，暖かい色（たとえば，赤）よりも冷たい色（たとえば，青）を好んだ。

3. ……年代

　感覚訴求が消費者行動に及ぼす影響に対して，消費者の年代は主に 2 つの役割を持つ。1 点目として，感覚刺激の知覚に関する処理能力の違いである。2 点目は，彼らが 10 代を過ごしてきた時代が異なるゆえに起こる嗜好や価値観の違いである。たとえば，音楽がある。どのような音楽が親しみやすいかは，

その消費者の年代によって異なる。これは，消費者というのは，自分が10代のときに流行した音楽を好む傾向があるためである（Holbrook and Schindler 1989）。

Yalch and Spangenberg（1990）はデパートでのフィールド研究の結果を報告している。25歳未満の若い消費者は店内にイージー・リスニング・ミュージックが流れているとき（vs. ポップ・ミュージック），知覚滞店時間が長くなることがわかった。しかし一方で，店内にポップ・ミュージックが流れているとき，その音楽に親しみのない高齢の消費者は知覚時間が長くなることが示された。

また，企業のマーケターが店内のインテリアやオンライン・ショッピング・サイトのデザインを設計するときにはさまざまな種類の感覚訴求を組み合わせることが考えられる。しかしながら，その際には，消費者に感覚過負荷（sensory overload）を与えないように注意を払う必要がある。Homburg et al.（2012）は，たとえ感覚刺激同士が適合していたとしても，3種類の感覚刺激を与えると消費者にネガティブな影響を及ぼし得ることを示唆している。彼らの実験では，実験参加者にシナリオ文章を読ませることで，ある店内を物色しているところを想像させた。そして，文章による提示方法によって，店内の感覚刺激を操作した。最大で3種類の感覚刺激を提示している。店内に流れる音楽と，香り，そして複数の色である。その結果，2つの感覚刺激が適合するときには実験参加者からポジティブな反応を得られた。しかしながら，その感覚刺激が3種類になると，感覚過負荷を引き起こしたのである。

感覚過負荷を引き起こす閾値は，消費者の年齢によって変わり得ることが想定される。たとえば，アパレルブランドのアバクロンビー＆フィッチ（Abercrombie & Fitch）の店内で経験する感覚訴求は，同ブランドのターゲットである若い消費者に人気がある。店内には，大音量の音楽と強い香りが放たれている。しかしながら，これら複数の感覚訴求は若者には好評である一方で，若者の両親である世代には耐え難いほど過負荷なのである（Morrin and Chebat 2005）。

4. ……文化

　文化は，人が色から何を連想するかにおいて大きな影響を及ぼす。たとえば，Berger and Fitzsimons（2008）は，消費者の現実世界で取り巻く色による訴求（environmental color cues）は，その色から連想する商品へのアクセスを促進することを明らかにしている。そして，消費者の現実世界で取り囲む色は，文化による違いが生じうるのである。キリスト教信者が多く住む地域では，ハロウィーンの1週間前から近所や店内，広告にオレンジ色のパンプキンが頻繁に登場する。しかしハロウィーンの翌日にはすぐにパンプキンの飾り付けは片付けられてしまう。彼らは，キリスト教信者が多く住むと推測される地域のスーパーマーケットにおいてフィールド調査を行った。実施時期は，ハロウィーンの前日（ハロウィーンの飾り付けが始まってから約1週間後）およびハロウィーンから1週間後（ハロウィーンの飾り付けが終わってから約1週間後）の2とおりあった。前述のスーパーマーケットに来店した客を対象として，アンケートの回答を依頼した。質問内容は，さまざまな商品カテゴリーの商品名を想起させてブランド名を書かせるというものであった。その結果，ハロウィーンの一週間後と比較してハロウィーン前日に回答した消費者は，オレンジ色と関連性の高い商品を購入する傾向が示されたのである。たとえば，ロゴやパッケージに多くオレンジ色が使われている菓子の「Reese's」やサンキスト・オレンジジュースなどオレンジ色を採用している商品が多く購入されていたのである。しかし，もし同様のフィールド調査がキリスト教圏でない地域で行われたならば，スーパーマーケットの店内にはハロウィーン・カラー（オレンジ色）は存在せず，前述とは異なる結果が生じたであろう。

　文字を読んだり書いたりする方向もまた，文化によって異なる。Chae and Hoegg（2013）は，時間の空間的位置の一致効果に対する文化差の調整効果を明らかにした。彼らの実験結果では，広告内で製品画像の置かれている位置が，時間の空間表現と一致している場合（たとえば，(1) 英語を母語とする者にとっては，左が過去，右が将来を示す。(2) ヘブライ語を母語とする者にとっては，左が将来，右が過去を示す），その広告を見た消費者は，（不一致の場合

と比べて）その製品に対してより好ましい態度を形成したのである。これは，各文化において，数字が増えていく方向との関連性が影響している。右から左に向かって文字を読む消費者にとっては（たとえば，ヘブライ語を母語とする者）右から左に向かって数字が増えていくために，右が時間的には古く，左が時間的に新しさを連想させた。そしてこれらの連想によって，製品の時間的特徴と製品位置の適合・不適合が製品選好に影響を及ぼしたのである。一方で，左から右に向かって文字を読む文化圏の消費者においては，左が過去，右が将来を示すために，時系列が古い内容を左に，時系列が新しい内容を右に配置した広告を見る場合に（逆の配置がなされた広告と比べて）より好ましい態度を形成した。すなわち，時間の空間的位置の一致効果には，文化差による調整効果が働くことが明らかになったのである。

　文化は，個人の価値観にもまた影響を及ぼす。文化心理学では，文化の多様性や社会行動を説明する枠組みとして，文化的自己価値観（self-construal）という概念が扱われてきた（Becker, Natarajan, and Raval 2014）。Triandis（1989）は，世界の文化を個人主義の文化と集団主義の文化に分類している。Markus and Kitayama（1991）は，個人主義の文化における自己価値観について「相互独立的自己観（independent self-construal）」，集団主義の文化における自己観について「相互協調的自己観（dependent self-construal）」という分類を示している。西洋文化においては，個人が自分自身を主に他者から独立していると見なす相互独立的自己観が共有されており，一方，東洋文化においては，他者と一体的に繋がっていると見なす相互協調的自己観が共有されていると指摘している。自己価値観は，文化的な価値観であり，個人が自分自身を他者と独立して捉えようとするか，それとも他者と統合的な繋がりがあると捉えようとするかの違いであると説明される（Markus and Kitayama 1991）。

　Zhang, Feick, and Price（2006）は，審美的好ましさ（aesthetic preference）の判断に自己価値観が影響すると指摘しており，ブランド・ロゴの形の好みが自己価値観によって異なることを明らかにしている。紛争やいがみ合いが起きたときの解決アプローチ方法として，相互独立的自己観を持つ人は妥協せずに相手と衝突することによって解決することを連想する一方で，相互協調的自己観を持つ人は妥協や和解による解決アプローチを連想する（Ting-Toomey, Oetzel, and Yee-Jung 2001）。そして，角ばった形が一般的に「対立」を連想させ，一方で丸みのある形が「和解」を連想させるために，ブランド・ロゴの審美的好ましさの評価に自己価値観の違いが影響することを示した。調査の結果，相互独立的自己観を持つ人は，丸みのある形よりも角ばった形を高く好む傾向がある。しかし一方で，相互協調的自己観を持つ人は，角ばった形よりも丸みのある形をより魅力的なものだと評価することが示唆された。この点について，Zhu and Argo（2013）は，オブジェクトの形状（角のある，丸み，等）はさまざまな欲求を引き出すと指摘する。異なる形状の椅子を用いた彼らの実験結果からは，丸みのある椅子が人の「帰属」欲求を引出し，一方で角ばった椅子からは「独自性」欲求を喚起させることが明らかになっている。

5. ……心理的特性

　本節では，感覚訴求が消費者行動に及ぼす影響に対して，消費者の心理的特性が果たす役割について説明をしていく。たとえば，視覚情報などから認知的なイメージをする能力には個人差があり，記憶や知覚などの認知領域に大きな影響を及ぼす（Ernest 1977）。このような消費者の心理的特徴が，感覚訴求による効果に対してどのように調整的な役割を果たすのかについて，いくつかの先行研究によって焦点が当てられてきている。

5-1. 解釈レベル理論（Construal Level Theory）

　Lee, Deng, Unnava, and Fujita（2014）は，カラー画像が解釈レベルに及ぼす影響を調査した。彼らの実験結果より，白黒（vs. カラー）が高次レベルの解釈（vs. 低次レベルの解釈）と認知的に関連していることが示された。実験4と5では，白黒（vs. カラー）製品の製品写真を提示されたとき，実験参加者は本質的な製品機能に焦点を合わせることが確認された。さらに，Lee, Fujita, Deng, and Unnava（2017）は色と形に対する解釈レベルの視点効果を指摘している。遠い（vs. 近い）未来の解釈は一般に高次解釈（vs. 低次解釈）の特徴に焦点を合わせていると仮定された。彼らの研究では，遠い（vs. 近い）未来を

視覚化するとき，人は形（vs. 色）を捉えようとすることが明らかにされた。

　Sunaga（2018）は，消費者の聴覚情報の処理において解釈レベルの違いが異なる影響をもたらすことを示している。低周波（すなわち低音）の音楽に触れている消費者は（高周波（高音）の音楽に触れている消費者と比べて），音楽とその消費者との心理的距離が遠くなった。そのため，低周波の音楽に触れている消費者は（高周波の音楽に触れている消費者と比べて），高次レベルに物事を捉えようとする結果，製品について抽象的なメッセージで訴求した場合（具体的なメッセージで訴求した場合と比べて）によりポジティブな反応を得られることが示された。

5-2. 認知欲求（Need for Cognition）

　認知欲求（Need for Cognition：NFC）とは，個人が「努力を要する認知活動に従事し，それを楽しむ内発的な傾向」（Cacioppo and Petty 1982; 織田・服部・八木 2018）を表す。Haugtvedt, Petty, and Cacioppo（1992）は，広告への露出の結果として形成される態度に対する NFC の役割を調べた。その結果，明確な評価指示が提供されておらず，自分のペースまたは外部から制御される形で馴染みのない広告メッセージを比較的短時間で露出される場合には，NFC が態度変容のプロセスに影響を及ぼすことを確認した。高 NFC の消費者は，低 NFC の消費者よりも製品属性の評価に基づいて態度変容する一方で，低 NFC の消費者は（高 NFC の消費者と比べて）広告固有の単純な周辺手がかりに基づいて態度変容がなされることが示されたのである。

　これに関連して，Rodas and John（2020）は，女性消費者に影響を及ぼす秘密効果（secrecy effect）を，広告を用いた実験によって検証しているが，この秘密効果に対しても NFC が調整役割を持つことが示されている。秘密効果とは，女性消費者に秘密の消費（内緒でこっそり行う消費）について考えさせたりそれに従事させたりするような刺激が，より好ましい製品評価の形成に繋がるというものである。彼らの研究（study 4）では，架空のクッキー・ブランドを作成して，そのブランド用の広告を 2 種類（秘密バージョン，秘密ではないバージョン）用意した。秘密バージョンの広告（secret ad）では，クッキーを手に摘んでいる女性が口元に指を当ててこちらを見上げている。一方，秘密ではな

いバージョンの広告（Non-secret ad）では，秘密バージョンの広告と同じ女性がこちらを見ながらクッキーを口にしている。これらの広告を刺激として用いた実験の結果，広告を通じて秘密の消費を促すことによって，商品評価，購入意向，さらに商品選択が向上することが示されたのである。さらに実験結果より（study 8），秘密効果は低 NFC の女性消費者よりも，高 NFC の女性消費者において主に確認されることが示唆された。

　また，NFC は，商品のネームが商品評価に及ぼす影響に対しても調整役割を持つ。Irmak, Vallen, and Robinson（2011）は，食品が比較的健康的でないネーム（たとえば「パスタ」）で識別される場合，ダイエット志向が高い消費者は（ダイエットをしていない消費者と比較して）その製品が健康的でなく，しかも美味しくないと知覚することを確認した。しかしながら，このネームによる影響は，高 NFC の消費者に対しては軽減されることが明らかになった。このような示唆が得られた理由として，Irmak et al.（2011）は次のように説明している。ダイエット志向が高い人は，減量のために健康的でない食品を避けようとするために，「アイスクリーム」や「ポテトチップス」など禁断の食品カテゴリーに注意を向ける傾向がある。このようなカテゴリーに慢性的に注意を向けることで，非健康的な商品名を見ると，その商品を健康的でないものだと自動的かつ努力なしに（限られた認知資源の使用で）強く連想づける。すなわち，ダイエット志向が高い人は，健康的でない商品名に対してヒューリスティクスな情報処理をしやすい。そのため，ダイエッターは非ダイエッターを比べて，商品に非健康的な名前がついているとそれによってその商品をより非健康的だと評価し，それが味覚の評価や消費量にも影響しやすいことが明らかにされた。ただし，商品名の非健康さがダイエット志向の高い人に影響を及ぼしやすいのは前述のとおりヒューリスティクスな情報処理を一般にしやすいからである。そのため，ダイエット志向が高い人であっても，高 NFC の個人は注意深く情報処理をするために商品名の非健康的さによる商品評価や消費量への影響を受けないことが示された。

5-3. CVPA（Centrality of Visual Product Aesthetics）

　CVPA とは，製品の視覚的な審美性がその製品と消費者との関係構築にお

いて重視される程度を表す（Bloch, Brunel, and Amold 2003）。CVPA は，価値（value），洞察力（acumen），反応の強度（response intensity）という 3 つの次元から構成される。CVPA は，消費者が製品のデザインについて評価を形成する際にどの程度重視するかという点で違いがあらわれる。たとえば，CVPA が高い消費者は（CVPA が低い消費者と比べて），購買意向を固めるときにその製品の審美性を重視することが明らかになっている。CVPA 尺度は，Mowen, Fang, and Scott（2010）によって開発された。その階層モデルには 3 つの特性の前提条件として，物欲（material needs），独自性（uniqueness），経験への開放性（openness to experience），および価値としての 3 つの前提条件として科学的価値（science values），自由価値（liberal values），保守価値（conservative values）が組み込まれている。

5-4. 接触欲求（Need for Touch）

「接触欲求」（Need for Touch：NFT）は，接触システムを通じて情報を得ようとすることや，その接触行為そのものに対する選好を示す（Peck and Childers 2003b, p.431）。接触欲求は，自己目的的接触欲求（autotelic need for touch：ANFT）と手段的接触欲求（instrumental need for touch：INFT）という 2 つの次元から構成される。自己目的的接触欲求は，製品への接触行為を快楽的接触（hedonic touch）という観点で捉え，買い物行動において探索的に製品に触れることによって感じられる楽しさを測定するものである（Peck and Childers 2003a）。一方，手段的接触欲求は，製品への接触行為を問題解決のための手段という観点で捉え，製品の購買という目標達成のために，購買前に製品に関する情報を得るための接触をどの程度重視しているかを測定する（Peck and Childers 2003a）。Peck and Childers（2003a; 2003b）は，消費者が製品に接触する過程には個人特性による違いがあるとして，自己目的的接触欲求と手段的接触欲求との 2 つの因子からなる NFT 尺度を開発した（各 6 項目，全 12 項目）。NFT 尺度は幅広くさまざまな文化圏の消費者に適用して研究が行われている。たとえば，Nuszbaum, Voss, Klauer, and Betsch（2010）は NFT 尺度のドイツ人向け尺度を開発している。

Peck and Childers（2003b）は，個人特性としての接触欲求は，消費者の製

品を接触する体験が彼らの判断に及ぼす影響を調整する役割を果たすと指摘している。たとえば，NFT は，製品評価に対する非診断的触覚情報（non-diagnostic haptic input）の影響を緩和しうる。非診断的触覚情報とは，消費者が商品の購買意思形成において直接は関連しない触覚情報のことを指す。製品パッケージの触覚的機能が消費者の製品の味覚評価に及ぼす影響において，自己目的的接触欲求が高い消費者は，自己目的的接触欲求が低い消費者と比較して，非診断的触覚情報が評価に及ぼす影響が少なくなることが明らかになっている（Krishna and Morrin 2008）。

　また，接触欲求の程度はギャンブル性のある選択場面にも影響を及ぼすことが確認されている。NFT が高い個人は，接触によってポジティブな感情を得ることによって，その結果，ギャンブル性のある選択肢をより多く選択するのである（Nuszbaum et al. 2010）。

　その一方で，Peck and Wiggins（2006）は，さまざまな触覚情報（フェイクファー，フリース素材の生地など）を伴うフライヤーに触れると，そのフライヤーで紹介されている（非営利）組織に対する消費者の態度と，それに時間やお金を費やす意欲に影響を与えることを調査した。その結果，自己目的的欲求が高い消費者からのみ，組織に対する好意的な反応を得られることが示唆された。

　さらに，Ringler, Sirianni, Gustafsson, and Peck（2019）は，接触欲求は他者によって製品への接触行動をブロックされるときに示す反応にも違いをもたらすことを明らかにしている。製品情報を得ようとして接触を試みるときに，他者（販売員など）によって接触をブロックされると，接触によって製品情報を得ることを好む消費者は心理的リアクタンスを抱く。このとき，消費者が高い接触欲求と高い社会経済地位（socioeconomic status：SES）を保有する場合，前述の心理的リアクタンスを強く抱くことが示唆されている。

6. ……議論

本章は，感覚訴求が消費者行動に及ぼす影響に対して，個人特性がどのよう

な役割をもたらすかに関しての先行研究を整理してきた。取り上げた先行研究の一覧を，表 9-1 にまとめる。本節では，これまでのレビュー内容の概要をまとめ，将来検討されるべき課題について述べていく。

　初めに，性別や年代といった生理的な個人特性による影響を整理した。聴覚刺激および視覚刺激による訴求に対する影響が確認されている。特に，音量が及ぼす影響には，個人特性による違いが顕著である。また，音量は年代によって感覚過負荷を引き起こす要因となることが明らかとなった。生理的な個人特性による違いは，複数の感覚刺激を同時に採用する VR（Virtual Reality：バーチャル・リアリティ）などデジタル技術を用いたマーケティング施策を展開する際には，特に慎重に考慮する必要がある。先行研究が指摘するように，複数の感覚刺激を採用することは感覚過負荷を引き起こす恐れがあるためである。さらに，年代差もまた大きな検討するべき課題である。たとえば，デジタルネイティブ世代と非デジタルネイティブ世代との違いによる影響がある。Atasoy and Morewedge（2018）は，消費者がデジタル商品を物理的な商品よりも低く評価していることを明らかにした。実験の結果より，同じ商品を示しても，物理的に存在する商品（お土産の写真，本，映画）と比べてデジタル商品に対しては価値を低く評価したのである。この実験では，実験参加者はデジタル商品よりも物理的に存在する商品に対して購入意向および支払意思額がより高い結果となった。これら一連の結果より，心理的所有権（psychological ownership）の媒介的役割が示唆されたのである。しかしながら，このようなデジタル商品に対する消費者反応には，デジタル商品に対するなじみ深さの程度が調整効果をもたらす可能性がある。そのため，前述のデジタルネイティブ世代と非デジタルネイティブ世代のように年代差による影響がある可能性が考えられる。特に，バーチャル技術に目を転じて見ると，VR や AR（Augmented Reality：拡張現実）などの新技術に精通している若者世代とそうでない世代との差は，さまざまなバーチャル購買行動において相違をもたらす可能性がある。「GAFA」（Google, Amazon, Facebook, Apple）などの大手ハイテク企業は，VR や AR を活用した新しいサービスをスタートしている（たとえば，Facebook Horizon（Spitznagel 2019[(2)]），Amazon's VR shopping space（Aghadjanian 2019[(3)]））。そのようなハイテク・サービスに慣れ親しむ若い世代は，そうでない世代と比較す

表9-1	レビュー対象の論文一覧		
文献	感覚刺激の種類	個人特性	影響を及ぼす消費者反応
Kellaris and Rice (1993)	聴覚	性別	BGM 評価
Kellaris and Altsech (1992)	聴覚	性別	知覚時間
Andersson et al. (2012)	聴覚	性別	購入意向
Morrison et al. (2011)	聴覚，嗅覚	性別	買い物体験の満足度
Spangenberg et al. (2006)	嗅覚	性別	店舗売上
Westland and Shin (2015)	視覚	性別	製品評価
Holbrook and Schindler (1989)	聴覚	年代	製品選好
Yalch and Spangenberg (1990)	聴覚	年代	知覚滞店時間
Morrin and Chebat (2005)	聴覚，嗅覚	年代	店舗評価
Berger and Fitzsimons (2008)	視覚	文化	製品選好
Chae and Hoegg (2013)	視覚	文化	製品選好
Zhang et al. (2006)	視覚	文化	ブランド評価
Trivedi (2006)	嗅覚	文化	ブランド評価
Aslam (2006)	視覚	文化	ブランド評価
Lee et al. (2014)	視覚	心理的特性	注意の対象
Lee et al. (2017)	視覚	心理的特性	注意の対象
Sunaga (2018)	聴覚	心理的特性	製品評価
Haugtvedt et al. (1992)	視覚	心理的特性	製品評価
Rodas and John (2020)	視覚	性別，心理的特性	製品評価，購入意向，製品選択
Irmak et al. (2011)	視覚	心理的特性	製品評価
Peck and Chiders (2003b)	触覚	心理的特性	製品評価
Krishna and Morrin (2008)	触覚	心理的特性	製品評価
Nuszbaum et al. (2010)	触覚	心理的特性	製品選択
Peck and Wiggins (2006)	触覚	心理的特性	寄付意向
Ringler et al. (2019)	触覚	心理的特性	販売員に対する態度

ると，触覚的刺激に対する欲求などが異なるかもしれない。したがって，接触欲求に関する既存の調査結果は，世代や年代によって異なる可能性があろう。

　次に，文化による違いは，消費者の連想や情報処理にも影響を及ぼしうる。すなわち，文化は心理的特性と強い繋がりがあることが示された点である。感覚刺激が消費者反応に及ぼす影響に対する心理的特性（たとえば，自己解釈レベル）の役割を検討する際には，文化的背景の影響も考慮して検討する必要がある。

　さらに，先行研究が示すように，心理的特性による個人差が調整役割を果たす点である。特に，知覚に関する欲求や認知的情報に対する欲求による影響が確認された。将来の研究課題として，各心理特性と生理学的差異との相互作用効果について議論する必要がある。さらに，実務的知見の観点からは，デジタル・マーケティングにおける心理的特性の個人差による影響を検討する必要がある。たとえば，Eコマース市場は成長を続けているが（経済産業省 2021[(4)]），オンライン・ショッピング・サイトでは，消費者は商品に直接触れることができない。先行研究が明らかにしているように，直接触って製品の情報を得るのは消費者にとって重要な行為であり（Wolf, Arkes, and Muhanna 2008），消費者は製品に触れることができると，触れないときと比べて製品を購入する意図が高まる（Peck and Shu 2009）。この状況において，接触欲求は消費者反応にどのような影響を及ぼすであろうか。同様に，デジタルを活用した買い物場面においては，心的イメージ（MacInnis and Price 1987）などいくつかの関連する概念と既知の感覚マーケティング知見との相互作用効果について議論していくことで，実務的示唆の獲得に繋がるであろう。

　そして，近年マーケティングおよび消費者行動の研究領域においては，実務的示唆だけでなく社会的課題の解決に寄与する知見が求められている。そのような現状を踏まえると，個人特性である心理的特性が近年の社会的課題にどのような影響を生じるかを検討する必要がある。今後の研究可能性として，以下2つの個人特性を挙げたい。

　1つ目は，孤独（loneliness）化問題に関する個人特性である。デジタル技術の進化によって世界中の人が瞬時に間接的に繋がれる一方で，孤独感を抱く人が増えていて体調やメンタルに対する悪影響や孤独死など社会的な問題となって

いる。たとえば，イギリスは2018年に孤独問題担当大臣を設置して，高齢化社会や社会不適合を理由に急増している孤独問題に対処しようとしている（Yeginsu 2018[5]）。消費者行動およびマーケティングの研究分野においても，孤独に関する議論が盛んになり始めている（Pieters 2013）。消費者が抱く孤独感が，製品選好に影響し（Yan and Sengupta 2021），また擬人化性のある製品デザインが孤独感や社会的疎外感（social exclusion）を和らげる効果が指摘されている（Mourey et al. 2017; Tai et al. 2011）。孤独感は，他者との繋がりの欠如を含むが（Cacioppo, Fowler, and Christakis 2009），社会的動物である人間にとって他者との繋がりを感じられないのは，原始的な生存欲求に関わる（高橋 2021）。また，孤独感ほど程度が深刻でなくても，事物から他者との繋がりのような感覚を得ることで癒しを得ようとすることがある。この点，孤独感が強い消費者にかかわらず，前述のような「ぬくもり」を求めるという心理的特性が消費者にはあり，ぬくもりを求める程度の差異が製品の評価や選好に影響を生じる可能性がある。感覚訴求が消費者に及ぼす影響について，先行研究では対人的な概念の連想を活性化させる刺激が消費者反応に影響を及ぼすことについて多く指摘されてきた（たとえば，Hong and Sun 2012; Zhong and Leonardelli 2008; Zwebner et al. 2014）。しかし，本章で述べてきたように，感覚訴求が及ぼす影響に対しては，個人特性がその影響を調整する可能性がある。したがって，感覚訴求が消費者反応に及ぼす影響に関して，個人特性としてのぬくもり欲求がどのような役割を果たすかを明らかにすることは重要である。しかしながら，製品に対するぬくもり欲求という個人特性が製品評価や選好に及ぼす影響については明らかになっておらず，今後議論する必要がある。

2つ目は，デジタル・マーケティングが浸透しつつある現況下において，新たに取り扱われるようになった心理特性が消費者行動にどのような影響を及ぼすのか検討する必要がある。たとえば，エージェンシー感（sense of agent：SoA; Tapal, Oren, Dar, and Eitam 2017）がある。エージェンシー感とは，「自分が自分の行動の主導権を持っている」（Tapal et al. 2017, p.1）と感じているかについての概念である。

デジタル・マーケティングの中には，インターネット環境を利用したプロモーションがある。たとえばコロナ禍では，来店する機会が減ったことでオン

ライン動画機能を利用して接客販売するサービスが始まっている。百貨店大手の三越伊勢丹は，動画を通じて販売員が顧客にお勧めの商品を提示し，その詳細を説明してそのまま消費者が購入できるサービスを展開している（日経 MJ 2021）。またコロナ禍前においても，テレビ通販番組などで販売員が消費者の代理機能として製品に触れながら製品の特徴を伝える場面がある。消費者は，販売員が代理で製品に触れている様子を観ることで受動的に情報を入手するのである。このような文脈において，代理人が接触する行為を受動的に視聴するという体験は，消費者にどのような影響を与えるだろうか？たとえば，代理人による接触であっても製品にじっくり触れるという行為を視聴することで，消費者は擬似的に接触して感覚を得られるだろう。そのような場合，エージェンシー感が乏しい消費者に対して擬似的な接触の知覚が及ぼす影響は（エージェンシー感が強い消費者と比べて）より強くなると推測される。

　したがって，動画など消費者が受動的に製品情報を仕入れる方法が消費者に与える影響において，個人特性であるエージェンシー感がどのような役割を果たすのかを検討することは重要であろう。

（1） Trivedi, Bijal (2006), "Recruiting Smell for the Hard Sell," NweScientist. https://www. newscientist.com/article/mg19225821-800-recruiting-smell-for-the-hard-sell/（2019 年 12 月 31 日アクセス）

（2） Spitznagel, Eric (2019), "From Milk Baths to Drones on Demand, These Trends Will Rule 2020," New York Post. https://nypost.com/2019/12/28/from-milk-baths-to-drones-on-demand-these-trends-will-rule-2020/（2020 年 1 月 20 日アクセス）

（3） Aghadjanian, Nina (2019), "Amazon India Pushes Prime Day Online Sales with Virtual Reality-Based Booths," a.list. https://www.alistdaily.com/technology/amazon-india-prime-day-vr-experience/（2020 年 7 月 10 日アクセス）

（4） 経済産業省（2021）「電子商取引実態調査」経済産業省。https://www.meti.go.jp/policy/it_policy/statistics/outlook/ie_outlook.html（2021 年 8 月 16 日アクセス）

（5） Yeginsu, Ceylan (2018), "U.K. Appoints a Minister for Loneliness," The New York Times. https://www.nytimes.com/2018/01/17/world/europe/uk-britain-loneliness.html（2018 年 1 月 20 日アクセス）

終章　**本書のまとめ**

1. ……本書の研究成果

　本書では，感覚マーケティングの理論的枠組みを基に先行研究の議論を整理するとともに，序章で示した視点に基づく研究課題について，理論構築への貢献を目的として，実証研究を重ねてきた。(1) 感覚知覚に根差した感情によって消費者にどのような連鎖反応を起こすのか，(2) 感覚訴求の運動流暢性が消費者にどのような連鎖反応を起こすのか，(3) 感覚訴求が起こす連想と感覚転移がどのような連鎖反応を起こすのか，の3点である。これら3点について，感情ルートおよび認知ルートから議論を行ってきた。さらに，今後の研究可能性として，感覚訴求と個人特性の関係について，先行研究を整理するとともに，今後の課題を述べてきた。

　第I部では，感覚マーケティング理論の議論として，これまであまり光が当てられていない「感覚知覚に根ざした感情」とそれが消費者反応に及ぼす影響を検討した。まず第1章で，感覚訴求に関する消費者行動およびマーケティング分野の研究のうち，多感覚経験を取り上げた先行研究のレビューを行った。その結果，触覚と他の感覚間の相互作用に関する議論が比較的少ないことがわかった。触覚との組み合わせの検討が最も少ない感覚は聴覚であり，聴覚と触覚の相互作用が消費者に及ぼす影響について検討する必要性が見出された。そして第2章では，感覚知覚に根ざした感情にはどのような種類があるかをまとめ，種類に応じてどのような消費者反応があるのかを考察している。感覚刺激を手がかりとする感覚知覚に根ざした感情が消費者行動に及ぼす影響について検討する研究の知見はまだ十分ではないことが確認された。また，感覚知覚に根ざす感情を惹起させる感覚刺激として聴覚刺激の可能性が見出されたものの，製品属性としての触覚など他の感覚刺激については検討が不十分であることが示された。

　第3章では，第2章の考察から導出された，店内環境の感覚刺激が消費者にどのような感情変化をもたらすのかを検証するうえで，聴覚刺激に焦点を当てた。店内環境の中でも特に感情に訴えやすい刺激として環境音楽を取り上げ，さらに音楽の構成要素の中でもこれまで未解明であった「倍音」が消費者の感

情にどのような影響を及ぼすのかを実験室実験という厳密な研究環境によって解明している。

　その結果，偶数次倍音が多い音楽を聴くと，消費者は安心感をより強く抱くことが示された。その一方で，奇数次倍音が多い音楽を聴くと，消費者の不安感情がより強まりことが示された。続く第4章では，第1章から導かれた感覚刺激同士による感覚間相互作用において，感覚知覚に根ざした感情がどのような影響をもたらすのか実証研究を行った。複数の郵送調査や実験室実験の結果から，倍音の知覚が安心感に影響を及ぼし，消費者は安心感と抽象的かつ経験的に連想される「温かさ」や「柔らかさ」という触覚評価に変化をもたらすことが確認された。この結果は，「感覚（この場合は聴覚）知覚に根ざした感情」が，連想ネットワークを活性化させてその結果，商品の触り心地という触覚評価に変化をもたらすという新たな知見を提示している。

　続いて，第Ⅱ部では，感覚訴求が消費者の認知ルートに及ぼす影響について検討を行った。第5章では，まず，マーケティングおよび消費者行動の研究分野における，身体化認知および感覚知覚に根ざした認知を理論的背景とした既存研究の潮流を整理した。さらに，感覚訴求が認知に及ぼす影響を生起するメカニズムの一要因としてマーケティングおよび消費者行動の研究において取り扱われている，処理流暢性という概念に関する先行研究のレビューを行った（第6章）。その結果，知覚流暢性，概念流暢性，検索流暢性，適合流暢性，運動流暢性という5種類の流暢性によって，感覚訴求が消費者の認知に及ぼす影響について，そのメカニズムを説明しようとする議論が展開されてきていることが明らかになった。その一方で，運動流暢性においては，消費者の腕や手の運動を伴う文脈においてはその影響が検討されてきているものの，商品の情報を捉えようとするときに生じる目の動きに関する運動流暢性については検討がなされていないことが明らかになった。また，処理流暢性の測定方法について，実験参加者から直接アンケートなどで流暢性について回答してもらうという従来の方法から改善する必要があることが示された。そこで，続く第7章では，動きを伴わない製品画像の周辺情報によって消費者の目の動きを誘発する場合において，運動流暢性がどのように生じて，その結果，製品選好にどのような影響を及ぼすのかについて，実験室実験を行って検討した。その結果，消費者

は商品を理解しようとする際，パッケージに付記されている商品名を目で追って読むが，このときに生じる目の動きが流れる方向に製品の影が付随していると，（商品名を読む方向と影の方向が一致しない場合と比べて）運動流暢性が高まることが明らかになった。さらに，商品名を読む方向と影の方向が一致する場合には，不一致の場合と比べて，製品選好が高いことが示された。また，媒介分析の結果，商品名と影の方向の一致効果は，運動流暢性が媒介することによって生じることも確認されたのである。そして，処理流暢性の測定においては，実験参加者に流暢性の評価を回答させる主観的評価だけでなく，それに合わせて反応時間という客観的評価も組み合わせて流暢性を検証する方法を行った。その結果，主観的評価と客観的評価の双方を組み合わせて検証することで，流暢性の測定をより精密に行えるようになることが示唆された。

　さらに，第8章では，感覚刺激を受けた消費者の内部で無自覚に生じる「連想と感覚転移」の連鎖反応を実証している。視覚刺激がもたらす連想が，触覚という他の感覚知覚へ及ぼす影響について検討を行った。インターネット上のアンケート調査を行った結果，製品画像の背景色から温かさを連想させる場合，その製品に関する温かさや柔らかさという触覚イメージをより強く抱かせることが明らかになった。背景色は，製品の属性とは無関係な非診断的感覚刺激であるが，背景色が製品の触覚評価に影響を及ぼしうることが示された。ただし，前述の影響は，製品の特性として擬人化性がある製品に限定された。これは，擬人化性がある製品に対してのみ，背景色の温かさによって製品に対する親しみやすさが高まるためであることが媒介分析の結果，明らかになった。

　最後に，第Ⅲ部では，感覚知覚の欲求または能力に基づく個人差の影響を検討するために，感覚訴求による消費者行動の影響に対する，個人特性の役割を検討した。感覚マーケティングの施策展開による効果は，消費者の個人差によって調整される可能性もいくつかの研究結果より示唆されている。感覚訴求による消費者行動への影響に対する個人特性の役割について，先行研究の潮流を整理した結果，消費者の性別，年代，文化，心理的特性という4つの分類による個人特性ごとに，感覚マーケティングによる消費者の知覚や態度，行動といった反応に及ぼす影響が，個人特性の違いによってどのように減衰または緩和されるのかを整理する。最後に，今後の課題として消費環境の変化を見据え

て，特に注目されるべき個人特性を提案した。

2. ……今後の研究可能性

　本書は，Aradhna Krishna が最初に提案した感覚マーケティング理論の感情ルートと認知ルートの双方を包括的に取り扱い，感覚訴求が消費者に及ぼす影響にはどのようなものがあり，そしてそれはなぜ生じるのか？というメカニズムについて，「消費者の無自覚な連鎖反応」を鍵として論じてきた。感覚知覚に根ざした感情から発生するルートにおいても，連想ネットワークが活性化されることによる連鎖反応によって商品評価に影響を及ぼす可能性を提示した。また，感覚知覚に根ざした認知から発生するルートにおいても，運動流暢性または感覚転移という生理反応に強く関わる連鎖反応によって消費者としての判断に影響を及ぼすことを新たに提示した。

　また，本研究の貢献として，E コマース市場の拡大や，デジタル・ツールをマーケティング・コミュニケーションに用いる場面の拡大など，実務現場の実情を鑑みながら感覚マーケティング理論の議論において未着手だった課題について検討し，知見を積み重ねてきた点が挙げられる。第 7 章，第 8 章では E コマースやインターネットの動画広告場面への活用可能性が高い知見を得てきた。また，COVID-19 問題が世界的に起こり，企業の消費者への接触方法も，非接触や非対面型に変わりつつある。そのような社会環境の変化が起きている中でも，感覚訴求による消費者への働きかけは可能であることを本研究は示した。今後，非接触や非対面方式のマーケティング・コミュニケーションが浸透することで，感覚訴求が消費者に及ぼす影響についても変容していく可能性は現状で否定できない。接触や対面の機会が減ることによって，直の接触や対面によって得られる感覚刺激に対して過剰な反応を示すようになる可能性がある一方で，接触や対面の経験が減ることによって，疑似接触やスクリーン越しの対面から受ける刺激に対する反応が鈍感になり，知覚されにくく可能性もあるだろう。COVID-19 のビフォーとアフターで，感覚訴求が消費者に及ぼす影響がどのように変容するのか，本研究で整理して示した論点を押さえた検証が

必要である。

　さらに今後は，今回の研究で明らかになった知見をメタ的にまとめて，包括的かつ，より消費者のインサイトに迫れる概念モデルの構築に役立てていく必要があろう。たとえば，Zhang et al.（2021）は製品を消費者が購買を検討する際に感覚的情報を深く得ようとするかどうかで2つのタイプに分け，タイプによって感覚訴求が消費者に及ぼす影響の違いをモデル化している。本研究の第2章および第3章，第4章で検討したように感覚訴求は感情にも影響を及ぼしうるが，周辺環境の感覚訴求が消費者の感情に訴えかけやすいものかそうでないものなのかは，製品カテゴリーとの相性が考えられる。また，第2章で述べたように，感覚知覚に根ざしたネガティブ感情には，生体反応的に引き起こされるものと連想的に引き起こされるものとがある。これらの違いが消費者反応にどのような差異をもたらすか，先行研究のメタ分析や実購買データの分析によって包括的な概念モデルの提唱をしていくことが，今後の課題である。

　本研究が示した新たな知見は，オンラインとオフラインの双方の場面におけるマーケティング・コミュニケーションの施策決定に役立つものである。音楽の倍音に関する知見は，店内環境演出に音楽を用いる際，企業側は音楽の倍音条件を考慮することで，消費者が安心感を持って買い物を楽しめるようになるであろう。安心できる環境に人は接近し，長く滞在しようとするものである。偶数次倍音が多めの音楽を採用することで，店舗環境に対する満足度を高め，また滞在時間の長期化によって購買量の向上も期待できるだろう。他にも，病院など利用者が不安感情になりやすい空間において偶数次倍音が多めの音楽を流すことで，利用者を癒し，医療サービスの知覚品質向上に繋がる可能性もある。

　その一方で，企業は音楽の倍音条件が製品属性によってはその触覚要素に対する消費者の評価を変える可能性に気をつけなくてはならない。本研究の結果，背景音楽に偶数次倍音が多めの音楽を採用していると，消費者は製品の温かさや硬さに関する触覚の知覚が弱まる可能性が示された。もし売り場に置いている商品が触覚重視型であり，その温かさや柔らかさをアピールポイントとしたい場合には，消費者がそのアピールポイントを強く知覚しやすくするために，奇数次倍音が多めの音楽を流した方が良いかもしれない。

また，消費者は腕を伸ばすといった大きな運動を伴わず，たとえばソファに座ってリラックスしながらネットサーフィンをしている状況下においても，目の動きに関する流暢性によって製品への反応に影響を受けていることが示された。寝転がっていても，スマートフォンなどの画面を通じて製品情報を得ようとするとき，消費者は目を動かす。そのときに，目の動きの方向と一致するような製品情報の提示の仕方をすると，処理流暢性が高まり，その結果，製品選好が高まることが示された。雑誌や新聞に掲載する広告，Eコマースサイトに掲載する製品画像，など消費者の目に留まる製品画像はすべて，消費者の目の動きを流暢にするデザインやレイアウトの工夫によって，製品に対する肯定的な反応を引き出す成功可能性を高められるだろう。

　さらに，Eコマースの課題点として，消費者が製品を直に触ることができないという点がある。しかしながら，製品画像の背景色を工夫することによって，製品の触覚イメージを向上させる効果が示された。製品の温かさや柔らかさを訴求したい場合には，その製品画像の背景を暖色にすることによって，消費者の製品に対する温かさや柔らかさの知覚を高めることができるであろう。逆に，製品の冷却性や頑丈性の高さを訴求したい場合には，暖色を背景に活用しない方が良いことが示唆された。ただし，前述の効果を活用したい場合には，製品の擬人化性に考慮しなくてはならない。背景色から知覚する温かさの転移には，製品のデザインなどに擬人化性がある必要がある。また，擬人化性がある製品の場合，暖色の背景によって，消費者が製品に対して親しみやすさを強く抱きやすいことが示された。これは，擬人化性のデザインと暖色の組み合わせが親しみやすさの向上に寄与することを示している。製品だけでなく，たとえばブランドのロゴデザインにも擬人化性と暖色を活用することで，親しみやすいというブランド・パーソナリティの確立に活用することができるであろう。

　消費者が購買場面そのものや，購買によって安心感を得ようとする動きは2023年現在と将来にわたって長く続くものと想定される。COVID-19問題によって，世界中の消費者が常に見えない不安と戦いながら購買行動を続けていく必要に気がついたからである。ワクチン開発や治療方法が確立されたとしても，人々は予期せぬ社会問題に身近な買い物場面で隣り合わせになるリスクがいつまた訪れるとも限らないという新しい事実に気づかされた。COVID-19

問題に対処するために推進されている新しい行動様式などの結果，人々の抱く孤独感は高まっている（Groarke, Berry, Graham-Wisener, McKenna-Plumley, and Armour 2020）。本研究では，安心感を高め，または不安を減衰しうる感覚刺激の条件を明らかにした。オンライン店舗およびオフライン店舗において，また動画広告などにおいて取り入れることで，消費者感情を望ましいものにして満足の行く買い物行動を提供する一助となるであろう。さらに，「巣篭もり消費」という流行語の誕生が象徴するように，オンライン・ショッピングの市場は急拡大している。一時的な傾向ではなく，この機会にオンライン・ショッピングを利用する頻度は増えることが予想される。静止画像として商品を提示することが多いオンライン・ショッピング画面において，製品画像の影の方向を工夫することは，企業が低コストかつ簡易に取り入れられるマーケティング・コミュニケーション施策である。さらに，巣篭もり消費者に対して，直接製品に触れなくとも触覚に関するイメージや疑似接触の知覚を高めるような製品情報の提示方法を活用することで，購買を増加し，そして購買に対する満足度を高めていけるであろう。

あとがき

　本書では，感覚訴求が消費者の感情と認知に及ぼす影響について，感情と処理流暢性，および連想による感覚転移という3つの視点からその無自覚な連鎖反応が起こるメカニズムについて議論を進めてきた。感覚訴求によって消費者に起きる無自覚な連鎖反応について理解が深まり，また議論が活発になれば筆者として望外の喜びである。

　本書の執筆にあたり，多くの方々に感謝を申し上げたい。

　守口剛先生（早稲田大学教授）には，早稲田大学大学院商学研究科（ビジネススクール）でのゼミから，大学院博士後期課程を経て，現在に至るまで多くの貴重なご助言を頂戴している。守口先生のもとで，現象に注目するだけではなく，なぜその現象が起きるのかメカニズムを捉えようとすることの重要性と難しさをご指導いただいてきた。また，共同研究を通して，粘り強く難題に対処していく研究者としての姿勢を学ばせていただいている。守口ゼミに入って，多くの知識や技術を吸収できる機会に恵まれてきたことに心より感謝申し上げたい。

　早稲田大学大学院商学研究科においては，阿部周造先生（横浜国立大学名誉教授），澁谷覚先生（早稲田大学教授）からのご指導をいただいた。修士論文において，国際調査に挑戦したが，文化差を考慮した調査設計の重要性など実践的な指導を多く頂戴した。また，在学中にミラノのBocconi大学へ留学した際には，Zachary Estes先生の消費者心理を学べる授業に出会い，本書のテーマとなった感覚マーケティングの面白さを知ることができた。商学研究科に所属していた2年間で受けた指導のおかげで研究の奥深さや面白さを知り，博士後期課程への進学を決意することができた。深く御礼申し上げたい。

　早稲田大学大学院商学研究科後期課程においては，恩藏直人先生（早稲田大学教授），Bjoern Frank先生（早稲田大学准教授）からのご指導をいただいた。

また，石井裕明先生（青山学院大学准教授）には，筆者の博士学位審査において副査をお引き受けいただいた。本書の書籍化を最初に進めてくださったのは，石井先生である。石井先生からのご助言がなければ，本書は世に存在しなかった。心より感謝申し上げたい。

須永努先生（早稲田大学教授）には，共同研究を通して細微に至るまで丁寧にそして着実に研究を積み重ねていくことを学ばせていただいている。自分が至らない点を具体的に把握し，そして精進していかなければならない課題を明確にさせていただいていることに深く感謝申し上げる。

また，奥瀬喜之先生（専修大学教授），八島明朗先生（専修大学准教授），上田雅夫先生（横浜市立大学教授）をはじめ，守口研究室関連の皆様には，ゼミ内外での議論を通じて，多くの気づきをくださり，ご指導を頂戴している。改めて感謝申し上げたい。

そして，筆者がこれまで研究を進めてこられたのには，早稲田大学消費者行動研究所の研究会の存在が非常に大きい。本研究会では，早稲田大学商学学術院の各先生をはじめとして，竹村和久先生（早稲田大学教授），阿部誠先生（東京大学教授），朴宰佑先生（中央大学教授），平木いくみ先生（東京国際大学教授），外川拓先生（上智大学准教授），井上淳子先生（成蹊大学教授），寺﨑新一郎先生（立命館大学准教授），井出野尚先生（東京理科大学教授），をはじめとする多くのメンバーから，幅広い領域での視点をおさえた示唆に富むご助言を多く頂戴してきた。筆者自身の研究について助言を頂戴するだけでなく，先生達の研究に触れ，率直な議論に参加させてもらえる機会を頂戴できていることは，筆者にとって非常に恵まれた環境にあると痛感している。心から感謝申し上げたい。

勤務校である千葉商科大学商経学部では，学部長である久保誠先生をはじめ，マーケティング領域の森久人先生，長谷川博先生，野木村忠度先生，櫻井聡先生，越川靖子先生には，研究会で議論を交わさせていただくとともに，日頃の学務において多くのご助言を頂戴している。深く感謝申し上げる。

本書の出版にあたり，千葉商科大学からは，令和5年度（2023年度）学術図書出版の助成を受けた。研究成果を書籍として広く社会に発信するという筆者の望みを強く後押ししてくださったことに，心より御礼申し上げる。また，昨今の厳しい出版状況にもかかわらず，本書の出版をご快諾くださった株式会社

千倉書房，そして企画や校正作業を丁寧に進めてくださった同社編集部の岩澤孝氏に深く御礼申し上げる。

　お名前を挙げきれなかった他の方々からも，多くのご支援を頂戴して本書の出版に至ることができた。この場を借りて御礼申し上げる。

　最後に，家族への謝意を表することをお許しいただきたい。父・忠彦と母・悦子は，研究の道に進んだ私をいつでも温かく見守り，応援してくれている。兄・忠明は，幼少時から物事を調べる面白さを教えてくれた。そして，「何でもやってみなくてはわからない」と行動を促してくれる夫・太郎の言葉に背中を押されて，本書を皆様にお届けすることができた。心から感謝を伝えたい。

2023 年 5 月

西井真祐子

参考文献

Aaker, Jennifer L. (1997), "Dimensions of Brand Personality," *Journal of Marketing Research*, 34 (3), 347-356.

Ackerman, Joshua M., Christopher C. Nocera, and John A. Bargh (2010), "Incidental Haptic Sensations Influence Social Judgements and Decision," *Science*, 328 (5986) 1712-1715.

Aggarwal, Pankaj (2004), "The Effects of Brand Relationship Norms on Consumer Attitudes and Behavior," *Journal of Consumer Research*, 31 (1), 87-101.

———— and Ann L. McGill (2007), "Is That Smiling at Me? Schema Congruity as a Basis for Evaluating Anthropomorphized Products," *Journal of Consumer Research*, 34 (4), 468-479.

Alter, Adam L. (2014), *Drunk Tank Pink: And Other Unexpected Forces that Shape How We Think, Feel, and Behave*, New York: NY, Penguin Books.

———— and Daniel M. Oppenheimer (2009), "Uniting the Tribes of Fluency to Form a Metacognitive Nation," *Personality and Social Psychology Review*, 13 (3), 219-235.

————, ————, Nicholas Epley, and Rebecca N. Eyre (2007), "Overcoming Intuition: Metacognitive Difficulty Activates Analytic Reasoning," *Journal of Experimental Pxychology: General*, 136, 569-576.

Andersson, Pernille K., Per Kristensson, Erik Wästlund, and Anders Gustafsson (2012), "Let the Music Play or Not: The Influence of Background Music on Consumer Behavior," *Journal of Retailing and Consumer Services*, 19 (6), 553-560.

Areni, Charles S. and David Kim (1993), "The Influence of Background Music on Shopping Behavior: Classical Versus Top-Forty Music in a Wine Store," *Advances in Consumer Research*, 20 (1), 336-340.

Ariga, Atsunori (2018), "Reading Habits Contribute to the Effects of Display Direction on Product Choice," *PLoS ONE*, 13 (12): e0209837.

Arkes, Hal R. (2013), "The Influence of Context and Fluency," *Journal of Consumer Psychology*, 23 (1), 158-160.

Aslam, Mubeen M. (2006), "Are You Selling the Right Colour? A Cross-cultural Review of Colour as a Marketing Cue," *Journal of Marketing Communications*, 12 (1), 15-30.

Atasoy, Ozgun and Carey K. Morewedge (2018), "Digital Goods Are Valued Less Than Physical Goods,"*Journal of Consumer Research*, 44 (6), 1343-1357.

Aydinoğlu, Nilüfer Z. and Aradhna Krishna (2011), "Guiltless Gluttony: The Asymmetric Effect of Size Labels on Size Perceptions and Consumption," *Journal of Consumer Research*, 37 (6), 1095-1112.

Babin, Barry J., David M. Hardesty, and Tracy A. Suter (2003), "Color and Shopping Intentions: The Intervening Effect of Price Fairness and Perceived Affect,"*Journal of Business Research*, 56 (7), 541-551.

Bajaj, Aditi and Samuel D. Bond (2018), "Beyond Beauty: Design Symmetry and Brand Personality," *Journal of Consumer Psychology*, 28 (1), 77-98.

Bargh, John A. and Idit Shalev (2012), "The Substitutability of Physical and Social Warmth in Daily Life," *Emotion*, 12 (1), 154-162.

Barsalou, Lawrence W. (1999), "Perceptual Symbol Systems," *Behavioral and Brain Sciences*, 22 (4), 577-660.

———— (2008), "Grounded Cognition," *Annual Review of Psychology*, 59, 617-645.

———— (2010), "Grounded Cognition: Past, Present, and Future," *Topics in Cognitive Science*, 2 (4), 716-724.

Batra Rishtee K. and Tanuka Ghoshal (2017), "Fill up Your Senses: A Theory of Self-Worth Restoration Through High-Intensity Sensory Consumption," *Journal of Consumer Research*, 44 (4), 916-938.

Batra, Rajeev (2019), "Creating Brand Meaning: A Review and Research Agenda," *Journal of Consumer Psychology*, 29, (3), 535-546.

————, Colleen Seifert, and Diann Brei (2016), *The Psychology of Design: Creating Consumer Appeal*, New York, NY: Routledge.

Baumeister, Roy F., Todd F. Heatherton, and Dianne M. Tice (1994), *Losing Control: How and Why People Fail at Self-Regulation*, San Diego, CA: AcademicPress.

Becker, Stephen P., Anusha D. Natarajan, and Vaishali V. Raval (2014), "Self-Construal in a Cultural Context," In Levesque, R. J. R. (Eds.) *Encyclopedia of Adolescence* (pp. 3355-3366), New York: NY, Springer.

Belk, Russell W. (1988), "Possessions and the Extended Self," *Journal of Consumer Research*, 15 (2), 139-168.

Berger, Jonah and Gráinne Fitzsimons (2008), "Dogs on the Street, Pumas on Your Feet: How Cues in the Environment Influence Product Evaluation and Choice," *Journal of Marketing Research*, 45 (1), 1-14.

Bhalla, Mukul and Dennis R. Proffitt (1999), "Visual-Motor Recalibration in Geographical Slant Perception," *Journal of Experimental Psychology: Human Perception and Performance*, 25 (4), 1076-1096.

Biocca, Frank (1997), "The Cyborg's Dilemma: Progressive Embodiment in Virtual Environments," *Journal of Computer-Mediated Communication*, 3 (2), 1: JCMC324.

Biswas, Dipayan (2019), "Sensory Aspects of Retailing: Theoretical and Practical Implications,"*Journal of Retailing*, 95 (4), 111-115.

———— and Courtney Szocs (2019), "The Smell of Healthy Choices: Cross-Modal Sensory Compensation Effects of Ambient Scent on Food Purchases," *Journal of Marketing Research*, 56 (1), 123-141.

————, ————, and Annika Abell (2019), "Extending the Boundaries of Sensory Marketing and Examining the Sixth Sensory System: Effects of Vestibular Sensations for Sitting versus Standing Postures on Food Taste Perception," *Journal of Consumer Research*, 46 (4), 708-724.

————, ————, Roger Chacko, and Brian Wansink (2017), "Shining Light on Atmospherics: How Ambient Light Influences Food Choices," *Journal of Marketing Research*, 54 (1), 111-123.

————, Lauren I. Labrecque, Donald R. Lehmann, and Ereni Markos (2014), "Making Choices While Smelling, Tasting, and Listening: The Role of Sensory (Dis) Similarity When Sequentially Sampling Products," *Journal of Marketing*, 78 (1), 112-126.

————, ————, and ———— (2021), "Effects of Sequential Sensory Cues on Food Taste Perception: Cross-Modal Interplay Between Visual and Olfactory Stimuli," *Journal of Consumer Psychology*, 31 (4), 746-764.

————, Kaisa Lund, and Courtney Szocs (2019), "Sounds Like a Healthy Retail Atmospheric Strategy: Effects of Ambient Music and Background Noise on Food Sales," *Journal of the Academy of Marketing Science*, 47 (6), 37-55.

Bloch, Peter, Frederic F. Brunel, and Todd Arnold (2003), "Individual Differences in the Centrality of Visual Product Aesthetics: Concept and Measurement," *Journal of Consumer Research*, 29 (4), 551-565.

Bone, Paula F. and Pam S. Ellen (1992), "The Generation and Consequences of Communication-evoked Imagery," *Journal of Consumer Research*, 19 (1), 93-104.

Bornstein, Robert F. and Paul R. D'Agostino (1992), "Stimulus Recognition and the Mere Exposure Effect," *Journal of Personality and Social Psychology*, 63 (4), 545-552.

Bosmans, Anick (2006), "Scents and Sensibility: When Do (In)Congruent Ambient Scents Influence Product Evaluations?," *Journal of Marketing*, 70 (3), 32-43.

Brasel, Adam S. and James Gips (2014), "Tablets, Touchscreens, and Touchpads: How Varying Touch Interfaces Trigger Psychological Ownership and Endowment," *Journal of Consumer Psychology*, 24 (2), 226-233.

Brock, Douglas M., Irwin G. Sarason, Hari Sanghvi, and Regan A. R. Gurung (1998), "The Perceived Acceptance Scale: Development and Validation," *Journal of Social and Personal Relationships*, 15(1), 5-21.

Bruner, Gordon C. Ⅱ (1990), "Music, Mood, and Marketing," *Journal of Marketing*, 54 (4), 94-104.

Burgoon, Judee K., Joseph A. Bonito, Bjorn Bengtsson, Carl Cederberg, Magnus Lundeberg, and Lisa E. Allspach (2000), "Interactivity in Human-Computer Interaction: A Study of Credibility, Understanding, and Influence," *Computers in Human Behavior,* 16 (6), 553-574.

Cacioppo, John T. and Richard E. Petty (1982), "The Need for Cognition," *Journal of Personality and Social Psychology*, 42(1), 116-131.

————, James H. Fowler, and Nicholas A. Christakis (2009), "Alone in the Crowd: The Structure and Spread of Loneliness in a Large Social Network," *Journal of Personality and Social Psychology*, 97 (6), 977-991.

————, Richard E. Petty, Chuan Feng Kao, and Regina Rodriguez (1986), "Central and Peripheral Routes to Persuasion: An Individual Difference Perspective," *Journal of Personality and Social Psychology*, 51(5), 1032-1043.

————, Joseph R. Priester, and Gary G. Berntson (1993), "Rudimentary Determinants of Attitudes. II: Arm Flexion and Extension Have Differential Effects on Attitudes," *Journal of Personality and Social Psychology*, 65 (1), 5-17.

Casasanto, Daniel (2008), "Similarity and Proximity: When Does Close in Space Mean Close in Mind?," *Memory & Cognition*, 36 (6), 1047-1056.

———— and Evangelia G. Chrysikou (2011), "When Left Is 'Right': Motor Fluency Shapes Abstract Concepts," *Psychological Science*, 22 (4), 419-422.

Cavanaugh, Lisa A., James R. Bettman, and Mary F. Luce (2015), "Feeling Love and Doing More for Distant Others: Specific Positive Emotions Differentially Affect Prosocial Consumption," *Journal of Marketing Research*, 52 (5), 657-673.

Cavazzana, Annachiara, Maria Larsson, Eileen Hoffmann, Thomas Hummel, and Antje Haehner (2017), "The Vessel's Shape Influences the Smell and Taste of Cola," *Food Quality and Preference*, 59, 8-13.

Cerf, Moran, Eric Greenleaf, Tom Meyvis, and Vicki G. Morwitz (2015), "Using Single-Neuron Recording in Marketing: Opportunities, Challenges, and an Application to Fear Enhancement in Communications," *Journal of Marketing Research*, 52 (4), 530-545.

Chae, Boyoun G. and JoAndrea Hoegg (2013), "The Future Looks 'Right': Effects of the Horizontal Location of Advertising Images on Product Attitude," *Journal of*

Consumer Research, 40 (2), 223-238.

Chan, Eugene Y. (2019), "Dirty Weekends and Personal Hygiene Products: The Embodiment of Casual Sex in Marketing," *Psychology & Marketing*, 36 (6), 587-596.

——— and Gavin Northey (2021), "Luxury Goods in Online Retail: How High/Low Positioning Influences Consumer Processing Fluency and Preference," *Journal of Business Research*, 132, 136-145.

Chan, Hang-Yee, Maarten Boksem, and Ale Smidts (2018), "Neural Profiling of Brands: Mapping Brand Image in Consumers' Brains with Visual Templates," *Journal of Marketing Research*, 55 (4), 600-615.

Chebat, Jean-Charles, Claire Gelinas-Chebat, and Pierre Filiatrault (1993), "Interactive Effect of Musical and Visual Cues on Time Perception: An Application to Waiting Lines in Banks," *Perceptual and Motor Skills*, 77 (3), 995-1020.

———, Maureen Morrin, and Daniel-Robert Chebat (2008), "Does Age Attenuate the Impact of Pleasant Ambient Scent on Consumer Response?," *Environment and Behavior*, 41 (2), 258-267.

Chen, Rocky P., Echo W. Wan, and Eric Levy (2016), "The Effect of Social Exclusion on Consumer Preference for Anthropomorphized Brands," *Journal of Consumer Psychology*, 27 (1), 23-34.

Choi, Jungsil, Young K. Chang, Kiljae Lee, and Jae D. Chang (2016), "Effect of Perceived Warmth on Positive Judgement," *Journal of Consumer Marketing*, 33 (4), 235-244.

Christman, Stephen and Katherine Pinger (1997), "Lateral Biases in Aesthetic Preferences: Pictorial Dimensions and Neural Mechanisms," *Laterality*, 2 (2), 155-175.

Chylinski, Mathew, Gavin Northey, and Liem V. Ngo (2015), "Cross-modal Interactions between Color and Texture of Food," *Psychology & Marketing*, 32 (9), 950-966.

Citrin, Alka V., Donald E. Stem Jr., Eric R. Spangenberg, and Michael J. Clark (2003), "Consumer Need for Tactile Input: An Internet Retailing Challenge," *Journal of Business Research*, 56 (11), 915-922.

Collins, Allan M. and Elizabeth F. Loftus (1975), "A Spreading-Activation Theory of Semantic Processing," *Psychological Review*, 82(6), 407-428.

——— and Ross M. Quillian (1969), "Retrieval Time from Semantic Memory," *Journal of Verbal Learning & Verbal Behavior*, 8 (2), 240-247.

Cornil, Yann, Nailya Ordabayeva, Ulrike Kaiser, Bernd Weber, and Pierre Chandon (2014), "The Acuity of Vice: Attitude Ambivalence Improves Visual Sensitivity to

Increasing Portion Sizes," *Journal of Consumer Psychology*, 24 (2), 177-187.

Crisinel, Anne-Sylvie and Charles Spence (2010), "As Bitter as a Trombone: Synesthetic Correspondences in Nonsynesthetes between Tastes/Flavors and Musical Notes," *Attention, Perception, & Psychophysics*, 72 (7), 1994-2002.

Darwin, Charles (1872; 1965), *The Expression of the Emotions in Man and Animals*, Chicago: University of Chicago.

Deng, Xiaoyan and Barbara E. Kahn (2009), "Is Your Product on the Right Side? The 'Location Effect' on Perceived Product Heaviness and Package Evaluation," *Journal of Marketing Research*, 46 (6), 725-738.

————, ————, Rao H. Unnava, and Hyojin Lee (2016), "A 'Wide' Variety: Effects of Horizontal Versus Vertical Display on Assortment Processing, Perceived Variety, and Choice," *Journal of Marketing Research*, 53 (5), 682-698.

Donovan, Robert J. and John R. Rossiter (1982), "Store Atmosphere: An Environmental Psychology Approach," *Journal of Retailing*, 58 (1), 34-57.

Dubé, Laurette, Jean-Charles Chebat, and Sylvie Morin (1995), "The Effects of Background Music on Consumers' Desire to Affiliate in Buyer-Seller Interactions," *Psychology & Marketing*, 12 (4), 305-319.

Eelen, Jiska, Siegfried Dewitte, and Luk Warlop (2013), "Situated Embodied Cognition: Monitoring Orientation Cues Affects Product Evaluation and Choice," *Journal of Consumer Psychology*, 23 (4), 424-433.

Ekman, Paul (2003), *Emotions Revealed: Understanding Faces and Feelings.*, Weidenfeld and Nicolson. (菅靖彦 訳 (2006)『顔は口ほどに嘘をつく』, 河出書房新社)

Elder, Ryan S. and Aradhna Krishna (2010), "The Effect of Advertising Copy on Sensory Thoughts and Perceived Taste," *Journal of Consumer Research*, 36 (5), 748-756.

———— and ———— (2012), "The 'Visual Depiction Effect' in Advertising: Facilitating Embodied Mental Simulation Through Product Orientation," *Journal of Consumer Research*, 38 (6), 988-1003.

————, Nilfer Z. Aydinoğlu, Victor Barger, Cindy Caldara, Helen H. Chun, Chan J. Lee, Gine Mohr, and Antonios Stamatogiannakis (2011), A Sense of Things to Come Future Research Directions in Sensory Marketing, In Krishna, Aradhna (Ed.), *Sensory Marketing: Research on the Sensuality of Products* (pp. 361-376), Routledge, New York.

Engbert, Kai, Andreas Wohlschläger, and Patrick Haggard (2008), "Who Is Causing What? The Sense of Agency Is Relational and Efferent-triggered," *Cognition*, 107 (2), 693-704.

Ernest, Carole H. (1977), "Imagery Ability and Cognition: A Critical Review," *Journal of Mental Imagery*, 1 (2), 181-215.

Ernst, Marc O. and Martin S. Banks (2002), "Humans Integrate Visual and Haptic Information in A Statistically Optimal Fashion," *Nature*, 415, 429-433.

Eroglu, Sevgin A. and Karen A. Machleit (1990), "An Empirical Study of Retail Crowding: Antecedents and Consequences," *Journal of Retailing*, 66 (2), 201-221.

Esteky, Sina, Jean D. Wineman, and David B. Wooten (2018), "The Influence of Physical Elevation in Buildings on Risk Preferences: Evidence from a Pilot and Four Field Studies," *Journal of Consumer Psychology*, 28 (3), 487-494.

Fay, Adam J. and Jon K. Maner (2012), "Warmth, Spatial Proximity, and Social Attachment: The Embodied Perception of a Social Metaphor," *Journal of Experimental Social Psychology*, 48 (6), 1369-1372.

Fiore, Ann M., Xinlu Yah, and Eunah Yoh (2000), "Effects of a Product Display and Environmental Fragrancing on Approach Responses and Pleasurable Experiences," *Psychology & Marketing*, 17 (1), 27-54.

Fischer, Martin H. (2008), "Finger Counting Habits Modulate Spatial-Numerical Associations," *Cortex*, 44 (4), 386-392.

———— and Peter Brugger (2011), "When Digits Help Digits: Spatial-Numerical Associations Point to Finger Counting as Prime Example of Embodied Cognition," *Frontiers in Psychology*, 2 (260), 1-7.

Fisher, Jeffrey D., Marvin Rytting, and Richard Heslin (1976), "Hands Touching Hands: Affective and Evaluative Effects of an Interpersonal Touch," *Sociometry*, 39 (4), 416-421.

Florack, Arnd, Janet Kleber, Romy Busch, and David Stöhr (2014), "Detaching the Ties of Ownership: The Effects of Hand Washing on the Exchange of Endowed Products," *Journal of Consumer Psychology*, 24 (2), 284-289.

Folkes, Valerie S. and Shashi Matta (2004), "The Effect of Package Shape on Consumers' Judgments of Product Vol.: Attention as a Mental Contaminant," *Journal of Consumer Research*, 31 (2), 390-401.

———— and ———— (2013), "When a Product Takes on Characteristics of the Person Who Created It: Sometimes It Sounds Sweeter," *Journal of Consumer Psychology*, 23 (1), 19-35.

Frank, Björn, Boris Herbas Torrico, Takao Enkawa, and Shane J. Schvaneveldt (2014), "Affect versus Cognition in the Chain from Perceived Quality to Customer Loyalty: The Roles of Product Beliefs and Experience," *Journal of Retailing*, 90 (4), 567-586.

Frank, Mark G. and Thomas Gilovich (1988), "The Dark Side of Self- and Social

Perception: Black Uniforms and Aggression in Professional Sports," *Journal of Personality and Social Psychology*, 54 (1), 74-85.

Fürst, Andreas, Nina Pečornik, and Christian Binder (2021), "All or Nothing in Sensory Marketing: Must All or Only Some Sensory Attributes Be Congruent With a Product's Primary Function?," *Journal of Retailing*, 97 (3), 439-458.

Gallagher, Shaun (2000), "Philosophical Conceptions of the Self: Implications for Cognitive Science," *Trends in Cognitive Science*, 4(1), 14-21.

Garbarini, Francesca and Mauro Adenzato (2004), "At the Root of Embodied Cognition: Cognitive Science Meets Neurophysiology," *Brain and Cognition*, 56 (1), 100-106.

Gardner, Wendi L., Cynthia L. Pickett, Valerie Jefferis, and Megan Knowles (2005), "On the Outside Looking In: Loneliness and Social Monitoring," *Personality and Social Psychology Bulletin*, 31 (11), 1549-1560.

Garlin, Francine V. and Katherine Owen (2006), "Setting the Tone with the Tune: A Meta-Analytic Review of the Effects of Background Music in Retail Settings," *Journal of Business Research*, 59 (6), 755-764.

Gerhard, Michael L. and David G. Mick (2018), "Consumer Wisdom: A Theoretical Framework of Five Integrated Facets," *Journal of Consumer Psychology*, 28 (3), 365-392.

Gibbs, Raymond W. Jr. (2006), *Embodiment and Cognitive Science*, New York: Cambridge University Press.

Giessner, Steffen R. and Thomas W. Schubert (2007), "High in the Hierarchy: How Vertical Location and Judgments of Leaders' Power Are Interrelated," *Organizational Behavior and Human Decision Processes*, 104 (1), 30-44.

Glenberg, Arthur M. (2015), "Few Believe the World Is Flat: How Embodiment Is Changing the Scientific Understanding of Cognition," *Canadian Journal of Experimental Psychology/Revue Canadienne de Psychologie Expérimentale*, 69(2), 165-171.

———— and Michael P. Kaschak (2002), "Grounding Language in Action," *Psychonomic Bulletin & Review*, 9, 558-565.

Gorn, Gerald J. (1982), "The Effects of Music in Advertising on Choice Behavior: A Classical Conditioning Approach," *Journal of Marketing*, 46 (1), 94-101.

Graf, Laura K. M., Stefan Mayer, and Jan R. Landwehr (2017), "Measuring Processing Fluency: One Versus Five Items," *Journal of Consumer Psychology*, 28 (3), 393-411.

Grewal, Dhruv, Stephanie M. Noble, Carl-Philip Ahlbom, and Jens Nordfält (2020), "The Sales Impact of Using Handheld Scanners: Evidence from the Field," *Journal of Marketing Research*, 57 (3), 527–547.

Groarke, Jenny M., Emma Berry, Lisa Graham–Wisener, Phoebe E. McKenna–Plumley, Emily McGlinchey, and Cherie Armour (2020), "Loneliness in the UK During the COVID–19 Pandemic: Cross–Sectional Results from the COVID–19 Psychological Wellbeing Study," *PLOS ONE*, 15 (9): e0239698.

Grohmann, Bianca, Eric R. Spangenberg, and David E. Sprott (2007), "The Influence of Tactile Input on the Evaluation of Retail Product Offerings," *Journal of Retailing*, 83 (2), 237–245.

Gutman, Jonathan (1982), "A Means–End Chain Model Based on Consumer Categorization Processes," *Journal of Marketing*, 46 (2), 60–72.

Hadi, Rhonda and Ana Valenzuela (2014), "A Meaningful Embrace: Contingent Effects of Embodied Cues of Affection," *Journal of Consumer Psychology*, 24, (4), 520–532.

Hagtvedt, Henrik and Adam S. Brasel (2016), "Cross–Modal Communication: Sound Frequency Influences Consumer Responses to Color Lightness," *Journal of Marketing Research*, 53 (4), 551–562.

Harman, Harry H. (1967), *Modern Factor Analysis*, Chicago, IL: University of Chicago Press.

Harrar, Vanessa, Betina Piqueras–Fiszman, and Charles Spence (2011), "There's More to Taste in a Coloured Bowl," *Perception*, 40(7), 880–882.

Haugtvedt, Curtis P., Richard E. Petty, and John T. Cacioppo (1992), "Need for Cognition and Advertising: Understanding the Role of Personality Variables in Consumer Behavior," *Journal of Consumer Psychology*, 1 (3), 239–260.

Hayes, Andrew F. (2013), *Introduction to Mediation, Moderation, and Conditional Process Analysis: A Regression-Based Approach*, New York: Guilford Publications.

———— (2015), "An Index and Test of Linear Moderated Mediation," *Multivariate Behavioral Research*, 50 (1), 1–22.

Hemed, Eitan, Shirel Bakbani–Elkayam, Andrei R. Teodorescu, Lilach Yona, and Baruch Eitam (2020), "Evaluation of an Action's Effectiveness by the Motor System in a Dynamic Environment," *Journal of Experimental Psychology: General*, 149 (5), 935–948.

Herrmann, Andreas, Manja Zidansek, David E. Sprott, and Eric R. Spangenberg (2013), "The Power of Simplicity: Processing Fluency and the Effects of Olfactory Cues on Retail Sales," *Journal of Retailing*, 89 (1), 30–43.

Higgins, Tory E. (1996), "Knowledge Activation: Accessibility, Applicability, and Salience," In Higgins, Tory E. and Arie W. Kruglanski (Eds.), *Social Psychology: Handbook of Basic Principles* (pp. 133-168), The Guilford Press.

————— (1997), "Beyond Pleasure and Pain," *American Psychologist*, 52 (12), 1280-1300.

—————, Williams S. Rholes, and Carl R. Jones (1977), "Category Accessibility and Impression Formation," *Journal of Experimental Social Psychology*, 13 (2), 141-154.

Hill, Craig A. (1987), "Affiliation Motivation: People Who Need People… but in Different Ways," *Journal of Personality and Social Psychology*, 52(5), 1008-1018.

Hoegg, Joandrea and Joseph W. Alba (2007), "Taste Perception: More than Meets the Tongue," *Journal of Consumer Research*, 33 (4), 490-498.

Holbrook, Morris B. and Robert M. Schindler (1989), "Some Exploratory Findings on the Development of Musical Tastes," *Journal of Consumer Research*, 16 (1), 119-124.

Holmberg, Lennart (1975), "The Influence of Elongation on the Perception of Volume of Geometrically Simple Objects," *Psychological Research Bulletin*, 15, 1-18.

Homburg, Christian, Monika Imschloss, and Christina Ku"hnl (2012), "Of Dollars and Senses—Does Multisensory Marketing Pay Off?," Mannheim: Institute for Market-Oriented Management, *IMU Research Insights* 9, 1-13.

Hong, Jiewen and Yacheng Sun (2012), "Warm It up with Love: The Effect of Physical Coldness on Liking of Romance Movies," *Journal of Consumer Research*, 39 (2), 293-306.

Horowitz, Alexandra C. and Marc Bekoff (2007), "Naturalizing Anthropomorphism: Behavioral Prompts to Our Humanizing of Animals," *Anthrozoös*, 20 (1), 23-35.

Hosany, Sameer, Daniela Buzova, and Silvia Sanz-Blas (2019), "The Influence of Place Attachment, Ad-Evoked Positive Affect, and Motivation on Intention to Visit: Imagination Proclivity as a Moderator," *Journal of Travel Research*, 59 (3), 477-495.

Hou, Yuansi and Ke Zhang (2020), "Space and Money: How and Why Crowding Influences Tourists' Sensitivity to Price Magnitude," *Journal of Travel Research*, 60(3), 520-531.

Huang, Xun (Irene), Meng Zhang, Michael K. Hui, and Jr. Robert S. Wyer (2014), "Warmth and Conformity: The Effects of Ambient Temperature on Product Preferences and Financial Decisions," *Journal of Consumer Psychology*, 24 (2), 241-250.

Hui, Michael K. and John E. G. Bateson (1991), "Perceived Control and the Effects of Crowding and Consumer Choice on the Service Experience," *Journal of Consumer Research*, 18 (2), 174-184.

Hung, Iris W. and Aparma A. Labroo (2011), "From Firm Muscles to Firm Willpower:

Understanding the Role of Embodied Cognition in Self-Regulation," *Journal of Consumer Research*, 37 (6), 1046-1064.

Häfner, Michael (2004), "How Dissimilar Others May Still Resemble the Self: Assimilation and Contrast after Social Comparison," *Journal of Consumer Psychology*, 14, (1-2), 187-196.

IJzerman, Hans and Gün R. Semin (2009), "The Thermometer of Social Relations: Mapping Social Proximity on Temperature," *Psychological Science*, 20 (10), 1214-1220.

Iacobucci, Dawn (2003), "Introduction to Consumers in Cyberspace," *Journal of Consumer Psychology*, 5 (1), 65-83.

Imschloss, Monika and Christina Kuehnl (2019), "Feel the Music! Exploring the Cross-modal Correspondence between Music and Haptic Perceptions of Softness," *Journal of Retailing*, 95 (4), 158-169.

Irmak, Caglar, Beth Vallen, and Stefanie R. Robinson (2011), "The Impact of Product Name on Dieters' and Nondieters' Food Evaluations and Consumption," *Journal of Consumer Research*, 38 (2), 390-405.

Isen, Alice M. and Barbara Means (1983), "The Influence of Positive Affect on Decision-Making Strategy," *Social Cognition*, 2 (1), 18-31.

Jacob, Céline, Nicolas Guéguen, Gaëlle Boulbry, and Selmi Sami (2009), "'Love Is in the Air': Congruence Between Background Music and Goods in a Florist," *The International Review of Retail, Distribution and Consumer Research*, 19 (1), 75-79.

Jacobs, Richard H. A. H., Koen V. Haak, Stefan Thumfart, Remco Renken, Brian Henson, and Frans W. Cornelissen (2016), "Aesthetics by Numbers: Links between Perceived Texture Qualities and Computed Visual Texture Properties," *Frontiers in Human Neuroscience*, 10, Article 343.

Jacoby, Larry L. and Kelley M. Colleen (1987), "Unconscious Influences of Memory for a Prior Event," *Personality and Social Psychology Bulletin*, 13 (3), 314-336.

James, William (1890), *The Principles of Psychology*, 1, New York: Henry Holt.

Janiszewski, Chris and Robert S. Wyer (2014), "Content and Process Priming: A Review," *Journal of Consumer Psychology*, 24 (1), 96-118.

———— and Tom Meyvis (2001), "Effects of Band Logo Complexity, Repetition, and Spacing on Processing Fluency and Judgment," *Journal of Consumer Research*, 28 (1), 18-32.

Jostmann, Nils B., Daniël Lakens, and Thomas W. Schubert (2009), "Weight as an Embodiment of Importance," *Psychological Science*, 20 (9), 1169-1174.

Joy, Annamma, John Sherry, Alladi Venkatesh, and Jonathan Deschenes (2009), "Perceiving Images and Telling Tales: A Visual and Verbal Analysis of the Meaning of the Internet," *Journal of Consumer Psychology*, 19 (3), 556-566.

KBV research (2020), *North America Haptic Technology Market North America Haptic Technology Market by Component (Hardware and Software), By Feedback Type (Tactile and Force), by End User (Consumer Devices, Education & Research, Automotive & Transportation, Healthcare, Commercial & Industrial and Others), By Country, Industry Analysis and Forecast, 2020 - 2026*, Marqual IT Solutions Pvt. Ltd.

Kahneman, Daniel, Jack L. Knetsch, and Richard H. Thaler (1990), "Experimental Tests of the Endowment Effect and the Coase Theorem," *Journal of Political Economy*, 98 (6), 1325-1348.

————, ————, and ———— (1991), "Anomalies: The Endowment Effect, Loss Aversion, and Status-Quo Bias," *Journal of Economic Perspectives*, 5(1), 193-206.

Kaltcheva, Velitchka D. and Barton A. Weitz (2006), "When Should a Retailer Create an Exciting Store Environment?," *Journal of Marketing*, 70 (1), 107-118.

Kellaris, James J. and Moses B. Altsech (1992), "The Experience of Time as A Function of Musical Loudness and Gender of Listener," In Sherry Jr., John F. and Brian Sternthal, Provo (Eds.), *Advances in Consumer Research*, 19 (pp. 725-729), UT: Association for Consumer Research.

———— and Robert J. Kent (1992), "The Influence of Music on Consumers' Temporal Perceptions: Does Time Fly When You're Having Fun?," *Journal of Consumer Psychology*, 1 (4), 365-376.

———— and ———— (1993), "An Exploratory Investigation of Responses Elicited by Music Varying in Tempo, Tonality, and Texture," *Journal of Consumer Psychology*, 2 (4), 381-401.

Kellaris, James J. and Ronald C. Rice (1993), "The Influence of Tempo, Loudness, and Gender of Listener on Responses to Music," *Psychology & Marketing*, 10 (1), 15-29.

Kim, Hakkyun, Akshay R. Rao, and Angela Y. Lee (2009), "It's Time to Vote: The Effect of Matching Message Orientation and Temporal Frame on Political Persuasion," *Journal of Consumer Research*, 35 (6), 877-889.

Kim, Hye-Young and Ann L. McGill (2018), "Minions for the Rich? Financial Status Changes How Consumers See Products with Anthropomorphic Features," *Journal of Consumer Research*, 45 (2), 429-450.

Kim, Sara and Ann L. McGill (2011), "Gaming with Mr. Slot or Gaming the Slot Machine? Power, Anthropomorphism, and Risk Perception," *Journal of Consumer Research*, 38 (1), 94-107.

Klatzky, Roberta L., Susan J. Lederman, and Dana E. Matula (1993), "Haptic Exploration in the Presence of Vision," *Journal of Experimental Psychology:*

Human Perception and Performance, 19 (4), 726-743.

Klein, Jill G., Tina M. Lowrey, and Cele C. Otnes (2015), "Identity-Based Motivations and Anticipated Reckoning: Contributions to Gift-Giving Theory from an Identity-Stripping Context," *Journal of Consumer Psychology*, 25 (3), 431-448.

Knoeferle, Klemens M. Vilhelm C. Paus, and Alexander Vossen (2017), "An Upbeat Crowd: Fast In-Store Music Alleviates Negative Effects of High Social Density on Customers' Spending," *Journal of Retailing*, 93 (4), 541-549.

————, Andy Woods, Florian Kappeler, and Charles Spence (2015), "That Sounds Sweet: Using Cross-Modal Correspondences to Communicate Gustatory Attributes," *Psychology & Marketing*, 32 (1), 107-120.

Kotler, Philip (1973), "Atmospherics as a Marketing Tool," *Journal of Retailing*, 49 (4), 48-64.

Kouchaki, Maryam, Francesca Gino, and Ata Jami (2014), "The Burden of Guilt: Heavy Backpacks, Light Snacks, and Enhanced Morality," *Journal of Experimental Psychology: General*, 143 (1), 414-424.

Krishna, Aradhna (Ed) (2010), *Sensory Marketing: Research on the Sensuality of Products*, Routledge.

———— (2012), "An Integrative Review of Sensory Marketing: Engaging the Senses to Affect Perception, Judgment and Behavior," *Journal of Consumer Psychology*, 22 (3), 332-351.

———— (2013), *Customer Sense: How the 5 Sense Influence Buying Behavior*, New York, NY: Palgrave Macmillan.

————, Ryan S. Elder, and Cindy Caldara (2010), "Feminine to Smell but Masculine to Touch? Multisensory Congruence and Its Effect on the Aesthetic Experience," *Journal of Consumer Psychology*, 20 (4), 410-418.

———— and Maureen Morrin (2008), "Does Touch Affect Taste? The Perceptual Transfer of Product Container Haptic Cues," *Journal of Consumer Research*, 34 (6), 807-818.

————, ————, and Eda Sayin (2014), "Smellizing Cookies and Salivating: A Focus on Olfactory Imagery," *Journal of Consumer Research*, 41 (1), 18-34.

———— and Norbert Schwarz (2012), "Announcement of a Special Issue in *Journal of Consumer Psychology* on: 'Sensory Perception, Embodiment, and Grounded Cognition: Implications for Consumer Behavior'," *Journal of Consumer Psychology*, 22 (2), 161-161.

———— and ———— (2014), "Sensory Marketing, Embodiment, and Grounded Cognition: A Review and Introduction," *Journal of Consumer Psychology*, 24 (2), 159-168.

————, Rongrong Zhou, and Shi Zhang (2008), "The Effect of Self-Construal on Spatial Judgments," *Journal of Consumer Research*, 35 (2), 337-348.

Kwon, Mina and Rashmi Adaval (2018), "Going Against the Flow: The Effects of Dynamic Sensorimotor Experiences on Consumer Choice," *Journal of Consumer Research*, 44 (6), 1358-1378.

Labroo, Aparna A. and Jesper H. Nielsen (2010), "Half the Thrill Is in the Chase: Twisted Inferences from Embodied Cognitions and Brand Evaluation," *Journal of Consumer Research*, 37 (1), 143-158.

————, Ravi Dhar, and Norbert Schwarz (2008), "Of Frog Wines and Frowning Watches: Semantic Priming, Perceptual Fluency, and Brand Evaluation," *Journal of Consumer Research*, 34 (6), 819-831.

Lakoff, George (2012), "Explaining Embodied Cognition Results," *Topics in Cognitive Science*, 4 (4), 773-785.

———— and Mark Johnson (1980), "Conceptual Metaphor in Everyday Language," *The Journal of Philosophy*, 77 (8), 453-486.

———— and ———— (1999), *Philosophy in the Flesh: The Embodied Mind and Its Challenges to Western Thought*, New York: Basic Books.

Landwehr, Jan R. and Lisa Eckmann (2020), "The Nature of Processing Fluency: Amplification Versus Hedonic Marketing," *Journal of Experimental Social Psychology*, 90 (103997), 1-14.

Larson, Jeffrey S. and Darron M. Billetera (2013), "Consumer Behavior in "Equilibrium": How Experiencing Physical Balance Increases Compromise Choice," *Journal of Marketing Research*, 50 (4), 535-547.

————, Joseph P. Redden, and Ryan S. Elder (2014), "Satiation from Sensory Simulation: Evaluating Foods Decreases Enjoyment of Similar Foods," *Journal of Consumer Psychology*, 24 (2), 188-194.

Lee, Angela Y., Punam A. Keller, and Brian Sternthal (2010), "Value from Regulatory Construal Fit: The Persuasive Impact of Fit between Consumer Goals and Message Concreteness," *Journal of Consumer Research*, 36 (5), 735-747.

———— and Aparna A. Labroo (2004), "The Effect of Conceptual and Perceptual Fluency on Brand Evaluation," *Journal of Marketing Research*, 41 (2), 151-165.

Lee, Hyojin, Xiaoyan Deng, Rao H. Unnava, and Kentaro Fujita (2014), "Monochrome Forests and Colorful Trees: The Effect of Black-and-White Versus Color Imagery on Construal Level," *Journal of Consumer Research*, 41 (4), 1015-1032.

————, Kentaro Fujita, Xiaoyan Deng, and Rao H. Unnava (2017), "The Role of Temporal Distance on the Color of Future-Directed Imagery: A Construal-Level Perspective," *Journal of Consumer Research*, 43 (5), 707-725.

Lee, Seung H., Jeff D. Rotman, and Andrew W. Perkins (2014), "Embodied Cognition and Social Consumption: Self-regulating Temperature Through Social Products and Behaviors," *Journal of Consumer Psychology*, 24 (2), 234-240.

Lee, Spike W. S. and Norbert Schwarz (2010a), "Dirty Hands and Dirty Mouths: Embodiment of the Moral-Purity Metaphor Is Specific to the Motor Modality Involved in Moral Transgression," *Psychological Science*, 21 (10), 1423-1425.

————— and ————— (2010b), "Washing Away Postdecisional Dissonance," *Science*, 328 (5979), 709-709.

Leonhardt, James M., Jesse R. Catlin, and Dante M. Pirouz (2015), "Is Your Product Facing the Ad's Center? Facing Direction Affects Processing Fluency and Ad Evaluation," *Journal of Advertising*, 44 (4), 315-325.

Levontin, Liat, Danit Ein-Gar, and Angela Y. Lee (2015), "Acts of Emptying Promote Self-focus: A Perceived Resource Deficiency Perspective," *Journal of Consumer Psychology*, 25 (2), 257-267.

Leyens, Jacques-Philippe, Brezo Cortes, Stéphanie Demoulin, John F. Dovidio, Susan T. Fiske, Ruth Gaunt, Maria P. Paladino, Armand Rodriguez, Ramon Rodriguez-Perez, and Jeroen Vaes (2003), "Emotional Prejudice, Essentialism, and Nationalism," *European Journal of Social Psychology*, 33 (6), 703-717.

Liberman, Nira and Yaacov Trope (1998), "The Role of Feasibility and Desirability Considerations in Near and Distant Future Decisions: A Test of Temporal Construal Theory," *Journal of Personality and Social Psychology*, 75 (1), 5-18.

Lobel, Thalma (2014), *Sensation: The New Science of Psysical Intelligence*. (池村千秋訳 (2015)『赤を身につけるとなぜもてるのか？』, 文藝春秋)

Lowe, Michael L. and Kelly L. Haws (2017), "Sounds Big: The Effects of Acoustic Pitch on Product Perceptions," *Journal of Marketing Research*, 54 (2), 331-346.

—————, Katherine E. Loveland, and Aradhna Krishna (2019), "A Quiet Disquiet: Anxiety and Risk Avoidance due to Nonconscious Auditory Priming," *Journal of Consumer Research*, 46 (1), 159-179.

Lynch, John G., Joseph W. Alba, Aradhna Krishna, Vicki G. Morwitz, and Zeynep Gürhan-Canli (2012), "Knowledge Creation in Consumer Research: Multiple Routes, Multiple Criteria," *Journal of Consumer Psychology*, 22 (4), 473-485.

Lécuyer, Anatole (2009), "Simulating Haptic Feedback Using Vision: A Survey of Research and Applications of Pseudo-Haptic Feedback," *Presence: Teleoperators and Virtual Environments*, 18 (1), 39-53.

MacInnis, Deborah J. and Linda L. Price (1987), "The Role of Imagery in Information Processing: Review and Extensions," *Journal of Consumer Research*, 13 (4), 473-491.

Mackenzie, Scott B. and Philip M. Podsakoff (2012), "Common Method Bias in Marketing: Causes, Mechanisms, and Procedural Remedies," *Journal of Retailing,* 88 (4), 542-555.

Madzharov, Adriana V., Lauren G. Block, and Maureen Morrin (2015), "The Cool Scent of Power: Effects of Ambient Scent on Consumer Preferences and Choice Behavior," *Journal of Marketing,* 79 (1), 83-96.

Maeng, Ahreum and Pankaj Aggarwal (2018), "Facing Dominance: Anthropomorphism and the Effect of Product Face Ratio on Consumer Preference," *Journal of Consumer Research,* 44 (5), 1104-1122.

————, Robin J. Tanner, and Dilip Soman (2013), "Conservative When Crowded: Social Crowding and Consumer Choice," *Journal of Marketing Research,* 50 (6), 739-752.

Mamassian, Pascal, Ines Jentzsch, Benoit A. Bacon, and Stefan R. Schweinberger (2003), "Neural Correlates of Shape from Shading," *NeuroReport,* 14 (7), 971-975.

Mandel, Naomi, Derek D. Rucker, Jonathan Levav, and Adam D. Galinsky (2017), "The Compensatory Consumer Behavior Model: How Self-Discrepancies Drive Consumer Behavior," *Journal of Consumer Psychology,* 27 (1), 133-146.

Marin, Alex, Martin Reimann, and Raquel Castaño (2014), "Metaphors and Creativity: Direct, Moderating, and Mediating Effects," *Journal of Consumer Psychology,* 24 (2), 290-297.

Markus, Hazel R. and Shinobu Kitayama (1991), "Culture and the Self: Implications for Cognition, Emotion and Motivation," *Psychological Review,* 98 (2), 224-253.

Maslow, Abraham H. (1943), "A Theory of Human Motivation," *Psychological Review,* 50 (4), 370-396.

Mathras, Daniele, Adam B. Cohen, Naomi Mandel, and David G. Mick (2016), "The Effects of Religion on Consumer Behavior: A Conceptual Framework and Research Agenda," *Journal of Consumer Psychology,* 26 (2), 298-311.

Mattila, Anna S. and Jochen Wirtz (2000), "The Role of Preconsumption Affect in Postpurchase Evaluation of Services," *Psychology & Marketing,* 17 (7), 587-605.

———— and ———— (2001), "Congruency of Scent and Music as a Driver of In-Store Evaluations and Behavior," *Journal of Retailing,* 77 (2), 273-289.

McCabe, Deborah B. and Stephen M. Nowlis (2003), "The Effect of Examining Actual Products or Product Descriptions on Consumer Preference," *Journal of Consumer Psychology,* 13 (4), 431-439.

McDonnell, John (2007), "Music, Scent and Time Preferences for Waiting Lines," *International Journal of Bank Marketing,* 25 (4), 223-237.

McGlone, Matthew S. and Jessica Tofighbakhsh (2000), "Birds of a Feather Flock

Conjointly (?): Rhyme as Reason in Aphorisms," *Psychological Science*, 11 (5), 424-428.

Mead, James A. and David Hardesty (2018), "Price Font Disfluency: Anchoring Effects on Future Price Expectations," *Journal of Retailing*, 94 (1), 102-112.

Mead, Nicole, Roy Baumeister, Tyler F. Stillman, Catherin D. Rawn, and Kathleen Vohs (2011), "Social Exclusion Causes People to Spend and Consume Strategically in the Service of Affiliation," *Journal of Consumer Research*, 37 (5), 902-919.

Mednick, Sarmoff (1962), "The Associative Basis of The Creative Process," *Psychological Review*, 69 (3), 220-232.

Meert, Katrien, Mario Pandelaere, and Vanessa M. Patrick (2014), "Taking a Shine to It: How the Preference for Glossy Stems from an Innate Need for Water," *Journal of Consumer Psychology*, 24 (2), 195-206.

Mehrabian, Albert and James A. Russell (1974), *An Approach to Environmental Psychology*, Cambridge, MA: The MIT Press.

Mehta, Ravi, Rui (Juliet) Zhu, and Amar Cheema (2012), "Is Noise Always Bad? Exploring the Effects of Ambient Noise on Creative Cognition," *Journal of Consumer Research*, 39 (4), 784-799.

Meier, Brian P., David J. Hauser, Michael D. Robinson, Chris K. Friesen, and Kat Schjeldahl (2007), "What's 'up' with God? Vertical Space as a Representation of the Divine," *Journal of Personality and Social Psychology*, 93 (5), 699-710.

Meng, Qi and Jian Kang (2014), "The Influence of Crowd Density on the Sound Environment of Commercial Pedestrian Streets," *Science of The Total Environment*, 511, 249-258.

Meyers-Levy, Joan, Rui Zhu, and Lan Jiang (2010), "Context Effects from Bodily Sensations: Examining Bodily Sensations Induced by Flooring and the Moderating Role of Product Viewing Distance," *Journal of Consumer Research*, 37 (1), 1-14.

Mileti, Antonio, Gianluigi Guido, and Irene M. Prete (2016), "Nanomarketing: A New Frontier for Neuromarketing," *Psychology & Marketing*, 33 (8), 664-674.

Milliman, Ronald E. (1982), "Using Background Music to Affect the Behavior of Supermarket Shoppers," *Journal of Marketing*, 46 (3), 86-91.

——— (1986), "The Influence of Background Music on the Behavior of Restaurant Patrons," *Journal of Consumer Research*, 13 (2), 286-289.

Moore, David J. and Pamela M. Homer (2000), "Dimensions of Temperament: Affect Intensity and Consumer Lifestyles," *Journal of Consumer Psychology*, 9 (4), 231-242.

Morrin, Maureen and Jean-Charles Chebat (2005), "Person-Place Congruency: The Interactive Effects of Shopper Style and Atmospherics on Consumer Expenditures," *Journal of Service Research*, 8(2), 181-191.

Morrison, Michael, Sarah Gan, Chris Dublaar, and Harman Oppenal (2011), "In-store Music and Aroma Influences on Shopper Behavior and Satisfaction," *Journal of Business Research*, 64 (6), 558-564.

Mourey, James A., Jenny G. Olson, and Carolyn Yoon (2017), "Products as Pals: Engaging with Anthropomorphic Products Mitigates the Effects of Social Exclusion," *Journal of Consumer Research*, 44 (2), 414-431.

Mowen, John C., Xiang Fang, and Kristin Scott (2010), "Visual Product Aesthetics: A Hierarchical Analysis of Its Trait and Value Antecedents and Its Behavioral Consequences," *European Journal of Marketing*, 44(11/12), 1744-1762.

Mukherjee, Sayantani, Thomas Kramer, and Katina Kulow (2017), "The Effect of Spicy Gustatory Sensations on Variety-Seeking," *Psychology & Marketing*, 34(8), 786-794.

Nelson, Leif D. and Joseph P. Simmons (2009), "On Southbound Ease and Northbound Fees: Literal Consequences of the Metaphoric Link Between Vertical Position and Cardinal Direction," *Journal of Marketing Research*, 46 (6), 715-724.

Newman, Sharlene D., Roberta L. Klatzky, Susan J. Lederman, and Marcel Adam Just (2005), "Imagining Material versus Geometric Properties of Objects: an fMRI Study," *Cognitive Brain Research*, 23 (2-3), 235-246.

Niedenthal, Paula M., Lawrence W. Barsalou, Piotr Winkielman, Silvia Krauth-Gruber, and François Ric (2005), "Embodiment in Attitudes, Social Perception, and Emotion," *Personality and Social Psychology Review*, 9 (3), 184-211.

Nishii, Mayuko (2020), "The Influence of Individual Differences on Sensory Marketing," *The Journal of Business and Economics*, 116, 1-11.

North, Adrian C., David J. Hargreaves, and Jennifer McKendrick (1999), "The Influence of In-Store Music on Wine Selections," *Journal of Applied Psychology*, 84 (2), 271-276.

Northey, Gavin and Eugene Y. Chan (2020), "Political Conservatism and Preference for (A) Symmetric Brand Logos," *Journal of Business Research*, 115, 149-159.

Novemsky, Nathan, Ravi Dhar, Norbert Schwarz, and Itamar Simonson (2007), "Preference Fluency in Choice," *Journal of Marketing Research*, 44 (3), 347-356.

Nuszbaum, Mandy, Andreas Voss, Karl Christoph Klauer, and Tilmann Betsch (2010), "Assessing Individual Differences in the Use of Haptic Information Using a German Translation of the Need for Touch Scale," *Social Psychology*, 41 (4), 263-274.

Oakes, Steve (2003), "Musical Tempo and Waiting Perceptions," *Psychology & Marketing*, 20 (8), 685-705.

Orth, Ulrich R., Bettina T. Cornwell, Jana Ohlhoff, and Christiane Naber (2017), "Seeing Faces: The Role of Brand Visual Processing and Social Connection in Brand Liking," *European Journal of Social Psychology*, 47 (3), 348-361.

————, Casparus J. A. Machiels, and Gregory M. Rose (2020), "The Reverse Napoleon Effect: The Brand Appreciation of Looking up by Tall People," *Psychology & Marketing*, 37 (9), 1194-1211.

Ostinelli, Massimiliano, David Luna, and Torsten Ringberg (2014), "When up Brings You Down: The Effects of Imagined Vertical Movements on Motivation, Performance, and Consumer Behavior," *Journal of Consumer Psychology*, 24 (2), 271-283.

Oyserman, Daphna (2009), "Identity-Based Motivation: Implications for Action-Readiness, Procedural-Readiness, and Consumer Behavior," *Journal of Consumer Psychology*, 19 (3), 250-260.

Pandelaere, Mario, Kobe Millet, and Bram Van den Bergh (2010), "Madonna or Don McLean? The Effect of Order of Exposure on Relative Liking," *Journal of Consumer Psychology*, 20 (4), 441-451.

Park, Jaewoo and Rhonda Hadi (2020), "Shivering for Status: When Cold Temperatures Increase Product Evaluation," *Journal of Consumer Psychology*, 30 (2), 314-328.

Park, Whan C. and Mark Young S. (1986), "Consumer Response to Television Commercials: The Impact of Involvement and Background Music on Brand Attitude Formation," *Journal of Marketing Research*, 23 (1), 11-24.

Peck, Joann (2010), "Does Touch matter? Insights from Haptic Research in Marketing," In Aradhna, Krishna (Ed.), *Sensory Marketing: Research on The Sensuality of Products* (pp. 17-31), New York, NY: Routledge.

———— and Terry L. Childers (2003a), "To Have and to Hold: The Influence of Haptic Information on Product Judgments," *Journal of Marketing*, 67 (2), 35-48.

———— and ———— (2003b), "Individual Differences in Haptic Information Processing: The 'Need for Touch' Scale," *Journal of Consumer Research*, 30 (3), 430-442.

———— and ———— (2006), "If I Touch It I Have to Have It: Individual and Environmental Influences on Impulse Purchasing," *Journal of Business Research*, 59 (6), 765-769.

———— and Suzanne B. Shu (2009), "The Effect of Mere Touch on Perceived Ownership," *Journal of Consumer Research*, 36 (3), 434-447.

———— and Jennifer Wiggins (2006), "It Just Feels Good: Customers' Affective Response to Touch and Its Influence on Persuasion," *Journal of Marketing*, 70 (4),

56-69.

————— and ————— (2011), "Autotelic Need for Touch, Haptics, and Persuasion: The Role of Involvement," *Psychology & Marketing*, 28 (3), 222-239.

—————, Victor A. Barger, and Andrea Webb (2013), "In Search of a Surrogate for Touch: The Effect of Haptic Imagery on Perceived Ownership," *Journal of Consumer Psychology*, 23 (2), 189-196.

Peirce, Jonathan W. (2007), "PsychoPy – Psychophysics Software in Python," *Journal of Neuroscience Methods*, 162 (1-2), 8-13.

————— (2009), "Generating Stimuli for Neuroscience Using PsychoPy," *Frontiers in Neuroinformatics*, 2 (10), 1-8.

Petit, Olivia, Frederic Basso, Dwight Merunka, Charles Spence, David A. Cheok, and Olivier Oullier (2016), "Pleasure and the Control of Food Intake: An Embodied Cognition Approach to Consumer Self-Regulation," *Psychology & Marketing*, 33 (8), 608-619.

Pham, Michel Tuan (1998), "Representativeness, Relevance, and the Use of Feelings in Decision Making," *Journal of Consumer Research,* 25 (2), 144-159.

Piaget, Jean (1968), "Quantification, Conservation, and Nativism," *Science*, 162 (3857), 976-979.

Pieters, Rik (2013), "Bidirectional Dynamics of Materialism and Loneliness: Not Just a Vicious Cycle," *Journal of Consumer Research,* 40 (4), 615-631.

Ping, Raedy, Sonica Dhillon, and Sian L. Beilock (2009), "Reach for What You Like: The Body's Role in Shaping Preferences," *Emotion Review,* 1 (2), 140-150.

Pino, Giovanni, Cesare Amatulli, Rajan Nataraajan, Matteo De Angelis, Alessandro M. Peluso, and Gianluigi Guido (2020), "Product Touch in the Real and Digital World: How Do Consumers React?," *Journal of Business Research*, 112, 492-501.

Piqueras-Fiszman, Betina and Charles Spence (2015), "Sensory Expectations Based on Product-Extrinsic Food Cues: An Interdisciplinary Review of the Empirical Evidence and Theoretical Accounts," *Food Quality and Preference*, 40, 165-179.

—————, Vanessa Harrar, Jorge Alcaide-Marzal, and Charles Spence (2011), "Does the Weight of the Dish Influence Our Perception of Food?," *Food Quality and Preference*, 22 (8), 753-756.

Pittman, Matthew and Brandon Reich (2016), "Social Media and Loneliness: Why an Instagram Picture May Be Worth More Than a Thousand Twitter Words," *Computers in Human Behavior*, 62, 155-167.

Pocheptsova, Anastasiya, Aparna A. Labroo, and Ravi Dhar (2010), "Making Products Feel Special: When Metacognitive Difficulty Enhances Evaluation," *Journal of Marketing Research*, 47 (6), 1059-1069.

Podsakoff, Philip M., Scott B. MacKenzie, Jeong-Yeon Lee, and Nathan P. Podsakoff (2003), "Common Method Biases in Behavioral Research: A Critical Review of the Literature and Recommended Remedies," *Journal of Applied Psychology*, 88 (5), 879-903.

Pomirleanu, Nadia, Brandon M. Gustafson, and Sheng Bi (2020), "Ooh, That's Sour: An Investigation of the Role of Sour Taste and Color Saturation in Consumer Temptation Avoidance," *Psychology & Marketing*, 37 (8), 1068-1081.

Preacher, Kristopher J., Derek D. Rucker, and Andrew F. Hayes (2007), "Addressing Moderated Mediation Hypotheses: Theory, Methods, and Prescriptions," *Multivariate Behavioral Research*, 42 (1), 185-227.

Prince, Greg W. (1994), "The Contour: A Packaging Vision Seen Through Coke-Bottle Lenses," *Beverage World*, 113 (1567), 1-2.

Proffitt, Dennis R., Jeanine Stefanucci, Tom Banton, and William Epstein (2003), "The Role of Effort in Perceiving Distance," *Psychological Science*, (14) 2, 106-112.

Puzakova, Marina and Hyokjin Kwak (2017), "Should Anthropomorphized Brands Engage Customers? The Impact of Social Crowding on Brand Preferences," *Journal of Marketing*, 81 (6), 99-115.

————, ————, and Joseph F. Rocereto (2013), "When Humanizing Brands Goes Wrong: The Detrimental Effect of Brand Anthropomorphization Amid Product Wrongdoings," *Journal of Marketing*, 77 (3), 81-100.

Pyone, Jin S. and Alice M. Isen (2011), "Positive Affect, Intertemporal Choice, and Levels of Thinking: Increasing Consumers' Willingness to Wait," *Journal of Marketing Research*, 48 (3), 532-543.

Raghubir, Priya and Aradhna Krishna (1999), "Vital Dimensions in Volume Perception: Can the Eye Fool the Stomach?," *Journal of Marketing Research*, 36 (3), 313-326.

Rai, Dipankar, Chien-Wei Lin, and Chun-Ming Yang (2017), "The Effects of Temperature Cues on Charitable Donation," *Journal of Consumer Marketing*, 34 (1), 20-28.

Reber, Rolf, Pascal Wurtz, and Thomas D. Zimmermann (2004), "Exploring 'Fringe' Consciousness: The Subjective Experience of Perceptual Fluency and Its Objective Bases," *Consciousness and Cognition*, 13(1), 47-60.

Reitsamer, Bernd F., Mathias C. Streicher, and Karin Teichmann (2020), "Sensorimotor Experiences in Servicescapes Predict Attitude Formation Through Memory Dynamics: A Longitudinal Study," *Psychology & Marketing*, 37 (3), 479-487.

Rhodes, Matthew G. and Alan D. Castel (2009), "Metacognitive Illusions for Auditory Information: Effects on Monitoring and Control," *Psychonomic Bulletin & Review*,

16, 550-554.

Ringler, Christine, Nancy J. Sirianni, Anders Gustafsson, and Joann Peck (2019), "Look but Don't Touch! The Impact of Active Interpersonal Haptic Blocking on Compensatory Touch and Purchase Behavior," *Journal of Retailing*, 95 (4), 186-203.

Rodas, Maria A. and Deborah R. John (2020), "The Secrecy Effect: Secret Consumption Increases Women's Product Evaluations and Choice," *Journal of Consumer Research*, 46 (6), 1093-1109.

Romero, Marisabel and Dipayan Biswas (2016), "Healthy-Left, Unhealthy-Right: Can Displaying Healthy Items to the Left (Versus Right) of Unhealthy Items Nudge Healthier Choices?," *Journal of Consumer Research*, 43 (1), 103-112.

Rotman, Jeff D., Seung H. Lee, and Andrew W. Perkins (2017), "The Warmth of Our Regrets: Managing Regret through Physiological Regulation and Consumption," *Journal of Consumer Psychology*, 27 (2), 160-170.

Rucker, Derek D. and Adam D. Galinsky (2008), "Desire to Acquire: Powerlessness and Compensatory Consumption," *Journal of Consumer Research*, 35 (2), 257-267.

―――, ―――, and David Dubois (2012), "Power and Consumer Behavior: How Power Shapes Who and What Consumers Value," *Journal of Consumer Psychology*, 22 (3), 352-369.

Rudolf, Radocy E. and David J. Boyle (1979), *Psychological Foundations of Musical Behavior*, Springfield, IL: Charles C Thomas. (徳丸吉彦・藤田芙美子・北川純子訳 (1985)『音楽行動の心理学』音楽之友社)

Russell, P. A. (1979), "Fear-Evoking Stimuli," In W. Sluckin (Ed.), *Fear in Animals and Man* (pp. 86-124), New York, NY: Van Nostrand Reinhold.

Sayin, Eda, Aradhna Krishna, Caroline Ardelet, Gwenaëlle Briand-Decré, and Alain Goudey (2015), "'Sound and Safe': The Effect of Ambient Sound on the Perceived Safety of Public Spaces," *International Journal of Research in Marketing*, 32 (4), 343-353.

Schifferstein, Hendrik N. J. (2006), "The Perceived Importance of Sensory Modalities in Product Usage: A Study of Self-reports," *Acta Psychologica*, 121 (1), 41-64.

――― and Bryan F. Howell (2015), "Using Color-Odor Correspondences for Fragrance Packaging Design," *Food Quality and Preference*, 46, 17-25.

Schlosser, Ann E. (2003), "Experiencing Products in the Virtual World: The Role of Goal and Imagery in Influencing Attitudes Versus Purchase Intentions," *Journal of Consumer Research*, 30 (2), 184-198.

――― (2006), "Learning Through Virtual Product Experience: The Role of Imagery on True Versus False Memories," *Journal of Consumer Research*, 33 (3),

377-383.

————— (2015), "The Sweet Taste of Gratitude: Feeling Grateful Increases Choice and Consumption of Sweets," *Journal of Consumer Psychology*, 25 (4), 561-576.

Schneider, Iris K., Bastiaan T. Rutjens, Nils B. Jostmann, and Daniël Lakens (2011), "Weighty Matters: Importance Literally Feels Heavy," *Social Psychological and Personality Science*, 2 (5), 474-478.

Schwartz, Barry, Abraham Tesser, and Evan Powell (1982), "Dominance Cues in Nonverbal Behavior," *Social Psychology Quarterly*, 45 (2), 114-120.

Schwarz, Norbert (1990), "Feelings as Information: Informational and Motivational Functions of Affective States", In Higgins, Tory E. and Richard M. Sorrentino (Eds.), *Handbook of Motivation and Cognition: Foundations of Social Behavior*, 2, (pp. 527-561) New York: The Guilford Press.

————— (2004), "Metacognitive Experiences in Consumer Judgment and Decision Making," *Journal of Consumer Psychology*, 14(4), 332-348.

————— (2006), "Feelings, Fit, and Funny Effects: A Situated Cognition Perspective," *Journal of Marketing Research*, 43 (1), 20-23.

—————, Herbert Bless, and Gerd Bohner (1991), "Mood and Persuasion: Affective States Influence the Processing of Persuasive Communications," *Advances in Experimental Social Psychology*, 24, 161-199.

Semin, Gün R. and Tomás A. Palma (2014), "Why the Bride Wears White: Grounding Gender with Brightness," *Journal of Consumer Psychology*, 24 (2), 217-225.

Shalev, Idit (2014), "Implicit Energy Loss: Embodied Dryness Cues Influence Vitality and Depletion," *Journal of Consumer Psychology*, 24 (2), 260-270.

Shapiro, Stewart A. and Jesper H. Nielsen (2013), "What the Blind Eye Sees: Incidental Change Detection as a Source of Perceptual Fluency," *Journal of Consumer Research*, 39 (6), 1202-1218.

Sharma, Nazuk (2016), "Luxury Implications of Showcasing a Product with Its 'Cast' Shadow," *Journal of Consumer Marketing*, 33 (7), 507-516.

Shavitt, Sharon, Carlos J. Torelli, and Jimmy Wong (2009), "Identity-Based Motivation: Constraints and Opportunities in Consumer Research," *Journal of Consumer Psychology*, 19 (3), 261-266.

Shen, Hao and Akshay Rao (2016), "Looks Good to Me: How Eye Movements Influence Product Evaluation," *Journal of Consumer Psychology*, 26 (3), 435-440.

————— and Jaideep Sengupta (2014), "The Crossmodal Effect of Attention on Preferences: Facilitation Versus Impairment," *Journal of Consumer Research*, 40 (5), 885-903.

————, Meng Zhang, and Aradhna Krishna (2016), "Computer Interfaces and the "Direct-Touch" Effect: Can iPads Increase the Choice of Hedonic Food?," *Journal of Marketing Research*, 53 (5), 745-758.

Shu, Suzanne B. and Joann Peck (2011), "Psychological Ownership and Affective Reaction: Emotional Attachment Process Variables and the Endowment Effect," *Journal of Consumer Psychology*, 21 (4), 439-452.

Skalski, Paul and Robert Whitbred (2010), "Image Versus Sound: A Comparison of Formal Feature Effects on Presence and Video Game Enjoyment," *PsychNology Journal*, 8(1), 67-84.

Smith, Patricia C. and Ross Curnow (1966), "'Arousal Hypothesis' and the Effects of Music on Purchasing Behavior," *Journal of Applied Psychology*, 50 (3), 255-256.

Sorrentino, Richard M. and Tory E. Higgins (Eds.) (1986), *Handbook of Motivation and Cognition: Foundations of Social Behavior*, New York: Guilford Press.

Spangenberg, Eric R., Bianca Grohmann, and David E. Sprott (2005), "It's Beginning to Smell (and Sound) a Lot Like Christmas: The Interactive Effects of Ambient Scent and Music in a Retail Setting," *Journal of Business Research*, 58 (11), 1583-1589.

————, Ioannis Kareklas, Berna Devezer, and David E. Sprott (2016), "A Meta-Analytic Synthesis of the Question-Behavior Effect," *Journal of Consumer Psychology*, 26 (3), 441-458.

————, David E. Sprott, Bianca Grohmann, and Daniel L. Tracy (2006), "Gender-Congruent Ambient Scent Influences on Approach and Avoidance Behaviors in a Retail Store," *Journal of Business Research*, 59(12), 1281-1287.

Spence, Charles (2011), "Crossmodal Correspondences: A Tutorial Review," *Attention, Perception, & Psychophysics*, 73, 971-995.

———— (2012), "Managing Sensory Expectations Concerning Products and Brands: Capitalizing on the Potential of Sound and Shape Symbolism," *Journal of Consumer Psychology*, 22 (1), 37-54.

———— and Alberto Gallace (2011), "Multisensory Design: Reaching Out to Touch the Consumer," *Psychology & Marketing*, 28 (3), 267-307.

————, Cesare Parise, and Ophelia Deroy (2011), "Crossmodal Correspondences," *I-Perception*, 2 (8), 887-887.

————, Nancy M. Puccinelli, Dhruv Grewal, and Anne L. Roggeveen (2014), "Store Atmospherics: A Multisensory Perspective," *Psychology & Marketing*, 31 (7), 472-488.

Strack, Fritz, Leonard L. Martin, and Sabine Stepper (1988), "Inhibiting and Facilitating Conditions of the Human Smile: A Nonobtrusive Test of the Facial

Feedback Hypothesis," *Journal of Personality and Social Psychology*, 54 (5), 768-777.

Streicher, Mathias C. and Zachary Estes (2016a), "Shopping to and fro: Ideomotor Compatibility of Arm Posture and Product Choice," *Journal of Consumer Psychology*, 26 (3), 325-336.

———— and ———— (2016b), "Multisensory Interaction in Product Choice: Grasping a Product Affects Choice of Other Seen Products," *Journal of Consumer Psychology*, 26 (4), 558-565.

Streicher, Mathias C., Zachary Estes, and Oliver B. Büttner (2021), "Exploratory Shopping: Attention Affects In-Store Exploration and Unplanned Purchasing," *Journal of Consumer Research*, 48 (1), 51-76.

Su, Lei, Yuwei Jiang, Zhansheng Chen, and Nathan C. DeWall (2017), "Social Exclusion and Consumer Switching Behavior: A Control Restoration Mechanism," *Journal of Consumer Research*, 44 (1), 99-117.

Sullivan, Pauline and Jeanne Heitmeyer (2008), "Looking at Gen Y Shopping Preferences and Intentions: Exploring the Role of Experience and Apparel Involvement," *International Journal of Consumer Studies*, 32 (3), 285-295.

Sunaga, Tsutomu (2018), "How the Sound Frequency of Background Music Influences Consumer's Perceptions and Decision Making," *Psychology & Marketing*, 35 (4), 253-267.

————, Jaewoo Park, and Charles Spence (2016), "Effects of Lightness-Location Congruency on Consumers' Purchase Decision-Making," *Psychology & Marketing*, 33 (11), 934-950.

Sundar, Aparma and Theodore J. Noseworthy (2014), "Place the Logo High or Low? Using Conceptual Metaphors of Power in Packaging Design," *Journal of Marketing*, 78 (5), 138-151.

———— and ———— (2016), "Too Exciting to Fail, Too Sincere to Succeed: The Effects of Brand Personality on Sensory Disconfirmation," *Journal of Consumer Research*, 43 (1), 44-67.

Sundie, Jill M., James C. Ward, Daniel J. Beal, Wynne W. Chin, and Stephanie Geiger-Oneto (2009), "*Schadenfreude* as a Consumption-Related Emotion: Feeling Happiness about the Downfall of Another's Product," *Journal of Consumer Psychology*, 19 (3), 356-373.

Tai, Kenneth, Xue Zheng, and Jayanth Narayanan (2011), "Touching a Teddy Bear Mitigates Negative Effects of Social Exclusion to Increase Prosocial Behavior," *Social Psychological and Personality Science*, 2 (6), 618-626.

Tansik, David A. and Robert Routhieaux (1999), "Customer Stress-Relaxation: The

Impact of Music in a Hospital Waiting Room," *International Journal of Service Industry Management*, 10 (1), 68-81.

Tapal, Adam, Ela Oren, Reuven Dar, and Baruch Eitam (2017), "The Sense of Agency Scale: A Measure of Consciously Perceived Control over One's Mind, Body, and the Immediate Environment," *Frontiers in Psychology*, 8, 1552.

Tatler, Benjamin W. (2007), "The Central Fixation Bias in Scene Viewing: Selecting an Optimal Viewing Position Independently of Motor Biases and Image Feature Distributions," *Journal of Vision*, 7 (14), 1-17.

Thaler, Richard (1980), "Toward a Positive Theory of Consumer Choice," *Journal of Economic Behavior & Organization*, 1 (1), 39-90.

Thompson, Debora V. and Elise C. Ince (2013), "When Disfluency Signals Competence: The Effect of Processing Difficulty on Perceptions of Service Agents," *Journal of Marketing Research*, 50 (2), 228-240.

Ting-Toomey, Stella, John Oetzel, and Kimberlie Yee-Jung (2001), "Self-Construal Types and Conflict Management Styles," *Communication Reports*, 14 (2), 87-104.

Togawa, Taku, Jaewoo Park, Hiroaki Ishii, and Xiaoyan Deng (2019), "A Packaging Visual-Gustatory Correspondence Effect: Using Visual Packaging Design to Influence Flavor Perception and Healthy Eating Decisions," *Journal of Retailing*, 95 (4), 204-218.

Tomatis, Alfred A. (1992), *The Conscious Ear: My Life of Transformation Through Listening*, New York, NY: Station Hill Press.

Topolinski, Sascha, Sandy Lindner, and Anna Freudenberg (2014), "Popcorn in the Cinema: Oral Interference Sabotages Advertising Effects," *Journal of Consumer Psychology*, 24 (2), 169-176.

Tremoulet, Patrice D. and Jacob Feldman (2000), "Perception of Animacy from the Motion of a Single Object," *Perception*, 29 (8), 943-951.

Triandis, Harry C. (1989), "The Self and Social Behavior in Differing Cultural Contexts," *Psychological Review*, 96 (3), 506-520.

Trope, Yaacov, Nira Liberman, and Cheryl Wakslak (2007), "Construal Levels and Psychological Distance: Effects on Representation, Prediction, Evaluation, and Behavior," *Journal of Consumer Psychology*, 17 (2), 83-95.

Tsai, Claire I. and Ann L. McGill (2011), "No Pain, No Gain? How Fluency and Construal Level Affect Consumer Confidence," *Journal of Consumer Research*, 37 (5), 807-821.

Tucker, Mike and Rob Ellis (1998), "On the Relations between Seen Objects and Components of Potential Actions," *Journal of Experimental Psychology: Human Perception and Performance*, 24 (6), 830-846.

———— and ———— (2001), "The Potentiation of Grasp Types During Visual Object Categorization," *Visual Cognition*, 8 (6), 769-800.

Turley, L.W. and Ronald E. Milliman (2000), "Atmospheric Effects on Shopping Behavior: A Review of the Experimental Evidence," *Journal of Business Research*, 49 (2), 193-211.

Vallacher, Robin R. and Daniel M. Wegner (1989), "Level of Personal Agency: Individual Variation in Action Identification," *Journal of Personality and Social Psychology*, 57 (4), 660-671.

van Den Bergh, Bram, Julien Schmitt, and Luk Warlop (2011), "Embodied Myopia," *Journal of Marketing Research*, 48 (6), 1033-1044.

van Rompay, Thomas J. L., Peter W. de Vries, Fenna Bontekoe, and Karin Tanja-Dijkstra (2012), "Embodied Product Perception: Effects of Verticality Cues in Advertising and Packaging Design on Consumer Impressions and Price Expectations," *Psychology & Marketing*, 29 (12), 919-928.

Walker, Peter (2012), "Cross-Sensory Correspondences and Naive Conceptions of Natural Phenomena," *Perception*, 41 (5), 620-622.

————, Brian J. Francis, and Leanne Walker (2010), "The Brightness‐Weight Illusion: Darker Objects Look Heavier but Feel Lighter," *Experimental Psychology*, 57(6), 462-469.

Wan, Echo W., Jing Xu, and Ying Ding (2014), "To Be or Not to Be Unique? The Effect of Social Exclusion on Consumer Choice," *Journal of Consumer Research*, 40 (6), 1109-1122.

————, Rocky P. Chen, and Liyin Jin (2017), "Judging a Book by Its Cover? The Effect of Anthropomorphism on Product Attribute Processing and Consumer Preference," *Journal of Consumer Research*, 43 (6), 1008-1030.

Wansink, Brian (1996), "Can Package Size Accelerate Usage Volume?," *Journal of Marketing*, 60(3), 1-14.

———— and Pierre Chandon (2014), "Slim by Design: Redirecting the Accidental Drivers of Mindless Overeating," *Journal of Consumer Psychology*, 24 (3), 413-431.

Warr, Mark (1990), "Dangerous Situations: Social Context and Fear of Victimization," *Social Forces*, 68 (3), 891-907.

———— (1994), "Public Perceptions and Reactions to Violent Offending and Victimization", In Albert, J. Reiss Jr. and Jeffery A. Roth (Eds.), *Understanding and Preventing Violence, Vol. 4. Consequences and Control*, (pp. 1-66) Washington, D.C.: National Academy Press.

Webb, Andrea L. and Joann Peck (2015), "Individual Differences in Interpersonal

Touch: On the Development, Validation, and Use of the 'Comfort with Interpersonal Touch' (CIT) Scale," *Journal of Consumer Psychology*, 25 (1), 60-77.

Wells, Gary L. and Richard E. Petty (1980), "The Effects of Overt Head Movements on Persuasion: Compatibility and Incompatibility of Responses," *Basic and Applied Social Psychology*, 1 (3), 219-230.

Westland, Stephen and Meong J. Shin (2015), "The Relationship Between Consumer Color Preferences and Product-Color Choices," *Journal of the International Colour Association*, 14, 47-56.

Williams, Lawrence E. and John A. Bargh (2008), "Experiencing Physical Warmth Promotes Interpersonal Warmth," *Science*, 322 (5901), 606-607.

Wolf, James R., Hal R. Arkes, and Waleed A. Muhanna (2008), "The Power of Touch: An Examination of the Effect of Duration of Physical Contact on the Valuation of Objects," *Judgment and Decision Making*, 3 (6), 476-482.

Wänke, Michaela, Gerd Bohner, and Andreas Jurkowitsch (1997), "There Are Many Reasons to Drive a BMW: Does Imagined Ease of Argument Generation Influence Attitudes?," *Journal of Consumer Research*, 24, 170-177.

Xu, Alison J. and Aparna A. Labroo (2014), "Incandescent Affect: Turning on the Hot Emotional System with Bright Light," *Journal of Consumer Psychology*, 24 (2), 207-216.

Xu, Jing, Hao Shen, and Robert S. Wyer Jr. (2011), "Does the Distance Between us Matter? Influences of Physical Proximity to Others on Consumer Choice," *Journal of Consumer Psychology*, 22 (3), 418-423.

Yalch, Richard F. and Eric R. Spangenberg (1990), "Effects of Store Music on Shopping Behavior," *Journal of Consumer Marketing*, 7 (2), 55-63.

———— and ———— (2000), "The Effects of Music in a Retail Setting on Real and Perceived Shopping Times," *Journal of Business Research*, 49 (2), 139-147.

Yan, Dengfeng and Jaideep Sengupta (2021), "The Effects of Numerical Divisibility on Loneliness Perceptions and Consumer Preferences," *Journal of Consumer Research*, 47 (5), 755-771.

Yorkston, Eric and Geeta Menon (2004), "A Sound Idea: Phonetic Effects of Brand Names on Consumer Judgments," *Journal of Consumer Research*, 31 (1), 43-51.

Yue, Zhenzhu, Feng Cong, Zhou Xinyue, and Gao Ding-Guo (2011), Being Lonely in a Crowd: Population Density Contributes to Perceived Loneliness in China. In Sarah J. Bevinn (Eds.), *Psychology of Loneliness* (pp. 137-150), Nova Science Publishers.

Zajonc, Robert B. (1968), "Attitudinal Effects of Mere Exposure," *Journal of Personality and Social Psychology*, 9 (2, Pt.2), 1-27.

Zampini, Massimiliano and Charles Spence (2005), "Modifying the Multisensory Perception of a Carbonated Beverage Using Auditory Cues," *Food Quality and Preference*, 16(7), 632-641.

Zhang, Jonathan Z., Chun-Wei Chang, and Scott A. Neslin (2022), "How Physical Stores Enhance Customer Value: The Importance of Product Inspection Depth," *Journal of Marketing*, 86 (2), 166-185.

Zhang, Meng and Xiuping Li (2012), "From Physical Weight to Psychological Significance: The Contribution of Semantic Activations," *Journal of Consumer Research*, 38(6), 1063-1075.

Zhang, Yinlong, Lawrence Feick, and Lydia J. Price (2006), "The Impact of Self-Construal on Aesthetic Preference for Angular Versus Rounded Shapes," *Personality and Social Psychology Bulletin*, 32 (6), 794-805.

Zhao, Xinshu, John G. Lynch, and Qimei Chen (2010), "Reconsidering Baron and Kenny: Myths and Truths about Mediation Analysis," *Journal of Consumer Research*, 37 (2), 197-206.

Zhong, Chen-Bo and Geoffrey J. Leonardelli (2008), "Cold and Lonely: Does Social Exclusion Literally Feel Cold?," *Psychological Science*, 19(9), 838-842.

———— and Katie Liljenquist (2006), "Washing Away Your Sins: Threatened Morality and Physical Cleansing," *Science*, 313 (5792), 1451-1452.

Zhu, Rui and Jennifer J. Argo (2013), "Exploring the Impact of Various Shaped Seating Arrangements on Persuasion," *Journal of Consumer Research*, 40 (2), 336-349.

Zwebner, Yonat, Leonard Lee, and Jacob Goldenberg (2014), "The Temperature Premium: Warm Temperatures Increase Product Valuation," *Journal of Consumer Psychology*, 24 (2), 251-259.

阿部いくみ (2006)「広告音楽研究の経緯と展望」『応用社会学研究』, 48, 139-151.

阿部周造 (2009)「解釈レベル理論と消費者行動研究」『流通情報』, 41 (4), 6-11.

石井喜八・西山哲成 (2002)『スポーツ動作学入門』, 市村出版.

石井裕明 (2021)『消費者行動における感覚と評価メカニズム─購買意思決定を促す「何となく」の研究─』, 千倉書房.

———— ・平木いくみ (2016)「店舗空間における感覚マーケティング」『マーケティングジャーナル』, 35(4), 52-71.

石淵順也 (2013)「消費者行動における覚醒の働き─感情研究に基づく検討─」『商学論究』, 60 (4), 343-373.

大江朋子 (2016)「身体と外界の相互作用から醸成される社会的認知」『実験社会心理学研究』, 55 (2), 111-118.

大橋力（2003）『音と文明―音の環境学ことはじめ―』,岩波書店.

沖山文敏・石井晧・堀江裕一・大野嘉章（1990）「行政における快適な音環境づくりへの取り組み（＜小特集＞快適な音環境）」『日本音響学会誌』,46（9）,781-784.

織田涼・服部雅史・八木保樹（2018）「検索容易性効果のメカニズム―認知負荷と認知欲求の影響―」『実験社会心理学研究』,57（2）,67-77.

佐々木正人（2002）「五感の超え方―アモーダルのふたつの意味」『日本バーチャルリアリティ学会誌』,7（1）,36-37.

佐藤徳（2013）「自己主体判断における手がかり統合プロセス」『心理学研究』,84（3）,281-287.

杉浦健（2000）「２つの親和動機と対人的疎外感との関係―その発達的変化―」『教育心理学研究』,48（3）,352-360.

須永努（2014）「消費者の意思決定時におけるメタ認知の影響」『商学論究』,62（2）,17-31.

――――（2018）『消費者理解に基づくマーケティング―感覚マーケティングと消費者情報消化モデル―』,有斐閣.

――――（2020）「第１章　マーケティングを理解する」米田英嗣・和田裕一 編『消費者の心理をさぐる―人間の認知から考えるマーケティング』（pp. 14-36）,誠信書房.

高橋祥子（2021）『ビジネスと人生の「見え方」が一変する―生命科学的思考―』News Picks パブリッシング.

高椋慎也（2017）「映像が生み出す疑似触知覚の計算論」『システム制御情報学会論文誌』,61（11）,447-452.

外川拓・石井裕明・朴宰佑（2016）「『硬さ』『重さ』の感覚と消費者の意思決定―身体化認知理論に基づく考察―」『マーケティングジャーナル』,35（4）,72-89.

――――・朴宰佑（2017）「製品の視覚的な重さと購買の重要性判断」『千葉商大論叢』,54（2）,163-177.

仲谷正史・筧康明・三原総一郎・南澤孝太（2016）『触楽入門』,朝日出版社.

西井真祐子（2017a）「消費者行動における多感覚経験の影響―先行研究の潮流と今後の検討すべき重要な課題の提示―」『早稲田大学商学研究科紀要』, 85,123-138.

――――（2017b）「環境音楽による安心感が商品属性の選好に及ぼす影響―倍音の可能性に着目した実証―」『プロモーショナル・マーケティング研究』,10,25-39.

――――・守口剛（2019a）「処理の流暢性が消費者行動に及ぼす影響」『流通情報』,50（5）,18-28.

―――――――（2019b）「背景色が商品の触覚評価と選好に及ぼす影響―商品の擬人化性に着目して―」『JSMD レビュー』,3（1）,1-10.

――――・――――（2020）「製品パッケージに記載されている製品名と付随する影

の方向の一致が処理の流暢性と製品選好に及ぼす影響—反応時間および識別率による流暢性の測定—」『行動計量学』, 47 (2), 187-197.

西村洋一 (2014)「知覚された受容尺度 (Perceived Acceptance Scale) 日本語版の作成」『北陸学院大学・北陸学院大学短期大学部研究紀要』, 7, 189-200.

日経 MJ (2016)「店の個性・ライブ感演出, 客呼ぶ売るメロ—心理計算し選曲, 百貨店売り場別, 紳士服ブランド別, 気分ゆったり, つい出費多く—」, 流通新聞 (2016 年 9 月 30 日) 朝刊, 1 面.

————— (2021)「三越伊勢丹, オンライン接客拡大, 都内 3 店で, 課題・ノウハウ共有」, 流通新聞 (2021 年 2 月 8 日) 朝刊, 7 面.

日本経済新聞 (2017)「旅行熱, ＶＲ・ＡＲで喚起, ＨＩＳ, スマホで現地の動画, 近ツー, 専用メガネで特典映像」, 日本経済新聞 (2017 年 1 月 11 日) 朝刊, 13 面.

朴宰佑 (2013)「マーケティング文脈における接触の効果および接触動機の規定要因に関する研究」『千葉商大論叢』, 50 (2), 121-133.

—————・石井裕明・外川拓 (2016)「消費者行動における触覚経験の影響—ハプティック知覚に関する研究の展開と課題—」『流通研究』, 19 (1), 1-13.

—————・大瀬良伸 (2009)「ブランドネームの発音がブランド評価に及ぼす影響」『消費者行動研究』, 16 (1), 123-136.

服部雅史・小島治幸・北神慎司 (2015)『基礎から学ぶ認知心理学—人間の認識の不思議—』, 有斐閣.

星野悦子編 (2015)『音楽心理学入門』, 誠信書房.

松村明 監修 (2021)『デジタル大辞泉』, 小学館.

守口剛・阿部周造・恩藏直人・八島明朗・外川拓 (2014)「消費者の解釈レベルによるマーケティング・コミュニケーション効果の相違に関する研究」, 吉田秀雄記念事業財団研究助成報告書.

Aghadjanian, Nina (2019), "Amazon India Pushes Prime Day Online Sales with Virtual Reality-Based Booths," a.list. https: //www. alistdaily. com/ tec hnology/amazon-india-prime-day-vr-experience/ (2020 年 7 月 10 日アクセス)

Amazon (2018),「Amazon.co.jp：アマゾン公式サイト」Amazon. https://www. amazon.co.jp (2021 年 9 月 10 日アクセス)

Spitznagel, Eric (2019), "From Milk Baths to Drones on Demand, These Trends Will Rule 2020," New York Post. https://nypost.com/2019/12/28/from-milk-baths-to-drones-on-demand-these-trends-will-rule-2020/ (2020 年 1 月 20 日アクセス)

Trivedi, Bijal (2006), "Recruiting Smell for the Hard Sell," NweScientist. https: //www. newscientist. com/article/mg19225821-800-recruiting-smell-for-the-hard-sell/ (2019 年 12 月 31 日アクセス)

Welsh, Jonathan (2006), "Why Cars Got Angry," The Wall Street Journal. http:

//www.wsj.com（2006 年 12 月 31 日アクセス）

Yeginsu, Ceylan (2018), "U.K. Appoints a Minister for Loneliness," The New York Times. https://www.nytimes.com/2018/01/17/world/europe/uk-britain-loneliness.html（2018 年 1 月 20 日アクセス）

経済産業省（2018）「平成 29 年度我が国におけるデータ駆動型社会に係る基盤整備（電子商取引に関する市場調査）報告書」経済産業省。http://www.meti.go.jp/press/2018/04/20180425001/20180425001-2.pdf（2020 年 8 月 1 日アクセス）

経済産業省（2021）「電子商取引実態調査」経済産業省。https://www.meti.go.jp/policy/it_policy/statistics/outlook/ie_outlook.html（2021 年 8 月 16 日アクセス）

主 要 事 項 索 引

著者略歴

西井真祐子（にしい・まゆこ）

千葉商科大学商経学部准教授

静岡大学人文学部卒業，早稲田大学大学院商学研究科ビジネス専攻修了，経営管理修士（専門職）。同研究科博士後期課程商学専攻修了，博士（商学）。早稲田大学助手，千葉商科大学専任講師を経て2023年より現職。専門は消費者行動論，マーケティング論。吉田秀雄記念事業財団より第16回奨励賞を受賞（2018年）。

主要業績に「製品パッケージに記載されている製品名と付随する影の方向の一致が処理の流暢性と製品選好に及ぼす影響—反応時間および識別率による流暢性の測定—」『行動計量学』（2020年，共著），「背景色が商品の触覚評価と選好に及ぼす影響—商品の擬人化性に着目して—」『JSMD レビュー』（2019年，共著）など。

感覚訴求が消費者の感情と認知に及ぼす影響
無自覚な連鎖反応のメカニズム

2023年 5 月20日 初版第1刷発行

著　者　　西井真祐子

発行者　　千倉成示
発行所　　株式会社 千倉書房
　　　　　〒104-0031 東京都中央区京橋 3 丁目 7 番 1 号
　　　　　電話 03-3528-6901(代表)
　　　　　https://www.chikura.co.jp/

印刷・製本　藤原印刷株式会社

©NISHII Mayuko 2023 Printed in Japan 〈検印省略〉
ISBN 978-4-8051-1286-1 C 3063

乱丁・落丁本はお取り替えいたします